Lexifac
DROIT

Droit des sociétés

3e ÉDITION

Maria Beatriz Salgado

Maître de conférences au Conservatoire national des arts et métiers

Bréal

ÉCONOMIE ET GESTION

Sous la direction de Philippe Raimbourg, Professeur à l'Université Paris I

• Économie

Microéconomie, tome 1 : consommateurs et producteurs
Microéconomie, tome 2 : les marchés
Macroéconomie, tome 1 : concepts
Macroéconomie, tome 2 : la monnaie
Macroéconmoie, tome 3 : équilibres et déséquilibres
Probabilités pour l'économie
Statistiques pour l'économie

• Gestion

Comptabilité analytique
Comptabilité générale
Comptabilité des sociétés
Gestion financière

DROIT

Droit administratif
Droit administratif des biens
Droit de la famille
Droit des personnes
Droit des biens
Droit des obligations
Les contrats spéciaux
Droit constitutionnel
Droit commercial : l'entreprise commerciale
Droit commercial : droit des entreprises en difficulté
Droit des Collectivités territoriales
Droit des sociétés
Droit du travail
Droit international privé
Droit pénal général
Droit pénal spécial
Finances publiques
Histoire du droit et des institutions
Introduction générale au droit
Procédure civile
Régimes matrimoniaux
Procédure pénale

Bréal, 2010.

ISBN : 978 2 7495 0934 1

www.editions-breal.fr
27-29, avenue de Saint-Mandé, 75012 Paris

SOMMAIRE

INTRODUCTION

PREMIÈRE PARTIE : DROIT FONDAMENTAL DES SOCIÉTÉS COMMERCIALES

TITRE III : LA VIE SOCIALE

DEUXIÈME PARTIE : RÈGLES PROPRES À CHAQUE TYPE DE SOCIÉTÉ

TITRE I : LES SOCIÉTÉS DE PERSONNES

TITRE II : LA SOCIÉTÉ À RESPONSABILITÉ LIMITÉE

TROISIÈME PARTIE : LES GROUPEMENTS DE SOCIÉTÉS

TITRE I : LES GROUPEMENTS D'INTÉRÊT ÉCONOMIQUE

TITRE II : LES GROUPEMENTS DE SOCIÉTÉS

INTRODUCTION

Les sociétés commerciales ont connu, notamment depuis le siècle dernier, un développement considérable. Présentes actuellement dans tous les secteurs d'activité, elles revêtent des aspects très différents : des petites sociétés familiales, marquées par un fort *intuitus personnae*, jusqu'aux grandes entreprises avec un capital et un nombre d'associés importants.

Malgré leur variété, toutes les sociétés trouvent leur définition dans les dispositions de l'article 1832 du Code civil. Fondées sur un contrat ou sur un acte unilatéral de volonté, les sociétés ont fait l'objet de nombreuses classifications en fonction de critères très divers : absence ou existence d'une personnalité morale, objet civil ou objet commercial, sociétés de personnes ou sociétés de capitaux, sociétés à responsabilité limitée aux apports ou sociétés à responsabilité illimitée… (**Fiche 1**)

La législation applicable à ces sociétés, en vigueur actuellement, comprend aussi bien des textes de portée nationale que des textes communautaires. De nombreuses directives européennes sont ainsi venues compléter les dispositions du traité de Rome. Le règlement n° 2157/2001 du 8 octobre 2001 a institué la société européenne.

En ce qui concerne le droit national, les différentes dispositions existantes en la matière sont codifiées dans le Code de commerce, notamment la loi du 24 juillet 1966. Cependant, diverses lois postérieures à la codification intervenue en l'an 2000 complètent la législation applicable aux sociétés commerciales. Ces dispositions nationales et communautaires ainsi que leur évolution sont traitées dans la **fiche 2**.

Par ailleurs, l'étude des sociétés commerciales nous amène à analyser quelques principes fondamentaux en matière de fiscalité. De façon générale, les bénéfices réalisés par une société sont imposés différemment selon que la personne morale est soumise à l'impôt sur le revenu – notamment les sociétés de personnes – ou à l'impôt sur les sociétés – sociétés de capitaux et sociétés de personnes ayant opté pour l'imposition des sociétés. Nous aborderons ces principes en matière d'imposition des sociétés commerciales dans la **fiche 3**.

Fiche 1

Notion de société et classification des sociétés

I - NOTION DE SOCIÉTÉ

L'étude de la notion de société requiert tout d'abord de s'intéresser à la définition donnée par les dispositions du Code civil (**A**) afin d'analyser, ensuite, les autres notions juridiques qui, en pratique, sont souvent confondues avec la société (**B**).

A - Définition

Aux termes de l'article 1832 du Code civil, la société « *est instituée par deux ou plusieurs personnes qui conviennent par un contrat d'affecter à une entreprise commune des biens ou leur industrie en vue de partager le bénéfice ou de profiter de l'économie qui pourra en résulter* ».

Le contrat de société est un contrat synallagmatique soumis aux conditions générales de validité du contrat. Des éléments spécifiques permettent de qualifier ce contrat, tels que la pluralité d'associés, la réalisation d'apports, la participation aux résultats et l'*affectio societatis*.

L'enregistrement de ce contrat au registre du commerce et des sociétés donne naissance à une personne morale dotée d'une personnalité juridique propre et indépendante de la personnalité des associés.

Cependant, le contrat de société n'est pas toujours nécessaire pour l'existence de la personne morale, car certaines sociétés sont constituées par un associé unique. Dans ce cas, la manifestation de l'*affectio societatis* se contient dans un « *acte de volonté* » (C. civ., art. 1832 al. 2). Actuellement, les SARL, les SAS et les SELARL peuvent être formées par une seule personne qui affecte certains de ses biens ou de son industrie à son entreprise dans le but de profiter des résultats.

B - Société et autres notions

La notion de société doit être distinguée de différentes notions que le langage courant confond très souvent.

■ **Société et entreprise :** l'entreprise est un concept construit à partir de théories économiques. Elle peut être définie comme l'unité de production dans laquelle se combinent les facteurs capital et travail dans le but de produire ou de distribuer des biens ou des services.

En revanche, la société est une notion juridique dotée d'une personnalité morale que le droit ne reconnaît pas à l'entreprise. Elle ne peut devenir une personne morale que si elle revêt la forme d'une société.

■ **Société et association :** l'association est définie par l'article 1er de la loi du 1er juillet 1901 comme « *la convention par laquelle deux ou plusieurs personnes mettent en commun d'une façon permanente leurs connaissances ou leur activité dans un but autre que de partager les bénéfices* ». Cette définition montre bien le critère de distinction entre l'association et la société : l'utilisation que les associés ou les membres font des bénéfices. Le but premier de la société permet la disqualification de l'association qui distribuerait des bénéfices à ses membres. La finalité de ce groupement doit être totalement désintéressée, sans recherche d'avantages matériels pour ses membres. Néanmoins, les bénéfices réalisés accessoirement à la poursuite du but désintéressé recherché par l'association et affectés à la réalisation de ce dernier ne permettent pas non plus la disqualification de ce groupement (exemple : bénéfices obtenus dans une vente de charité organisée par l'association). Par ailleurs, les groupements constitués afin de permettre à leurs membres de réaliser des économies peuvent se constituer soit sous forme de société, soit sous forme d'association.

II - CLASSIFICATION DES SOCIÉTÉS

La doctrine propose différentes classifications des sociétés. Les critères de distinction sont très divers et permettent de distinguer, d'abord, les sociétés sans personnalité morale (**A**) et les sociétés avec personnalité morale (**B**).

A - Sociétés sans personnalité morale

La catégorie de sociétés sans personnalité morale comprend la société créée de fait (**1**), la société en participation (**2**) et la société en formation (**3**).

1. Société créée de fait

La société créée de fait n'a pas été définie par le législateur. Toutefois, certains textes font référence à ce type de société, comme l'article 1873 du Code civil, qui précise que les dispositions relatives à la société en participation sont également applicables aux sociétés créées de fait. Dans ce même sens, le Code général des impôts énonce que le régime fiscal de ces sociétés est celui des sociétés en participation.

La société créée de fait n'a pas la personnalité morale. Elle **résulte** du comportement de plusieurs personnes qui, sans avoir la volonté de constituer une société, se comportent en qualité d'associés aussi bien à l'égard des tiers qu'entre eux. Dans ce sens, force est de constater l'absence d'écrit, donc de contrat de société, même si les autres éléments de ce contrat de société se vérifient (apports, partage des bénéfices...). En pratique, c'est lors d'un litige qui oppose les « associés » ou leurs héritiers, ou lorsqu'un créancier réclame le paiement d'une somme d'argent à différentes personnes qu'il considère comme des associés, que l'existence de la société est révélée.

Du régime de la société en participation il est possible de déduire que les **éléments de preuve** sont appréciés souverainement par les juges du fond. De manière générale, si l'existence de la société est invoquée par les tiers, les juges, pour la reconnaissance de la société, s'appuient sur la théorie de l'apparence (l'apparence de la société suffit ainsi à prouver son existence). En revanche, si l'existence de la société est demandée par un associé, le comportement des autres participants est l'élément essentiel retenu par la jurisprudence (apports en commun, participation aux bénéfices et aux pertes, *affectio societatis* au moment de la demande...).

Le **régime juridique** de la société créée de fait est celui de la société en participation. En effet, elle n'a pas de personnalité morale et sa reconnaissance ne la lui confère pas. Le caractère civil ou commercial de la société s'apprécie selon son objet : si celui-ci est civil, la société créée de fait est civile et si l'objet est commercial, la société est commerciale.

La **responsabilité des associés** dépend également du caractère civil ou commercial de la société. Les associés de la société créée de fait civile répondent indéfiniment et conjointement des dettes de la société, tandis que si la société est commerciale, leur responsabilité est indéfinie et solidaire.

2. La société en participation

Conformément aux dispositions de l'article 1871 alinéa 1er du Code civil, la société en participation est une société que les associés ont convenu de ne pas immatriculer. Elle ne fait l'objet d'aucune publicité, elle n'a pas la personnalité morale. Par conséquent, cette société n'a pas de patrimoine social, elle ne peut agir en justice et, étant donné qu'elle ne peut contracter des dettes, la société en participation ne peut pas être mise en sauvegarde, redressement ou en liquidation judiciaire.

Contrairement à la société créée de fait, elle suppose un contrat de société dans lequel plusieurs personnes conviennent de partager les bénéfices et les pertes issus d'une activité commerciale. La société en participation est ignorée des tiers et, en ce sens, elle est qualifiée de société occulte.

La société en participation est **civile** ou **commerciale** selon son objet social. Son existence peut être prouvée par tous moyens (C. civ., art. 1871 al. 1er). Cette règle s'applique aussi bien à la société civile qu'à la société commerciale.

La **gérance** de la société en participation peut être confiée à un ou à plusieurs gérants, choisis parmi les associés ou les tiers. En principe, ces derniers ne peuvent tenter une action que contre le gérant avec qui ils ont contracté et seulement si la société est ostensible et le gérant réputé, qu'il engage la responsabilité de tous les associés contre qui les tiers peuvent agir. Les conditions de révocation et de démission des gérants sont prévues par les statuts.

Si la société en participation est ostensible, les associés sont tenus, à l'égard des tiers, indéfiniment et solidairement **responsables** des dettes sociales si la société est commerciale et indéfiniment, mais sans solidarité et en proportion aux apports, lorsque la société est civile.

3. La société en formation

Entre le moment où les associés décident de constituer une société – signature des statuts, apport du capital social, choix de la forme sociale – et le moment où la société est immatriculée et elle devient une personne morale, un délai s'écoule. Pendant ce laps de temps, on parle de « société en formation ».

La société en formation doit être **distinguée** de la société créée de fait, car la première n'existe qu'en vue d'obtenir la personnalité morale, tandis que la société dite de fait existe à compter de l'accord des associés, mais elle ne cherche pas la personnalité morale.

La distinction présente un **intérêt pratique** considérable, notamment à l'égard de la responsabilité des associés. Selon les dispositions du Code civil – article 1843 – et du Code de commerce – art. L. 210-6 –, les personnes qui ont agi au nom de la société en formation sont responsables personnellement des obligations nées des actes ainsi accomplis. En revanche, s'il s'agit d'une société créée de fait, les engagements pris par certains associés pour le compte de la société obligent personnellement et solidairement tous les associés.

B - Sociétés avec la personnalité morale

Dans la catégorie des sociétés avec la personnalité morale, une grande différence peut être établie entre les sociétés civiles et les sociétés commerciales. Seules celles qui ont un objet commercial retiennent notre attention dans cet ouvrage.

1. Sociétés civiles et sociétés commerciales

Les sociétés civiles et les sociétés commerciales présentent une caractéristique commune. En effet, aux termes des dispositions de l'article 1832 du Code civil, la société, civile ou commerciale, est créée « *en vue de partager les bénéfices ou de profiter de l'économie qui pourra en résulter* ».

Cependant, différents **critères permettent de distinguer ces sociétés** :

■ Tout d'abord, l'article 1845 al. 2 du Code civil dispose que « *ont le caractère civil toutes les sociétés auxquelles la loi n'attribue pas un autre caractère à raison de leur forme, de leur nature ou de leur objet* ». Ces sociétés sont réglementées par les articles 1845 à 1870-1 du Code civil.

■ Ensuite, l'article L. 210-1 du Code de commerce précise que « *le caractère commercial d'une société est déterminé par sa forme ou par son objet* ». La forme se révèle actuellement le principal critère de distinction. Aux termes de l'alinéa 2 de cet article, sont commerciales à raison de leur forme et quel que soit leur objet (même si ce dernier est civil) :

– les sociétés en nom collectif,
– les sociétés en commandite simple,
– les sociétés à responsabilité limitée,
– les sociétés par actions.

Cette règle implique que en aucun cas une société à objet civil ne peut être considérée comme civile si elle est constituée sous la forme d'une société commerciale.

L'intérêt pratique de la distinction entre sociétés civiles et sociétés commerciales peut se résumer ainsi :

■ les sociétés civiles sont régies par le Code civil (articles 1845 et suiv.) et les sociétés commerciales le sont par le Code de commerce. Un certain nombre de différences au niveau de la constitution et du fonctionnement découlent de l'application de ces divers régimes ;

■ les différends entre les associés relèvent pour les sociétés commerciales de la compétence du tribunal de commerce et pour les sociétés civiles de celle du tribunal de grande instance ;

■ les sociétés commerciales de capitaux sont soumises à l'impôt sur les sociétés et seulement si elles sont des sociétés de personnes sont assujetties à l'impôt sur le revenu, applicable également aux sociétés civiles.

2. Sociétés de personnes et sociétés de capitaux

Le droit français reconnaît l'existence de **deux catégories fondamentales** de sociétés : les sociétés de personnes ou sociétés à risque illimité (**a**) et les sociétés de capitaux ou sociétés à risque limité (**b**). Un type de société hybride, ou mixte, est représenté par la société à responsabilité limitée, unipersonnelle ou pluripersonnelle (**c**).

a) Sociétés de personnes

Ces sociétés sont **constituées** en **raison** de la **personne** même des associés. Il s'agit de sociétés fortement marquées par l'*intuitus personae*, dans lesquelles la considération de la personne occupe une place fondamentale, raison pour laquelle elles sont appelées sociétés de personnes.

Cette catégorie de sociétés comprend les sociétés civiles, la société en nom collectif, la société en commandite simple, la société en participation et, par extension, la société créée de fait – bien que ces deux dernières n'aient pas la personnalité morale.

Les principales **caractéristiques** de ces sociétés peuvent se résumer ainsi :

■ la responsabilité : les associés sont responsables personnellement et indéfiniment des dettes de la société. Si la société est commerciale, la responsabilité est également solidaire ;

■ la capacité des associés : si la société est commerciale, les associés doivent avoir la capacité commerciale ;

■ les droits des associés sont représentés par des parts sociales. Les parts ne peuvent être cédées librement par les associés ni aux autres participants à la société ni aux tiers ;

■ les événements affectant la personne d'un associé ont des conséquences importantes pour la société, car en principe, le décès, l'incapacité ou la faillite d'un associé mettent fin à la société commerciale.

b) Sociétés de capitaux

Ces sociétés sont **conclues en raison** des **capitaux procurés** par les associés. La personnalité des associés joue un rôle beaucoup moins important que les sommes qu'ils apportent.

Les principales **caractéristiques** de ces sociétés sont les suivantes :

■ la qualité de commerçant n'est pas requise pour être associé ;

■ la responsabilité des associés est limitée au montant de leurs apports ;

■ le législateur exige un capital minimum pour la constitution pour certaines formes sociales, le montant est de 37 000 euros ;

■ les droits des associés sont représentés par des actions librement cessibles et négociables, ce qui fait des sociétés de capitaux des sociétés « ouvertes » dans lesquelles les événements affectant un actionnaire ne mettent pas fin à la société ;

■ seules les sociétés de capitaux – la SA et la SCA – peuvent offrir leurs titres au public (il en est de même pour les sociétés civiles de placement immobilier. C. com. et fin, art. L. 214-51)

Les sociétés de capitaux sont :

– la société anonyme,

– la société par actions simplifiée (unipersonnelle et pluripersonnelle),
– la société en commandite par actions.

c) La société à responsabilité limitée

Cette société ressemble à une société de personnes en raison de la considération de la personne des associés et elle se rapproche des sociétés de capitaux, notamment par la responsabilité limitée et par la qualité des associés – non commerçants.

La SARL se **caractérise** par les éléments suivants :

- les droits des associés sont représentés par des parts sociales, non cessibles ni transmissibles librement ;
- depuis la loi pour l'initiative économique du 1er août 2003, le capital minimum de 7500 €, exigé auparavant, n'est plus demandé, ce qui rapproche davantage la SARL des sociétés de personnes ;
- la responsabilité des associés est limitée au montant de leurs apports ;
- l'incapacité ou le décès de l'un des associés n'entraîne pas la dissolution de la société.

C - Autres classifications possibles

Différentes classifications sont également possibles, même si leur intérêt pratique peut être discuté :

1. les sociétés pouvant faire une offre au public de leurs titres financiers et celles ne pouvant pas réaliser cette offre ;
2. les sociétés « fermées » – sociétés de personnes caractérisées par un fort *intuitus personae* – et les sociétés « ouvertes » – sociétés de capitaux ;
3. les sociétés privées et les sociétés du secteur public ;
4. les sociétés de droit communautaire et les sociétés de droit interne ;
5. les sociétés à risque limité – sociétés de capitaux et SARL – et les sociétés à risque illimité – sociétés de personnes.

Schéma 1

Classification des sociétés

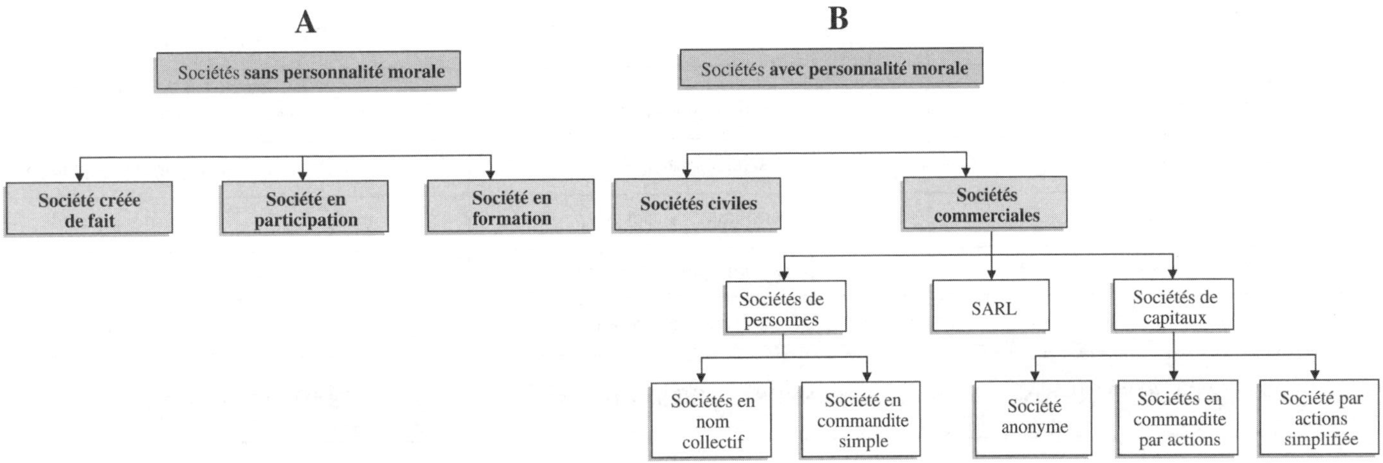

Schéma 2

Caractéristiques sociétés de personnes / sociétés de capitaux

CARACTÉRISTIQUES	SOCIÉTÉS DE PERSONNES	SOCIÉTÉS DE CAPITAUX
Constituées en fonction de…	La personne des associés	Du capital apporté
Responsabilité des associés	Personnelle, indéfinie, solidaire	Limitée aux apports
Capacité des associés	Capacité commerciale	Capacité civile
Capital social divisé en…	Parts sociales	Actions
Capital minimum pour la constitution de la société	Pas de capital minimum	37 000 € pas de capital minimum (la SAS)
Conséquences des événements affectant la personne d'un associé	Fin de la société commerciale	Aucune conséquence
Transmission parts sociales / actions	Entre associés : accord à l'unanimité À des tiers : accord à l'unanimité	Entre associés : libre (sauf SARL) À des tiers : – SARL : accord à la majorité – SA : libre (sauf clause d'agrément)

Fiche 2 Sources du droit des sociétés

Les sources du droit des sociétés sont très diverses. L'énumération que nous proposons ci-après est fondée sur la distinction, de plus en plus présente dans toutes les disciplines juridiques, de sources nationales et sources communautaires. Cette énumération n'est pas exhaustive, car de nombreuses dispositions administratives, fiscales ou boursières complètent régulièrement le droit des sociétés.

I - LES SOURCES INTERNES OU DROIT NATIONAL

Les sources internes comprennent les textes de loi et les décrets (**A**) ainsi que la jurisprudence et la doctrine (**B**).

A - Les lois et les décrets

Les principaux textes qui régissent les sociétés sont contenus dans le Code civil – art. 1832 à 1844-17 (dispositions générales applicables à toutes les sociétés), art. 1845 à 1870 (dispositions concernant exclusivement les sociétés civiles) et art. 1871 à 1873 régissant la société en participation – et dans le Code de commerce – art. L. 210-1 à L. 252-12.

■ **La loi n° 66-537 du 24 juillet 1966 et la codification de 2000**

S'agissant des sociétés commerciales, les bases légales ont été longtemps la **loi** n° 66-537 du **24 juillet 1966** et le **décret** n° 67-236 du **23 mars 1967**. Suite à l'ordonnance n° 2000-912 du **18 septembre 2000**, les dispositions du texte légal de 1966 ont été **codifiées** dans le Code de commerce. Ils avaient fait l'objet de nombreuses et importantes réformes – par exemple, loi n° 78-9 du 4 janvier 1978 modifiant l'article 1832 du Code civil et portant la définition de la société, loi n° 83-1 du 3 janvier 1983 créant les titres participatifs et les certificats d'investissement – qui rendaient nécessaire la codification des différentes disposition légales. Cette **codification** s'est accomplie, de manière générale, à droit constant et, par conséquent, sans modifications de fond, de la loi de 1966.

Le décret d'application de 1967 est désormais codifié dans la partie réglementaire du Code de commerce par le décret du 25 mars 2007.

■ **Les lois postérieures à la codification**

La codification n'a pas marqué la fin des réformes du droit des sociétés et de nombreuses **lois** ont été **promulguées** postérieurement à l'ordonnance du 18 septembre 2000 :

– loi n° 2001-152 du 19 février 2001 sur l'épargne salariale modifiant le régime de la participation des salariés au capital de la société ;

– loi n° 2001-420 du 15 mai 2001 sur les nouvelles régulations économiques, modifiant de nombreuses dispositions du Code de commerce relatives au droit des sociétés ;

– loi n° 2001-1168 du 11 décembre 2001, dite « loi MURCEF » portant mesures urgentes de réformes à caractère économique et financier ;

– loi n° 2002-73 du 17 janvier 2002 sur la modernisation sociale, apportant d'importantes dispositions sur la participation des salariés au capital et à la gestion des sociétés ;

– loi n° 2002-1303 du 29 octobre 2002, assouplissant les normes fixées par la loi NRE du 15 mai 2001, notamment en matière de cumuls de mandats dans les sociétés anonymes ;

– loi n° 2003-591 du 2 juillet 2003 qui autorise le gouvernement à prendre par ordonnance des dispositions relevant du pouvoir législatif dans le domaine du droit de l'entreprise, dont le droit des sociétés ;

– loi n° 2003-706 du 1er août 2003 sur la sécurité financière ;

– loi n° 2003-721 du 1er août 2003 sur l'initiative économique contenant des dispositions destinées à simplifier la création et la transmission des sociétés et des entreprises individuelles ;

– loi n° 2005-842 du 26 juillet 2005, dite « loi Breton » sur la confiance et la modernisation de l'économie ;

– loi n° 2005-882 du 2 août 2005, en faveur des petites et moyennes entreprises ;

– loi n° 2006-1770 du 30 décembre 2006, pour le développement de la participation et de l'actionnariat ;

– loi n° 2007-1223 du 21 août 2007, dite « loi TEPA » en faveur du travail, de l'emploi et du pouvoir d'achat ;

– loi n° 2008-649 du 3 juillet 2008, pour l'adaptation du droit des sociétés au droit communautaire ;

– loi n° 2008-776 du 4 août 2008 de modernisation de l'économie, dite « loi LME ».

B - La jurisprudence et la doctrine

La **jurisprudence** est une source de droit considérable en droit des sociétés. Les textes législatifs ou réglementaires s'avèrent parfois incomplets ou imprécis, laissant au juge un important champ d'action. En outre, le contentieux du droit des sociétés ne relève pas seulement des juridictions commerciales, mais encore ressortit aux juridictions civiles, pénales ou même sociales.

La **doctrine** en droit des sociétés est constituée par les interprétations, les avis et les opinions des différents auteurs, mais également par ceux d'instances professionnelles, comme l'Autorité des marchés financiers ou le Conseil national de la comptabilité.

II - LES SOURCES DU DROIT COMMUNAUTAIRE

Parmi les sources de droit communautaire, les directives (**A**) et le règlement n° 2157/2001 qui a créé la société européenne (**B**) retiennent notre attention.

A - Les directives

L'application des dispositions du traité de Rome a amené les autorités communautaires à élaborer de nombreuses directives. Elles ont obligé le législateur à modifier le droit français des sociétés. Il en est ainsi des directives suivantes :

- première directive du 9 mars 1968 sur la publicité et la validité des engagements sociaux et les nullités dans les sociétés par actions et la SARL ;
- deuxième directive du 13 décembre 1976 relative à la constitution des SA et à la modification de leur capital social. Elle a été complétée avec la directive du 23 novembre 1992 et modifiée à nouveau avec celle du 6 septembre 2006.
- troisième directive du 9 octobre 1978 ayant pour objet la protection des intérêts des actionnaires et des tiers lors des fusions et scissions ;
- quatrième directive du 25 juillet 1978 relative à la présentation et au contenu des comptes annuels ;
- sixième directive du 17 décembre 1982 relative aux scissions des sociétés anonymes ;
- septième directive du 13 juin 1983 sur l'obligation d'établir des comptes consolidés ;
- huitième directive du 10 avril 1984 concernant les commissaires aux comptes. Cette directive a été abrogée et remplacée ensuite par la directive du 17 mai 2006. Elle a été transposée par l'ordonnance 2008-1278 du 8 décembre 2008 ;
- dixième directive du 26 octobre 2005 permettant les fusions entre sociétés anonymes relevant d'États membres différents. Elle a été transposée par la loi 2008-649 du 3 juillet 2008 ;
- onzième directive du 21 décembre 1989 concernant la publicité des succursales créées dans un état membre ;
- douzième directive du 21 décembre 1989 relative à la société à responsabilité limitée à un seul associé ;
- treizième directive du 21 août 2004 dont l'objet est de protéger les intérêts des actionnaires et des tiers en cas d'offres publiques d'acquisition et d'échange ;

Par ailleurs, d'autres directives ont été adoptées, notamment en matière de valeurs mobilières. Parmi celles-ci il est intéressant de signaler les suivantes : directive du 5 mars 1979 pour la cotisation en Bourse, directive du 15 février 1982 relative à la publicité de sociétés cotées en Bourse et directive du 13 novembre 1989 relative aux opérations d'initiés. Il convient de mentionner également la directive du 11 juillet 2007 concernant l'exercice de certains droits des actionnaires des sociétés cotées.

Enfin, des propositions de directives ont également été présentées par les autorités : proposition de cinquième directive du 9 octobre 1972 concernant la structure des sociétés anonymes – ce projet a été modifié en 1983, puis en 1990 et enfin en 1991 – proposition de quatorzième directive sur le transfert du siège des sociétés de capitaux dans un État membre et enfin, un projet de neuvième directive, concernant les groupes de sociétés est à l'étude.

B - La société européenne

Le projet de création d'une société dont la nationalité ne dépendrait plus de l'État dans lequel elle est constituée remonte à 1970. De nombreuses difficultés ont retardé la détermination de la *societas europaea* (SE) à 2001 avec l'adoption du règlement n° 2157/2001 du Conseil du 8 octobre 2001 relatif à la **société européenne**. La directive n° 86/2001 datant également du 8 octobre 2001 complète le statut de cette société avec des précisions concernant la participation des travailleurs.

Ces textes ont été transposés en droit français par la loi du 26 juillet 2005 – dite Loi BRETON – complétée par les décrets d'application du 14 avril 2006 et du 9 novembre 2006 (C. com., art. L. 229-1 et R. 229-1 et s.).

Schéma

Sources du droit des sociétés

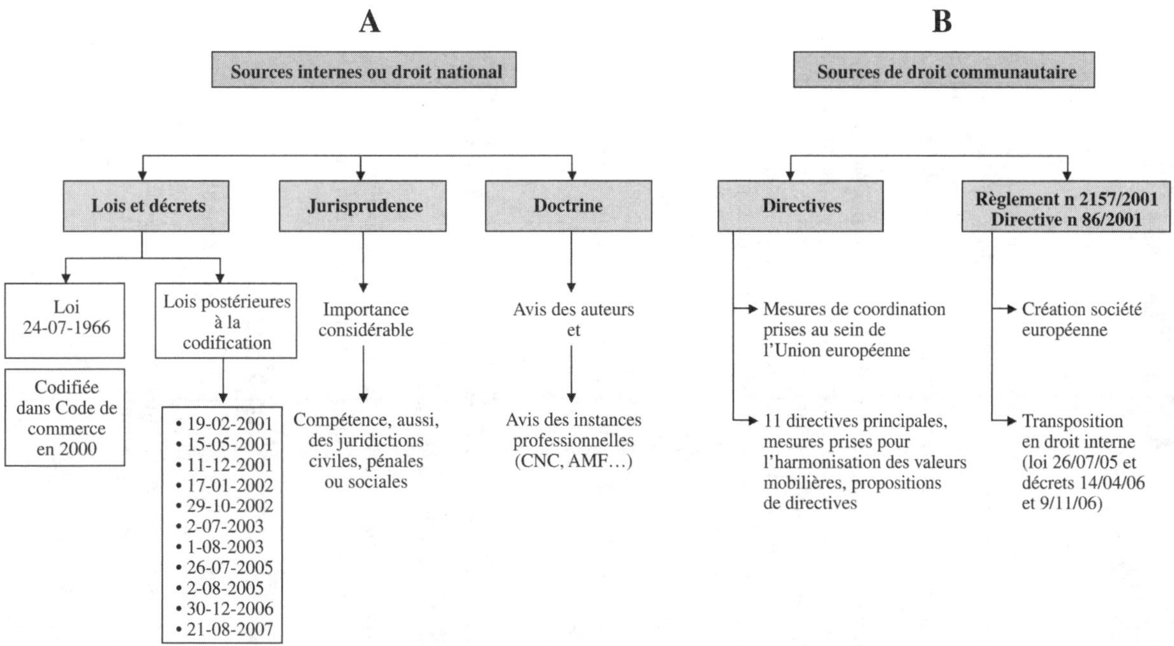

Fiche 3 Fiscalité des sociétés

Les bénéfices sont imposés différemment selon qu'ils sont réalisés par une société ou qu'ils proviennent d'une entreprise individuelle. Dans le premier cas, les bénéfices des sociétés de capitaux sont soumis à **l'impôt sur les sociétés** (IS). Cet impôt est exigible lors de la réalisation de bénéfices et cela quelle que soit son affectation.

En revanche, l'entreprise individuelle n'a pas la personnalité morale – seul l'exploitant à la personnalité juridique – et, par conséquent, n'a pas de patrimoine propre. Ses résultats sont imposés dans la catégorie des BIC – bénéfices industriels et commerciaux – s'ils répondent aux critères définis par l'article 34 du Code général des impôts. Selon les termes de cette disposition, « *sont considérés comme bénéfices industriels et commerciaux, pour l'application de l'impôt sur le revenu, les bénéfices réalisés par des personnes physiques et provenant de l'exercice d'une profession commerciale, industrielle ou artisanale* ». Ces bénéfices forment l'une des catégories de revenus passibles de l'impôt sur le revenu et ils sont totalisés avec les autres revenus de l'exploitant de l'entreprise individuelle afin de constituer un revenu global.

I - LES SOCIÉTÉS SOUMISES À L'IMPÔT SUR LES SOCIÉTÉS

En principe, sont soumises à l'impôt sur les sociétés toutes les personnes de droit public ou de droit privé qui se livrent à des opérations à caractère lucratif.

A - Champ d'application

Le législateur a défini les règles générales de l'impôt sur les sociétés à l'article 206 1° du Code général des impôts (**1**). Ces principes connaissent, toutefois, quelques exceptions (**2**). Ces règles s'appliquent aux entreprises exploitées en France (**3**).

1. Principe

En principe, sont passibles de l'impôt sur les sociétés, indépendamment de leur objet – article 206 1° du Code général des impôts :

- les sociétés anonymes,
- les sociétés en commandite par actions,

- les sociétés à responsabilité limitée, n'ayant pas opté pour le régime fiscal des sociétés de personnes,
- les sociétés coopératives et leurs unions,
- les EURL créées par des personnes morales,
- les établissements publics,
- les organismes de l'État jouissant de l'autonomie financière,
- les organismes des départements et des communes,
- toutes autres personnes morales se livrant à une exploitation ou à des opérations à caractère lucratif,
- les sociétés par actions simplifiées sont également soumises à l'impôt sur les sociétés – CGI, art. 1655 *quinquies*.

Les sociétés de personnes – société en nom collectif, société en commandite simple, société créée de fait, société en participation – et les groupements assimilés ne sont pas, en règle générale, soumis à l'impôt sur les sociétés. Toutefois, l'article 206 – n°s 3 et 4 – du CGI dispose que les sociétés de personnes sont assujetties à l'IS lorsqu'elles ont volontairement choisi cette option. Cette règle s'applique, même à défaut d'option, aux sociétés civiles si « *elles se livrent à une exploitation ou à des opérations à caractère industriel ou commercial* » – CGI, art. 206 4° –, ainsi qu'aux sociétés en participation et aux sociétés en commandite simple « *à la part des bénéfices correspondant aux droits des commanditaires et à ceux des associés autres que ceux indéfiniment responsables ou dont les noms et adresses n'ont pas été indiqués à l'administration* » – CGI, art. 204 4°.

Toutefois ces principes de l'assujettissement obligatoire à l'impôt sur les sociétés des sociétés à risque limité a été considérablement assoupli par les dispositions de la loi de modernisation de l'économie du 4 août 2008. C'est ainsi que désormais les SA, les SAS et les SARL peuvent opter pour le régime de l'IR à condition de remplir les exigeances imposées par les dispositions de l'article 239 bis AB du Code général des impôts :

– les titres de la sociétés ne doivent pas être admis aux négociations sur un marché ;

– la société doit exercer, à titre principal, une activité industrielle, commerciale, artisanale, agricole ou libérale ;

– elle doit employer moins de 50 salariés et réaliser un chiffre d'affaires annuel ou un total de bilan inférieur à 10 000 000 d'euros ;

– elle doit avoir été créée depuis moins de cinq ans ;

– son capital et les droits de vote doivent être détenus à hauteur de 50 % au moins par des personnes physiques et à hauteur de 34 % au moins par une ou plusieurs personnes ayant la qualité de président, directeur général, président du conseil de surveillance, membre du directoire ou gérant, ainsi que par les membres de leur foyer fiscal.

L'option ne peut être exercée qu'avec l'accord de tous les associés (CGI, art. 239 bis AB III) et elle est valable pour cinq ans, sauf renonciation notifiée dans les trois premiers mois de la date de l'ouverture de l'exercice.

2. Exceptions

Par l'effet de dispositions spéciales ou d'une option choisie par leurs membres, sont exonérées en totalité ou en partie de l'impôt sur les sociétés certaines personnes morales et collectivités.

■ Dans la mesure où leur but est de développer l'activité économique de leurs membres, les groupements d'intérêt économique et les groupements européens d'intérêt économique ne sont pas soumis à l'IS.

■ Il en est de même pour la SARL à caractère familial ayant opté pour le régime fiscal des sociétés de personnes (CGI, art. 239 bis AA), les EURL dont l'associé unique est une personne physique (sauf option IS) ainsi que les sociétés civiles professionnelles.

■ L'exonération d'impôt pendant une période de cinq ans maximum selon un régime dégressif s'applique aux entreprises créant des activités dans des zones dites prioritaires (CGI, art. 44 *sexies*).

■ Enfin, certaines entreprises sont exonérées de l'IS pour favoriser leur activité d'intérêt général ou pour leur activité désintéressée (exemple : les organisations mutualistes, les associations sans but lucratif, les syndicats professionnels…).

3. Territorialité de l'IS

L'impôt sur les sociétés frappe les bénéfices réalisés par les entreprises exploitées en France – métropole et DOM ainsi que *« ceux dont l'imposition est attribuée à la France par une convention internationale relative aux doubles impositions »* (CGI, art. 209-1). Cette règle générale permet de déduire que :

1. les entreprises françaises qui ont des établissements ou des succursales en France font, nécessairement, au titre d'un exercice, une seule déclaration pour tous les résultats ;

2. si une société exploite des établissements ou des succursales à l'étranger, leurs résultats ne sont pas soumis à l'IS en France, mais sont imposables dans ces pays. Toutefois, dans ce cas, le régime du bénéfice « mondial » ou du bénéfice « consolidé » permet aux sociétés françaises agréées à cet effet de tenir compte de l'ensemble des résultats de leurs activités à l'étranger.

Des conventions fiscales internationales ayant pour but d'éviter la double imposition aux entreprises attribuent à la France l'imposition de certaines sociétés.

B - Taux de l'impôt

Le taux normal de l'impôt sur les sociétés est fixé à 33,33 %. Les petites et moyennes entreprises bénéficient, de plein droit, d'un taux réduit de 15 % si elles réalisent au cours de l'exercice un chiffre d'affaires hors taxes inférieur à 7 630 000 € (CGI, art. 219-1-b). Le bénéfice imposable à 15 % est limité à 38 120 € par période de 12 mois. Le surplus est imposé au taux normal de 33,33 %.

En ce qui concerne les plus-values réalisées par les sociétés, elles sont imposables aux taux normal de 33,33 %. Toutefois, les plus-values à long terme sur cession de titres de participation sont exonérées.

C - Contributions additionnelles et IFA

Les **contributions additionnelles** sont dues par les personnes morales redevables de l'IS au taux normal ou au taux réduit – plus-values et PME. Ces contributions additionnelles ne sont pas déductibles des résultats imposables (CGI, art. 213).

La contribution sociale de 3,3 % est calculée sur l'IS au taux normal ou au taux réduit des plus-values à long terme (15 %) sans déduction d'un abattement de 760 000 €. Sont exonérées les sociétés qui remplissent cumulativement les deux conditions suivantes :

– le chiffre d'affaires annuel hors taxe est inférieur à 7 630 000 € ;

– le capital social est détenu, directement ou indirectement, pour au moins 75 % par des personnes physiques.

L'imposition forfaitaire annuelle (IFA) était une imposition exigible même en l'absence de bénéfices. Le montant de l'imposition variait en fonction du chiffre d'affaires réalisé au cours du dernier exercice clos.

CHIFFRE D'AFFAIRES (hors taxe)	TARIF IFA
Inférieur ou égal à 400 000 €	Exonération
Compris entre 400 000 € et 750 000 €	1 300 €
Compris entre 750 000 € et 1 500 000 €	2 000 €
Compris entre 1 500 000 € et 7 500 000 €	3 750 €
Compris entre 7 500 000 € et 15 000 000 €	16 250 €
Compris entre 15 000 000 € et 75 000 000 €	20 500 €
Compris entre 75 000 000 € et 500 000 000 €	32 750 €
Égal ou supérieur à 500 000 000 €	110 000 €

La loi de finances pour 2009 a posé le principe de la suppression progressive de cette imposition qui interviendra sur trois ans selon le calendrier suivant :

– le 1er janvier 2009 suppression de l'IFA pour les entreprises dont le chiffre d'affaires hors taxe est inférieur à 1 500 000 € ;

– le 1er janvier 2010 suppression de l'IFA pour toutes les entreprises dont le chiffre d'affaires hors taxe est inférieur à 15 000 000 € ;

– le 1er janvier 2011 suppression de l'IFA pour toutes les entreprises.

II - LES SOCIÉTÉS SOUMISES À L'IMPÔT SUR LE REVENU (SOCIÉTÉS DE PERSONNES ET ASSIMILÉES)

A - Principe

« *Les associés des sociétés en nom collectif et les commandités des sociétés en commandite simple sont, lorsque ces sociétés n'ont pas opté pour le régime fiscal des sociétés de capitaux, personnellement soumis à l'impôt sur le revenu pour la part des bénéfices sociaux correspondant à leurs droits dans la société* » – CGI art. 8.

En effet, les résultats des sociétés de personnes ne sont pas directement imposables pour la personne morale. Ils sont imposables au nom des associés proportionnellement au nombre de parts sociales détenues.

Toutefois, ces sociétés de personnes peuvent, sur option, être soumises à l'impôt sur les sociétés (CGI, art. 206-3). Il leur suffit de notifier l'option, avant la fin du troisième mois de l'exercice au titre duquel l'entreprise souhaite être soumise, pour la première fois, à l'impôt sur les sociétés (CGI, art. 239).

B - Société en commandite simple

Les bénéfices correspondant aux droits des associés commanditaires d'une société en commandite simple sont soumis à l'impôt sur les sociétés. L'impôt est ainsi établi au nom de la société et les bénéfices de ces associés sont frappés par l'impôt sur le revenu au titre de revenus mobiliers.

C - Entreprise unipersonnelle à responsabilité limitée

Le régime d'imposition de l'EURL varie selon que l'associé unique est une personne physique ou une personne morale. Dans le premier cas, si l'associé n'a pas opté pour le régime de l'impôt sur les sociétés, l'entreprise unipersonnelle relève du régime fiscal des sociétés de personnes, c'est-à-dire de l'impôt sur le revenu (CGI, art. 8-40). En revanche, si l'associé est une personne morale, l'EURL est obligatoirement soumise à l'impôt sur les sociétés.

D - Groupement d'intérêt économique

Les GIE et les GEIE ne sont pas soumis au régime de l'imposition sur les sociétés. Leur régime fiscal s'assimile à celui des sociétés de personnes, c'est-à-dire que l'imposition se réalise au nom des membres proportionnellement à leurs droits.

Les groupements européens d'intérêt économique sont soumis à l'impôt en France dès que leur siège social est établi en France et cela indépendamment du lieu de résidence de leurs membres.

E - Sociétés en participation et sociétés créées de fait

Les **sociétés en participation** sont soumises au régime d'imposition des sociétés de personnes si les associés en participation sont indéfiniment responsables. Ces associés sont ceux dont les noms et leurs adresses sont communiqués à l'administration. La quote-part des bénéfices correspondant aux associés non indéfiniment responsables ou inconnus est soumise à l'impôt sur les sociétés.

Le Code général des impôts dispose que les bénéfices réalisés par les **sociétés créées de fait** « *sont imposables selon les règles prévues au présent code pour les sociétés en participation* » (CGI, art. 238 *bis* L).

Schéma 1

Fiscalité des sociétés

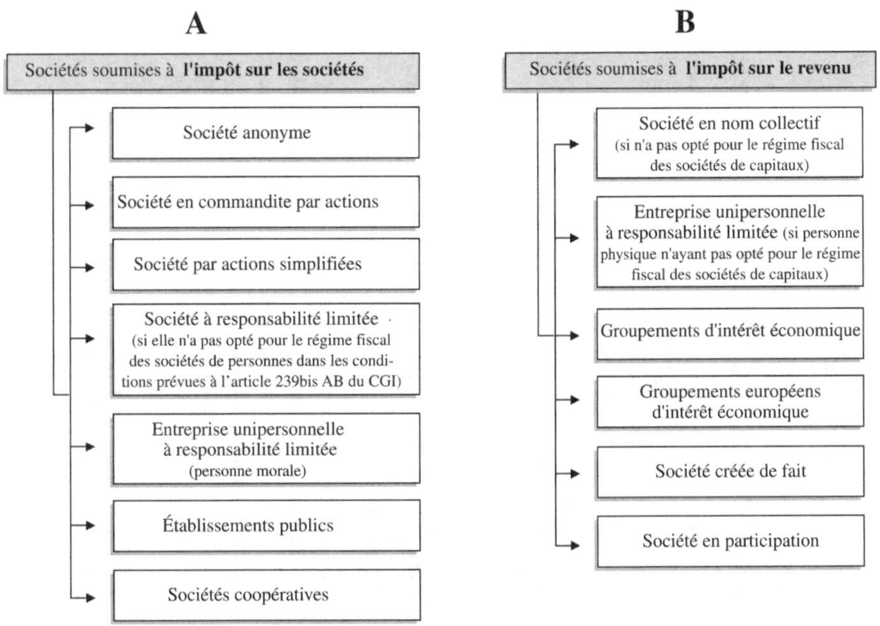

TITRE I

LA CONSTITUTION DE LA SOCIÉTÉ

TITRE I

LA CONSTITUTION DE LA SOCIÉTÉ

La constitution d'une société commerciale obéit à des conditions de fond et de forme. Parmi les premières, un certain nombre d'entre elles s'appliquent à tous les contrats et sont prévues par différentes dispositions du Code civil. Le consentement, la capacité, l'objet et la cause du contrat font partie de ces conditions que la doctrine qualifie de « conditions communes à tous les contrats ». Néanmoins, la société commerciale est un contrat particulier qui nécessite, pour sa validité, le respect de certaines conditions qui lui sont propres : un nombre minimum d'associés – sauf pour les sociétés unipersonnelles –, des apports réalisés par les futurs associés, un capital minimum ... Ces conditions font l'objet du **chapitre 1, fiches 4** et **5**.

Les conditions de forme sont le second type de conditions nécessaires pour la constitution valable de la société. C'est ainsi que les futurs associés doivent accomplir un certain nombre d'actes avant la signature des statuts et leur postérieure immatriculation au registre du commerce et des sociétés. Cette immatriculation attribue à la société la personnalité morale (**Chapitre 2, fiches 6** et **7**).

L'acquisition de la personnalité morale a pour effet d'accorder à la société différents attributs permettant l'identification de la nouvelle personne morale. La société a ainsi une dénomination sociale librement choisie par les associés. Elle peut être utilisée comme nom commercial ou comme marque.

En outre, la société dispose également d'un siège social qui constitue le domicile de la personne morale. La localisation du siège social détermine la nationalité de la société et permet de déterminer le tribunal compétent en cas d'assignation en justice de la société.

La société régulièrement constituée peut fonctionner pendant la durée que les associés ont librement fixée dans les statuts. Toutefois, elle ne saurait excéder 99 ans à compter de son immatriculation au registre du commerce et des sociétés.

Ces attributs de la société commerciale font l'objet des développements du **chapitre 3, fiches 9** et **10**.

Fiche 4 Conditions générales de conclusion du contrat de société

Aux termes de l'article 1832 du Code civil, la constitution d'une société implique la conclusion d'un **contrat** entre les associés. Toutefois, la société peut également résulter d'un **acte** de volonté **unilatéral** – EURL et SASU.

Dans les deux cas, l'acte de constitution doit respecter les quatre conditions fixées par l'article 1108 du Code civil pour la validité de la convention : le consentement des parties à l'acte, la capacité des personnes qui s'engagent, l'objet et la cause.

I - LE CONSENTEMENT

Le consentement des associés traduit leur volonté de s'engager dans la société. Il est l'une des conditions essentielles du contrat de société. Le consentement ne peut être affecté par un vice (**A**) ou faire l'objet d'une simulation (**B**).

A - L'intégrité du consentement

Le contrat de société n'est valable que lorsque les parties ont la volonté réelle de s'engager et le consentement n'est valable que s'il est exempt d'erreur, de dol et de violence (C. civ., art. 1109).

En ce qui concerne l'**erreur**, elle peut porter sur :

- la personne d'un autre associé : elle n'est retenue que lorsque la considération de la personne est la raison qui amène l'associé à contracter. Cette hypothèse n'est prise en compte que lorsque le contrat est l'acte constitutif d'une société de personnes, société conclue *intuitus personae*. Elle n'est pas une cause de nullité du contrat dans les sociétés de capitaux ;

- la forme de la société : l'associé croit s'engager dans une société de capitaux alors qu'en réalité il s'agit d'une société de personnes. Cette erreur est assimilée à une erreur sur la nature du contrat et elle est prise en compte pour la nullité de la convention ;

- les apports : pour être retenue, l'erreur doit porter sur la nature des apports et non sur leur valeur. En effet, l'erreur sur l'estimation donnée à un apport n'est pas retenue, car elle constitue une lésion (CA Paris, 23 mai 1958, *D*. 1958, som. p. 31).

Le **dol** est la tromperie organisée par les cocontractants afin que l'associé consente au contrat de société. Il est une cause de nullité de la convention seulement dans les cas où, sans ces manœuvres frauduleuses, l'associé n'aurait pas consenti (C. civ., art. 1116). Le dol doit ainsi avoir été déterminant de l'engagement de l'associé. Tel est le cas des déclarations mensongères (Cass. com., 27 nov. 1972, *Gaz. Pal* 1973, I p. 259) ou des réticences dolosives (Cass. 3e civ., 27 mars 1991, Bull. civ. III n° 108). Bien qu'il soit plus fréquent que l'erreur, le dol est rare en droit des sociétés.

La **violence**, physique ou morale, peut être exercée afin de contraindre la personne à devenir associé. On ne trouve presque pas d'exemple de violence en matière de contrat de société.

B - La simulation du consentement

Le contrat de société nécessite que la volonté des parties soit sincère et non seulement apparente. La simulation du consentement est une cause de nullité du contrat de société plus fréquemment observée que la non-intégrité du consentement.

La simulation crée une apparence, c'est-à-dire que les associés font semblant de s'associer mais que, en réalité, ils ont signé une convention différente, voulue secrète par les parties. Par exemple, une société est créée alors qu'en fait l'acte ne sert qu'à dissimuler un contrat de prêt ou une cession de droits sociaux est réalisée dissimulant en réalité un contrat de vente de fonds de commerce (CA Rouen 6 juin 1973, *Rév. sociétés* 1974 p. 740, note J.-P. Sortais).

La simulation peut porter sur :

■ l'existence même du contrat : dans ce cas, les associés n'ont eu nullement l'intention de s'associer. La société n'a pas d'existence juridique et elle est sanctionnée par la nullité ;

■ la nature du contrat : les parties ont conclu une convention tenue secrète entre eux. La société apparente sert en réalité à cacher un acte illicite et une volonté de fraude, telle la dissimulation d'une donation[1] ou d'une vente immobilière sous la forme d'une cession de droits sociaux[2] ;

■ la personne de l'associé : la personne qui s'engage dans le contrat de société est en réalité le prête-nom du véritable associé. Ce type de simulation est sanctionnée lorsqu'elle est frauduleuse.

La simulation est sanctionnée par la nullité, mais, en revanche, la convention de croupier est licite. Cette convention permet à un associé, sans le consentement de ses associés, de convenir avec un tiers de partager les bénéfices et les pertes qui résultent de sa participation dans la société. Le croupier n'est pas associé de la société : il a seulement des droits pécuniaires.

1. Cass. 1re civ., 17 mars 1987 : *JCPG* 1988, II, 20859, note M. Dagot.

2. Cass. 1re civ., 23 mai 1977, *D.* 1978, jur., p. 89.

II - LA CAPACITÉ DES ASSOCIÉS

La capacité est l'aptitude de toute personne à être titulaire de droits et à les exercer. Aux termes de l'article 1123 du Code civil, toute personne peut contracter si elle n'en est pas déclarée incapable. Cette disposition permet de déduire que, pour s'engager dans un contrat de société, il faut être capable. Il convient donc de s'interroger sur les différents cas d'incapacité.

A - Mineurs et majeurs incapables (C. civ. art. 1124)

La loi 2007-308 du 5 mars 2007 a réformé le régime de protection juridique des majeurs. Elle a profondément modifié le régime des incapacités et renuméroté les disposition du Code civil relatives à cette question. Cette loi est en vigueur depuis le 1er janvier 2009.

■ Le **mineur** n'a pas la capacité civile et, s'il n'est pas émancipé, il doit être représenté dans tous les actes de la vie juridique par son représentant légal.

Le mineur ne peut pas exercer une activité commerciale (C. com., art. L. 121-2). Il ne peut donc pas être associé d'une société en nom collectif ou associé commandité d'une société en commandite simple ou par actions. L'autorisation de ses parents ne suffit pas à lever cette interdiction.

En revanche, le mineur, même non émancipé, peut-être associé d'une société à responsabilité limitée, ou actionnaire d'une société anonyme, par action simplifiée ou commanditaire dans une société en commandite simple ou par actions. En effet, il a la même capacité qu'un majeur pour tous les actes de la vie civile (C. civ., art. 413-6 al.).

Par ailleurs, l'autorisation du juge des tutelles est nécessaire pour sa participation dans une société civile ainsi qu'en cas d'apport d'un immeuble ou d'un fonds de commerce.

■ En ce qui concerne le **majeur incapable**, le législateur limite sa capacité selon qu'il est placé sous **sauvegarde de justice**, en tutelle ou en curatelle.

– Dans le premier cas, le majeur conserve l'exercice de ses droits (C. civ., art. 435) – sauf s'il a nommé un mandataire avant d'être mis sous sauvegarde (C. civ., art. 436 al. 1) ou si un mandataire a été désigné en justice (C. civ., art. 437) – et il peut donc participer à la constitution de n'importe quelle société. Toutefois, il a la possibilité de demander la rescision pour lésion ou la réduction pour excès des actes qu'il a passés (C. civ. art. 435, al 2)

– Le majeur en **tutelle** est frappé d'une incapacité totale et il doit donc être représenté par son représentant légal. Il peut être associé dans une SARL ou dans une société de capitaux ; en revanche, il ne peut pas être associé en nom collectif ou associé commandité. Lors de la constitution de la société, le tuteur nécessite l'autorisation du conseil de famille pour la réalisation d'un apport de capitaux du mineur, sauf si l'apport n'a que de faibles conséquences sur le patrimoine (C. civ., art. 504 et 505). Cette autorisation peut être remplacée par celle du juge des tutelles lorsque la valeur à apporter n'excède pas 50 000 euros (C. civ., art. 502 ; Décret 2008-1484 du 22 déc. 2008, art. 4).

– Le majeur en **curatelle** subit une incapacité réduite. Il doit être assisté de son curateur pour tout acte qui, sous le régime de tutelle des majeurs requiert l'autorisation du conseil de famille (C. civ., art. 467, al. 1). Il ne peut pas être commerçant (le majeur en tutelle ne le peut pas non plus) et aucune habilitation en peut être donnée au tuteur dans ce sens. C'est ainsi qu'il ne peut pas être associé dans une société en nom collectif, ni associé commandité.

B - Incompatibilités et interdictions

■ Certaines activités sont **incompatibles** avec l'exercice d'une activité commerciale. C'est ainsi que les avocats, les avoués, les architectes, les experts-comptables, les magistrats, les fonctionnaires, les administrateurs judiciaires, les huissiers de justice ou les greffiers ne peuvent être commerçants et, par conséquent, ils ne peuvent être ni associés en nom collectif, ni commandités dans une société en commandite simple ou par actions.

■ La faillite personnelle a pour conséquence d'interdire l'exercice de toute activité commerciale à celui qui en est frappé. Ainsi, il ne lui sera pas possible d'être associé dans une société en nom collectif ou en commandite.

C - Les époux

Une personne mariée, quel que soit son régime matrimonial, peut devenir associé d'une société sans avoir à demander l'autorisation de son conjoint. Néanmoins, cette liberté connaît quelques limites. Tout d'abord, une première limite est à signaler dans les sociétés de personnes, aux associés mariés sous le régime de la communauté de biens et apportant des biens communs. La loi reconnaît le droit au conjoint non associé de revendiquer cette qualité pour la moitié des parts acquises – (C. civ., art. 1832-2). Ensuite, et de manière générale, la liberté des époux est limitée par la protection des intérêts de la famille. En effet, lorsque l'un des époux manque gravement à ses devoirs et met en péril les intérêts de la famille, le juge aux affaires familiales peut prescrire toutes les mesures urgentes que requièrent ces intérêts (C. civ., art. 220-1).

Par ailleurs, depuis la promulgation de la loi du 23 décembre 1985, deux époux peuvent être associés dans une même société et participer ensemble à la gestion – (C. civ., art. 1832-1). En ce qui concerne l'apport en société réalisé par l'un des époux, il convient de préciser qu'il dépend de son régime matrimonial. Dans le régime de la séparation de biens et participation aux acquêts, chaque époux reste propriétaire de ses biens personnels et est libre d'en disposer. Il peut ainsi en faire apport librement à une société. Dans les régime de la communauté de biens, chaque époux peut apporter (librement) à une société ses biens propres, car il peut en disposer librement. Il en est également des biens communs – étant donné qu'il a le pouvoir d'en disposer (C. civ., art. 1421, al. 1). Toutefois, lorsqu'il s'agit d'un bien faisant partie de la communauté et nécessaire à l'exercice de l'activité professionnelle d'un époux, seul ce dernier peut en faire l'apport à une société (C. civ., art. 1421, al. 2). Enfin, dans le régime de la séparation de biens, chaque époux est propriétaire de ses biens et peut en faire apport à une société librement.

D - Partenaires d'un Pacs

Les partenaires d'un pacte civil de solidarité peuvent devenir associés dans une société commerciale, seuls ou avec d'autres personnes physiques ou morales. Toutefois, il est important de s'intéresser aux apports réalisés par les partenaires à la société. Les pactes conclus depuis le 1er janvier 2007 sont soumis aux dispositions de la loi n° 2006-728 du 23 juin 2006 qui établit le régime de la séparation de biens entre les partenaires, tout en laissant la possibilité à ceux-ci d'écarter cette séparation et de soumettre leurs biens aux régime de l'indivision. Ainsi, en principe, chaque partenaire est propriétaire de ses biens personnels et peut exercer librement tous les actes d'administration et de libre disposition. Il peut donc en faire apport à une société commerciale.

En ce qui concerne les pactes conclus avant le 1er janvier 2007 sont régis par les dispositions de la loi du 15 novembre 1994, à moins que les partenaires aient soumis ceux-ci au régime de la loi du 23 juin 2006 par une convention modificative. Sous cette modification, les biens dont les partenaires deviennent propriétaires postérieurement à la conclusion du pacte sont présumés indivis par moitié si l'acte d'acquisition n'en dispose autrement. C'est ainsi que les titres sociaux reçus en apport d'un bien réalisé par l'un ou les deux partenaires sont présumés indivis par moitié. Le partenaire qui réalise l'apport doit obtenir l'accord de l'indivisaire pour le faire ; à défaut, l'apport lui serait inopposable.

E - Les étrangers

La capacité des étrangers est régie par la loi nationale. Le droit français précise seulement les conditions dans lesquelles les étrangers peuvent devenir associés des sociétés dont la capacité commerciale est requise.

Les étrangers qui souhaitent exercer en Frane une profession commerciale, industrielle ou artisanale doivent être titulaires d'un titre de séjour, la carte de séjour temporaire autorisant l'exercice d'une activité professionnelle (C. étrangers, art. L. 313-10.2°). Une déclaration au préfet suffit lorsqu'ils conservent leur résidence à l'étranger (C. étrangers, art. L. 122, 1 al. 1).

Cette exigence est requise pour les associés tenus indéfiniment et solidairement des dettes sociales (associés de la société en nom collectif et associés commandités de la société en commandite simple ou par actions). Ils en est de même pour les représentants de la SARL, SNC, SCS, SCA et SAS. Enfin, le président du conseil d'administration, le directeur général, le directeur général délégué et le président du directoire d'une société anonyme classique ou ayant adopté la forme d'adminsitration avec directoire et conseil de surveillance sont tenus de se conformer à ces règles (C. étrangers, art. R. 313-16).

Cependant, sont dispensés de la carte de séjour temporaire les étrangers qui peuvent se prévaloir d'une convention dérogatoire – ressortissants d'Andorre, de la principauté de Monaco et de l'Algérie – et les titulaires d'une carte de résident – accordée aux étrangers justifiant d'une résidence ininterrompue d'au moins cinq ans en France – (C. étrangers, art. L. 311-1 et 314-4).

Ces dispositions ne s'appliquent pas aux citoyens de l'Union européenne ni aux ressortissants des états de l'espace économique européen ou de la Suisse. La seule obligation à remplir est de se faire enregistrer auprès de la mairie de leur commune de résidence dans les trois mois de leur arrivée en France (C. étrangers, art. L. 121-2 et R. 121-5).

III - L'OBJET ET LA CAUSE

L'objet social doit être licite et déterminé (**A**). La cause doit non seulement exister mais encore être licite (**B**).

A - L'objet du contrat

Le législateur n'a pas donné une définition de l'objet social. Toutefois, il est possible d'affirmer qu'il est le but poursuivi par la société – le type d'activité développée – qui, nécessairement, vise la recherche d'un bénéfice ou d'une économie.

L'objet social doit être distingué de l'objet du contrat de société, c'est-à-dire, de la mise en commun par les associés de biens ou de l'industrie afin de partager le bénéfice ou de profiter de l'économie qui pourrait en résulter (C. civ., art. 1832, al. 1).

Les dispositions du Code civil et du Code de commerce précisent les conditions que l'objet social doit respecter :

■ Tout d'abord, l'objet social doit être licite (C. civ., art. 1833) : il ne peut pas être contraire à l'ordre public, aux bonnes mœurs et aux dispositions impératives des lois et réglements.

■ Ensuite, l'objet doit être déterminé (C. civ., art. 1835, C. com., art. L. 210-2). Les associés disposent d'une grande liberté concernant le choix de l'objet social. La pratique met en évidence que les statuts fixent le type d'activité développée par la société et que à cet objet principal ils ajoutent tous les actes qui se rattachent directement ou indirectement à celui-ci. Néanmoins, ne serait pas considéré comme déterminé un objet social permettant à la société d'accomplir toutes opérations commerciales, industrielles ou financières.

En pratique, dans certaines sociétés il y a une discordance entre l'objet social statutaire et l'objet social effectif, c'est-à-dire, l'activité réellement exercée par la société. Dans ce cas, la jurisprudence considère que c'est l'activité réellement exercée qui doit être considérée pour déterminer la licéité de l'objet (Cass. com. 18 juill. 1989 Bull. *Joly 1989*, p. 803, n° 289, *Rev. stés* 1990, 598, Y. Chaput).

La détermination de l'objet social présente un intérêt majeur, car non seulement l'objet servira à qualifier la société de société civile ou de société commerciale, mais encore il permettra d'engager la responsabilité civile du dirigeant qui, excédant ses pouvoirs – nécessairement délimités par l'objet social –, commet une faute.

Les irrégularités relatives à l'objet social sont sanctionnées par la nullité de la société lorsque l'objet est illicite. Une action en régularisation est possible si l'objet a été mal indiqué dans les statuts où il n'a pas été mentionné.

B - La cause

Il n'existe pas de définition légale de la cause. Elle peut être considérée comme la raison qui incite les associés à constituer la société. Elle est régie par les dispositions de droit commun.

La cause doit exister et être licite. En effet, « *l'obligation sans cause, ou sur une fausse cause, ou sur une cause illicite, ne peut avoir aucun effet* » (C. civ., art. 1131). La licéité de la cause s'apprécie au regard de la protection de l'ordre public et des bonnes mœurs. Ainsi, est nulle la cause d'une société constituée afin de faire échec aux dispositions législatives ou aux droits des créanciers.

Schéma 1

Conditions générales de conclusion du contrat de société

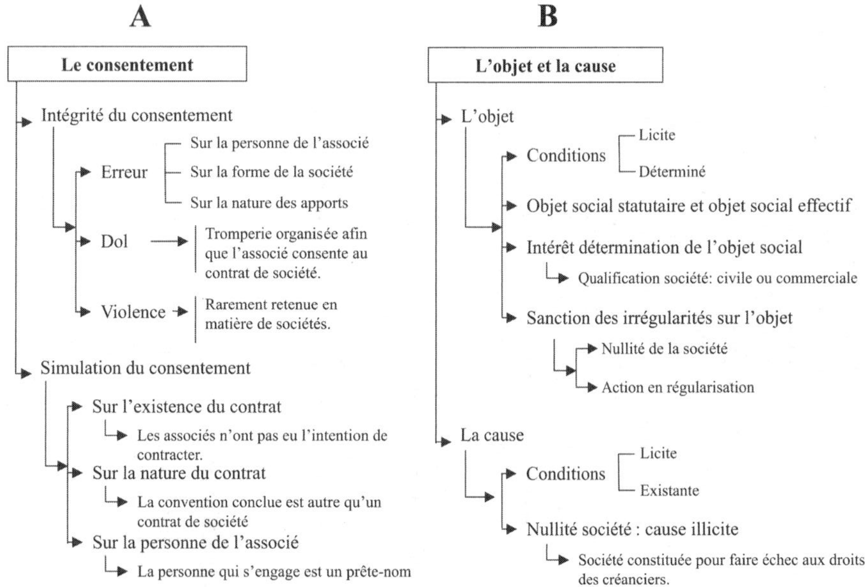

Schéma 2

Conditions générales de conclusion du contrat de société

LA CAPACITE DES ASSOCIES (I)

A

Mineurs et majeurs incapables

- Principe: art. 1124 C. civ.: sont incapables de contracter.
- Principe: art. L. 121-2 C. com.
  - Mineur et majeur émancipé ne peuvent être commerçants.
  - Ne peuvent pas être associés dans SNC et SCS et SCA en qualité de commandités.
- Majeur incapable
  - Sauvegarde de justice: conserve l'exercice de ses droits: peut participer à la constitution de la société.
  - Tutelle: frappé d'une incapacité totale: seulement associé dans SARL, société de capitaux ou commanditaire dans une SCA ou SCS.
  - Curatelle: mêmes interdictions que tutelle.

B

Etrangers

- Principe: nécessité de la carte de séjour temporaire autorisant l'exercice d'une activité professionnelle.
- Exigence pour associés de la SNC et commandités de SCS et SCA et dirigeants des sociétés.
- Exceptions à ce principe
  - Étrangers se prévalant d'une convention dérogatoire.
  - Titulaires d'une carte de résident.
- Sans application pour ressortissants de l'UE, EEE et de la Suisse.

Schéma 2

Conditions générales de conclusion du contrat de société

LA CAPACITE DES ASSOCIES (II)

A

Epoux

- Principe: toute personne mariée peut devenir associée sans demander l'autorisation à son conjoint.
- Limites au principe
  - C. civ., article 1832: revendication qualité d'associé par le conjoint.
  - C. civ., article 220-1: protection des intérêts de la famille.
- Apports en société
  - Le régime matrimonial détermine la liberté des époux pour disposer des biens.

B

Partenaires Pacs

- Pacs conclus après le 1er janvier 2007
  - Séparation de biens entre les partenaires.
  - Liberté pour en faire apport à une société.
- Pacs conclus avant le 1er janvier 2007
  - Sauf modification pour séparation, biens présumés indivis.
  - Le partenaire qui réalise un apport d'un bien indivis doit obtenir le consentement de l'indivisaire.

Fiche 5 Éléments spécifiques du contrat de société

L'article 1832 du Code civil permet de dégager les éléments spécifiques du contrat de société, qui le distinguent des autres contrats. En effet, selon cette disposition, « *la société est instituée par deux ou plusieurs personnes qui conviennent par un contrat d'affecter à une entreprise commune des biens ou leur industrie en vue de partager le bénéfice ou de profiter de l'économie qui pourra en résulter[…]. Les associés s'engagent à contribuer aux pertes* ».

Les caractéristiques du contrat de société peuvent ainsi se résumer à quatre : la société réunit une pluralité d'associés (**I**) qui ont la volonté de s'associer (**IV**) et qui mettent en commun des apports (**II**) afin de participer au résultat qui découle de l'activité sociale (**III**).

I - PLURALITÉ D'ASSOCIÉS

Par définition, un contrat implique la présence de deux ou de plusieurs parties qualifiées d' « associés » dans les sociétés. Ce principe connaît pourtant deux exceptions :

a) Tout d'abord, il ne se maintient pas lorsqu'il s'agit de sociétés unipersonnelles, constituées non pas par un contrat de société mais par un acte de volonté unilatéral. C'est le cas de l'entreprise unipersonnelle à responsabilité limitée (EURL) et de la société par actions simplifiée unipersonnelle (SASU)[1].

b) Ensuite, la pluralité d'associés doit exister non seulement au moment de la constitution de la société mais encore tout au long de la vie sociale (**A**). Néanmoins, il est possible qu'une société devienne unipersonnelle en cours de vie sociale et qu'un seul associé détienne toutes les parts sociales ou toutes les actions (**B**).

A - Nombre minimum et maximum d'associés

L'article 1832 alinéa 1er du Code civil dispose qu'une société nécessite au moins la participation de deux personnes. Obéissent à cette règle la société en nom collectif, la société en commandite simple et la société en participation.

Toutefois, ce nombre est porté à quatre dans la société en commandite par actions (C. com., art. L. 226-1 al. 1) – dont trois actionnaires doivent être commanditaires et un au moins commandité – et à sept dans la société anonyme (C. com., art. L. 225-1).

1. *V. infra* fiches 33-34 et 46.

La société à responsabilité limitée et la société par actions simplifiée peuvent être constituées avec un seul associé – EURL et SASU.

Un **nombre maximum** d'associés n'est prévu que pour la société à responsabilité limitée, qui ne peut pas dépasser cent – C. com. art. L. 223-3. Si ce seuil est dépassé, la société dispose d'un délai d'un an pour régulariser la situation, sous peine de dissolution.

B - Société devenue unipersonnelle au cours de la vie sociale

Cette exigence de pluralités d'associés doit exister non seulement lors de la substitution de la personne morale, mais également tout au long de la vie sociale. Toutefois, aux termes de l'article 1844-5 du Code civil, « *la réunion de toutes les parts sociales en une seule main n'entraîne pas de plein droit la dissolution de la société* ».

L'associé unique a plusieurs possibilités :

■ il peut soit maintenir le capital social et céder certaines des parts sociales ou des actions à un ou à plusieurs tiers, soit procéder à une augmentation du capital avec l'entrée de nouveaux associés. Dans ce cas, il dispose d'un délai d'un an qui peut être prolongé de six mois avec l'accord du tribunal. Si la régularisation n'intervient pas dans ce délai, tout intéressé peut demander la dissolution de la société (C. civ., art., 1844-5 alinéa 1er) ;

■ il a également la possibilité de procéder à la dissolution de la société. L'associé est ainsi nommé liquidateur, à moins qu'il ne désigne une tierce personne qui assume cette fonction. La dissolution entraîne la transmission universelle du patrimoine social à l'associé unique.

II - LES APPORTS

« *Les apports consistent dans les biens (somme d'argent, valeurs mobilières, immeuble, fonds de commerce, etc.) dont les associés transfèrent la propriété ou la jouissance à la société et en contrepartie desquels ils reçoivent des parts ou des actions* ». (*Memento Pratique* Francis Lefebvre, Sociétés commerciales 2010, n°500).

Tout associé doit obligatoirement faire un apport à la société. L'absence d'apport ou les apports fictifs sont susceptibles d'entraîner la nullité de la société (C. civ., art. 1844-10 al. 1 et 1832). L'apport le plus habituel est celui en numéraire, mais les associés peuvent également faire des apports en nature ou en industrie (**A**). Seuls les deux premiers intègrent le capital social (**B**).

A - Différentes catégories d'apports

Trois catégories d'apports sont à signaler : les apports en numéraire (**1**), les apports en nature (**2**) et les apports en industrie (**3**).

1. L'apport en numéraire

Il s'agit d'un apport en argent. L'acte d'apport comporte deux phases : la souscription et la libération. La première consiste en une promesse de la part du futur associé ; il s'oblige à apporter à la société une somme d'argent. La libération constitue la réalisation de l'apport. En règle générale, les statuts déterminent librement le pourcentage de capital à libérer lors de la souscription, sauf dans les sociétés de capitaux pour lesquelles le législateur a fixé un minimum à libérer pour la constitution :

- pour les sociétés anonymes : la moitié, au minimum, du montant nominal des actions en numéraire (C. com., art. L. 225-3 al. 2 et L. 225-12) ;
- pour les sociétés à responsabilité limitée : un cinquième au moins des apports en numéraires (C. com, art. L. 223-7).

Les associés disposent d'un délai de cinq ans – sur décision du gérant ou sur appel des dirigeants –, à compter de l'immatriculation de la société, pour libérer le reste du capital social.

En cas d'inexécution de la promesse d'apport, l'associé est débiteur de plein droit d'intérêts moratoires au taux légal ou statutaire. Des dommages-intérêts peuvent également être dus à la société si celle-ci a subi un préjudice par suite de défaut de libération. (C. civ., art. 1843-3 al. 5). Les dispositions des articles L. 228-27 et suivants et R 228-24 et suivants du Code de commerce prévoient également des sanctions à l'encontre des actionnaires qui n'auraient pas libéré le capital aux dates fixées par les dirigeants des sociétés par actions.

Les apports en nature doivent être distingués des avances en compte courant d'associés. Ces dernières sont faites par les dirigeants ou les associés pour pourvoir à des besoins momentanés de trésorerie. Ces avances confèrent à l'associé la qualité de créancier social et ne participent pas à la formation du capital social.

2. L'apport en nature

L'apport en nature consiste en l'apport d'un bien meuble ou immeuble (**a**). Ce type d'apport est évalué par le commissaire aux apports (**b**).

a) Définition et modalités de l'apport

Les biens meubles faisant l'objet d'un apport en nature peuvent être des biens corporels ou des biens incorporels – créances, fonds de commerce.

Ces apports sont possibles dans tous les types de sociétés commerciales et, dans les sociétés de capitaux et la SARL, ils doivent être intégralement libérés dès la souscription. Dans les sociétés de personnes, ils peuvent être libérés sur appel de la gérance.

L'apport en nature peut être fait en pleine propriété, en jouissance et en usufruit.

■ Apport en pleine propriété : l'apport entraîne le transfert de propriété du bien dès que la société est immatriculée. Jusqu'à l'immatriculation au RCS le bien reste dans le patrimoine de l'apporteur qui doit en assurer la conservation. L'apporteur est tenu de la garantie de vices cachés et de la garantie d'éviction (C. civ., art. 1843-3 al. 3) .

■ Apport en jouissance : l'apporteur conserve la propriété du bien et ne transfère à la société que le libre usage de son bien pour une durée déterminée, normalement la durée de la société. Lorsque le bien apporté est un fonds de commerce, les dispositions des articles L. 114-1 et suivants du Code de commerce doivent être respectées, car l'article L. 144-10 de ce texte soumet aux règles de la location-gérance *« toute autre convention comportant des clauses analogues »*. À la dissolution de la société, l'apporteur reprend son bien, sauf s'il s'agit d'un bien fongible. Dans ce cas, la société devient propriétaire du bien et doit restituer un bien équivalent.

■ Apport en usufruit : l'apporteur transmet à la société un droit réel sur le bien, mais cette dernière n'acquiert pas le droit de disposer du bien. En ce qui concerne la transmission des garanties et de risques, l'apporteur est soumis aux mêmes règles que pour l'apport en propriété.

b) Le commissaire aux apports

L'évaluation des apports en nature est faite par un organe de contrôle externe à la société : le **commissaire aux apports**.

Le recours aux services d'un commissaire aux apports est facultative lorsque :

– aucun apport en nature n'a une valeur supérieure à 7 500 € ;

– la valeur totale de l'ensemble des apports en nature n'excède pas la moitié du capital social (C. com., art. L. 223-9 al. 2).

Si les apports en nature se réalisent sans désigner un commisaire aux apports ou lorsque la valeur retenue est différente de celle qu'il a proposée *« les associés sont solidairement responsables pendant cinq ans, à l'égard des tiers, de la valeur attribuée aux apports en nature lors de la constitution de la société »* (C. com., art. L. 223-9 al. 4)

■ Désignation : dans les sociétés par actions (SA, SCA et SAS), le commissaire aux apports est désigné par le tribunal de commerce statuant sur requête à la demande d'un ou de plusieurs associés fondateurs (C. com., art. L. 225-8 et R. 225-7). Il a pour mission d'établir un rapport sur les apports en nature qui doit être tenu à la disposition des associés au siège social, au moins trois jours avant la signature des statuts. Ce délai est de 8 jours si la société fait appel public à l'épargne.

Dans les SARL, le commissaire aux apports est nommé par les futurs associés ou par le président du tribunal de commerce statuant sur requête de l'associé le plus diligent (C. com., art. L. 223-9 al. 1 et R. 223-6 al. 2).

■ Responsabilité : le commissaire engage sa responsabilité civile pour faute dans la limite du préjudice causé et sa responsabilité pénale en cas de majoration frauduleuse des apports. (C. com. art. L. 241-3°). L'action en responsabilité contre le commissaire aux apports se prescrit par cinq ans. (C. civ., art 2224).

3. L'apport en industrie

Avec l'apport en industrie, l'associé s'engage à mettre à la disposition de la société son travail, ses connaissances techniques ou ses services.

Ce type d'apports n'est admis que dans les sociétés en commandite – simple et par actions, s'ils proviennent des associés commandités – les sociétés par actions simplifiées et dans les sociétés à responsabilité limitée. Dans ce dernier cas, il appartient aux statuts (C. Com., art. R 225-14) de déterminer les modalités de souscription de parts sociales en industrie (C. com., art. L. 223-7 al. 2). Ce type d'apports reste interdit pour les sociétés anonymes. L'apport en industrie ne concourt pas à la formation du capital social (C. civ., art. 1843-2). L'apporteur en industrie ne reçoit ni de parts sociales ni des actions de la société à laquelle il a réalisé l'apport. Toutefois, il a droit au partage des bénéfices (C. civ., art. 1843-2) et à participer aux décisions collectives (C. civ., art. 1844 al. 1). Sa part dans les bénéfices est *« égale à celle de l'associé qui a le moins apporté »*, sauf clause contraire (C. civ., art. 1844-1).

B - La constitution du capital social

Le capital social est constitué par les apports en numéraire et en nature effectués par les associés. Les apports en industrie ne participent pas à la formation du capital social (C. civ., art. 1843-2).

Le capital est une garantie pour les créanciers sociaux.

1. Capital minimum

Le législateur a fixé un capital minimum pour les sociétés par actions. C'est ainsi que la société anonyme et la société en commandite par actions nécessitent, pour leur constitution, un capital de 37 000 €. Il est important de préciser que l'ordonnance n° 2009-80 du 22 janvier 2009 a supprimé le minimum de 225 000 euros exigé par la constitution des sociétés offrant leurs titres au public. En ce qui concerne la société par actions simplifiée – unipersonnelle ou pluripersonnelle depuis le 1er janvier 2009, – loi n°2008 – 776 du 4 août 2008 – les dispositions légales ne fixent plus un montant minimal pour le capital social.

Enfin la loi du 1er août 2003 a également supprimé l'exigence de 7 500 € pour le capital social des SARL et des EURL, ce qui rapproche davantage ces formes sociales des sociétés de personnes.

2. Variabilité du capital social

Le capital social peut être réduit à condition de ne pas franchir le minimum légal.

Les associés peuvent prévoir des clauses de variabilité du capital social dans les statuts des SARL, des SAS, des SCA et des GIE. Dans ce cas, tous les documents de la société doivent porter la mention « société à capital variable ». Toutefois, cette possibilité est exclue pour les sociétés anonymes – sauf les coopératives et les sociétés d'investissement à capital variable.

III - LA PARTICIPATION AUX RÉSULTATS

L'obligation des associés de participer aux résultats de l'exploitation découle de l'article 1832 du Code civil.

La participation aux résultats consiste soit à partager les bénéfices ou profiter des économies (**A**), soit à contribuer aux pertes (**B**).

A - Partage des bénéfices ou profit des économies

La Cour de cassation a donné une définition des bénéfices dans un arrêt rendu le 11 mars 1914. Aux termes de cette décision, « *constitue un bénéfice tout gain pécuniaire ou matériel qui ajoute à la fortune des associés* ».

La répartition des résultats répond à la volonté des associés, recueillie dans les statuts. Cette liberté est néanmoins limitée par les dispositions de l'article 1844-1 du Code civil.

■ Premièrement, l'alinéa 2 de cette disposition prohibe les **clauses léonines**, c'est-à-dire les « *stipulations attribuant à un associé la totalité d'un profit procuré par la société* ». Ces clauses n'entraînent pas la nullité de la société, même si elles ont été la raison qui ont amené les associés à s'associer. Elles sont simplement réputées non écrites et le partage des bénéfices se réalise proportionnellement aux apports (C. civ., art. 1844-1 al. 1er et 2)

■ Deuxièmement, en cas de silence des statuts, « *la part de chaque associé dans les bénéfices et sa contribution aux pertes se déterminent à proportion de sa part dans le capital social et la part de l'associé qui n'a apporté que son industrie est égale à celle de l'associé qui a le moins apporté* ».

B - La contribution aux pertes

Les associés s'engagent à contribuer aux pertes de la société (C. civ., art. 1832 al. 3). En pratique, dans la quasi-totalité des sociétés, la part des associés dans les pertes – et dans les bénéfices également – est proportionnelle à l'apport qu'ils ont effectué à la société.

En principe, cette contribution aux pertes intervient à la dissolution de la société (Cass. com. 3 mars 1975, *Rev. sociétés*, 1975, p. 454 note D. Randoux). Néanmoins, la contribution peut être prévue avant la dissolution par la volonté des associés ou par une disposition légale – par exemple dans les sociétés de capitaux en cas de perte de la moitié du capital social les associés doivent procéder à la reconstitution des capitaux propres lorsqu'ils décident la poursuite de l'activité (C. com., art L. 225-248).

Les clauses léonines exonérant l'associé des pertes sont réputées non écrites.

IV - L'*AFFECTIO SOCIETATIS*

La constitution de la société nécessite un élément moral. Il s'agit de la volonté des parties de s'associer : l'*affectio societatis.*

L'*affectio societatis* n'a pas été définie par le législateur et la Cour de cassation a précisé qu'il s'agit de *« la volonté de chaque associé de collaborer effectivement à l'exploitation du fonds dans un intérêt commun et sur un pied d'égalité avec les autres associés »* (Cass. com. 3 juin 1986, Bull. civ. IV, n°116). Elle met l'accent sur deux critères : la collaboration effective des associés dans un intérêt commun et sur un pied d'égalité. L'affectio societatis s'apprécie au moment de la constitution de la société et doit durer aussi longtemps que la société (TGI, Paris 14 mars 1973, Gaz. Pal 1973 II, p. 913.

Cette notion sert à qualifier le contrat de société et à le distinguer d'autres situations juridiques proches.

Schéma 1

Éléments spécifiques du contrat de société

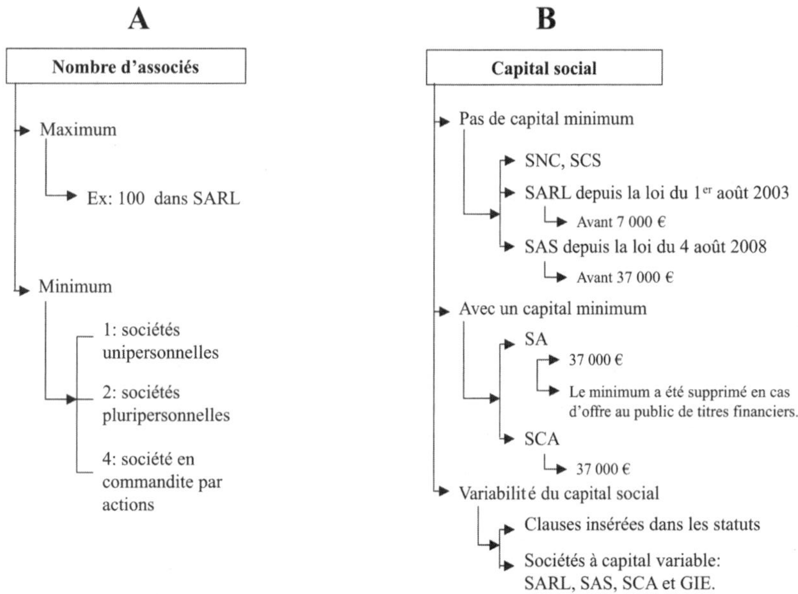

Schéma 2

Éléments spécifiques du contrat de société

C — Apports

- Numéraire
  - Apport en argent
  - Deux « phases »
    - souscription
    - libération.
  - Inexécution de la promesse d'apport
    - Intérêts moratoires
    - Dommages-intérêts
    - Autres sanctions (sociétés par actions)
- Nature
  - Biens meubles et immeubles
  - Modalités de l'apport
    - En propriété, en jouissance, en usufruit.
  - Evaluation par le commissaire aux apports
- Industrie
  - Possible dans SNC, SARL, SAS, SCS et SCA (associés commandités)
  - Ne concourt pas à la formation du capital

D — Participation aux résultats

- Partage des bénéfices ou profit des économies
  - Répartition selon volonté des associés
  - Mais doublement limitée par le législateur
    - Interdiction clauses léonines
    - Dans le silence des statuts, répartition proportionnelle à l'apport
- Contribution aux pertes
  - Prévue par les dispositions de l'article 1832, alinéa 2 du Code civil.
  - Clauses léonines réputées non écrites
    - Exonérant l'associé des pertes ou mettant à sa charge la totalité des pertes.

E — Affectio societatis

- Volonté de collaborer effectivement
- Cour de cassation: établit 2 critères
  - Collaboration effective
  - Sur pied d'égalité
- S'apprécie au moment de la constitution de la société.

Fiche 6 Constitution et signature des statuts

La procédure de constitution de la société connaît différentes étapes que nous pouvons résumer ainsi :

Période	Étape	Acte à accomplir
AVANT LA SIGNATURE DES STATUTS	**1**	Décision de constituer une société : le projet de société
	2	Réunion des associés et du capital social
	3	Rédaction de l'acte de société
SIGNATURE DES STATUTS	**4**	Signature des statuts
APRÈS LA SIGNATURE DES STATUTS	**5**	Publication d'un avis de constitution dans un journal d'annonces légales
	6	Enregistrement fiscal des statuts
	7	Dépôt de la demande d'immatriculation au RCS par l'intermédiaire du CFE
	8	Publicité par le greffier dans le *BODACC*

I - FORMALITÉS À ACCOMPLIR AVANT LA SIGNATURE DES STATUTS

La constitution de la société résulte d'une idée longtemps réfléchie par les futurs associés. Cette idée se matérialise dans une promesse de société ou avant-contrat dont découlent des conséquences importantes pour les parties (**A**). En outre, la promesse de société prévoit des démarches essentielles à la création de la société ; ces démarches sont accomplies par les fondateurs (**B**).

A - Avant-contrat ou promesse de société

Les futurs associés ou les fondateurs peuvent rédiger une promesse de société ou avant-contrat afin de matérialiser leur projet de société. Pourtant, il ne s'agit pas d'une obligation légale.

La promesse de société détermine, en pratique, les éléments essentiels de la société, tels l'objet, la durée, le capital social, le siège social ou le montant des apports de chacun des associés.

La jurisprudence considère que la promesse de société est plus qu'un simple projet de société et soutient que les parties sont libres de ne pas donner suite à la création de la société[1]. Néanmoins, la promesse crée une obligation de faire à la charge du promettant et son inexécution est sanctionnée par des dommages-intérêts (C. civ. art. 1142). Souvent cette promesse se matérialise dans un protocole d'accord et le non respect de ses dispositions entraîne également des dommages-intérêts à la charge du promettant refusant par la suite de participer à la constitution de la société. La violation de cet accord n'a aucun effet sur la constitution de la société.

B - Les fondateurs

Les fondateurs accomplissent les démarches et les formalités nécessaires à la constitution de la société. En général, ils prennent une participation dans le capital social et deviennent associés de la société.

Aucune disposition légale ne définit la notion de « fondateurs » ni ne prévoit leurs obligations. Cependant, la pratique met en évidence qu'ils sont chargés de déterminer les principaux éléments de la société – objet social, capital, siège social … – et de préparer le projet de statuts. Ils accomplissent également les formalités de publicité et d'enregistrement de la société).

L'exercice des fonctions de fondateur est interdit aux personnes « *déchues du droit d'administrer ou de gérer une société* » – (C. com. art. L. 225-2 al. 4).

Les fondateurs de la société sont « *solidairement responsables du préjudice causé par le défaut d'une mention obligatoire dans les statuts ainsi que par l'omission ou l'accomplissement irrégulier d'une formalité prescrite par la loi et les règlements pour la constitution de la société* » – (C. com. art. L. 210-8).

II - RÉDACTION DE L'ACTE DE SOCIÉTÉ

La rédaction des statuts obéit à des conditions de forme prévues par les dispositions du Code civil (**A**). D'autres conditions sont également prévues par le Code de commerce (**B**). Le contrat de société est signé par les associés personnellement ou par un mandataire (**C**).

1. Cass. com, 18 déc. 1990, *Dr. des sociétés* 1991, n° 191

A - Conditions de forme

Les statuts doivent être établis par écrit – (C. civ., art. 1835). À défaut d'écrit, on est face à une société créée de fait ou une société en participation, non dotées de la personnalité morale.

Le pacte social peut être établi sous seing privé ou par acte authentique, c'est-à-dire par acte notarié. Ce dernier est **nécessaire** en cas d'apport :

- d'un bien soumis à publicité à la conservation des hypothèques ;
- d'un droit au bail d'une durée supérieure à douze ans et portant sur un bien immeuble.

L'acte notarié est recommandé dans le cas où deux époux participent à la constitution de la société.

Les statuts sont rédigés en autant d'originaux qu'il est nécessaire pour le dépôt au siège social et pour l'accomplissement des formalités de publicité requises par la loi.

B - Contenu des statuts

Les statuts comportent des mentions obligatoires, imposées par les textes légaux (**1**), ainsi que des mentions facultatives, laissées à la volonté des associés (**2**). Toutefois, certaines mentions sont interdites dans le contrat de société (**3**).

1. Les mentions obligatoires

Les mentions obligatoires pour toutes les sociétés commerciales sont prévues par l'article L. 210-2 du Code de commerce. Il s'agit de :

- la forme de la société,
- la durée, qui ne peut excéder quatre-vingt-dix-neuf ans,
- la dénomination sociale,
- le siège social,
- l'objet social,
- le montant du capital social.

Cette disposition est complétée par l'article 1835 du Code civil, qui prévoit les apports de chaque associé ainsi que les modalités de fonctionnement de la société.

En cas d'omission des mentions exigées par les textes légaux, l'article L. 210-7 al. 2 du Code de commerce prévoit que l'action en régularisation soit ouverte à tout intéressé. Indépendamment de cette action en régularisation, une action en responsabilité peut être introduite contre les fondateurs de la société ainsi que contre les premiers membres des organes de gestion, d'administration, de direction et de surveillance (C. com., art. L. 210-8 al. 2).

2. Les mentions facultatives

Les associés sont libres de compléter les statuts avec des clauses relatives au fonctionnement de la société, ou toute autre mention qu'ils considèrent nécessaire, à la condition qu'elles ne soient pas contraires aux dispositions légales et réglementaires.

Le pacte social peut être précédé d'un préambule dans lequel les associés exposent les fondements de la société et les raisons qui ont motivé sa constitution. Ce préambule ne constitue « qu'un "exposé des motifs" sans valeur contraignante auquel il est, tout au plus, possible de se référer pour résoudre les équivoques ou les lacunes des statuts (*Memento Sociétés Commerciales*, Francis Lefebvre, *op. cit.*, n° 842). Il peut-être complété par d'autres « pactes », tels les pactes d'actionnaires très utilisés en pratique dans les sociétés anonymes ou par un règlement intérieur.

3. Mentions interdites

Les dispositions contraires aux dispositions légales sont réputées non écrites lorsqu'elles sont insérées dans le contrat de société.

C - Signature des statuts

L'engagement des associés de constituer une société se matérialise par la signature des statuts. Les associés signent personnellement ou par mandataire justifiant d'un pouvoir spécial le pacte social (C. com., art. L. 223-6 et L. 225-15).

Avec la signature des statuts, les associés manifestent leur consentement et s'engagent à respecter leur contenu.

La société est constituée dès la signature des statuts, mais elle n'aura la personnalité morale qu'à compter de son immatriculation au registre du commerce et des sociétés (C. com., art. L. 210-6). Jusqu'à cette date elle est une personne morale en formation. La qualité d'associé est reconnue aux personnes qui ont signé les statuts.

Les statuts sont soumis à l'obligation d'enregistrement dans le délai d'un mois à compter de la date de signature – (CGI, art. 635)

III - LA SOCIÉTÉ EN FORMATION

A - Notion

V. *supra* fiche n° 1.

B - Actes accomplis pendant la période constitutive de la société

Aucune disposition légale ne fixe la durée de la période constitutive de la société. Pourtant, force est de constater qu'entre le moment où les associés décident de constituer la société et le moment où celle-ci est immatriculée au RCS et acquiert la personnalité morale les fondateurs ont accompli différents actes nécessaires à la constitution. Il convient alors de s'interroger sur le sort de ces actes accomplis pendant la période de formation.

La solution se déduit des termes de l'article L. 210-6 alinéa 2 du Code de commerce. Aux termes de cette disposition, « *les personnes qui ont agi au nom d'une société en formation avant qu'elle ait acquis la jouissance de la personnalité morale sont tenues solidairement et indéfiniment responsables des actes ainsi accomplis, à mois que la société[...] ne reprenne les engagements souscrits. Ces engagements sont alors réputés avoir été souscrits dès l'origine par la société* ». Deux possibilités sont ainsi à considérer : la reprise des engagements par la société (**1**) et le défaut de reprise (**2**).

1. La reprise des engagements par la société

Les actes accomplis pour le compte de la **société en formation** avant la signature des statuts peuvent être annexés au contrat de société. Seuls peuvent être repris les engagements contractuels pris pour le compte de la société en formation, ce qui implique qu'il est nécessaire d'indiquer sur l'acte que le signataire agit pour le compte de la société et non personnellement. L'état de ces actes doit préciser, pour chacun d'eux, l'engagement qui en résulte pour la société. La signature des statuts emportera reprise des engagements dès que la société aura été immatriculée au registre du commerce et des sociétés (C. com., art. R. 210-5 al. 1 et 2, R. 210-6 al. 1 et 2 pour les SARL et les sociétés par actions. Décret n°78-704 art. 6, al. 1 et 2 pour les SNC et les SCS). L'acte est considéré comme ayant été souscrit par la société dès l'origine.

En ce qui concerne les engagements contractés **entre** la **signature** des statuts **et** l'**immatriculation** de la société, les associés peuvent donner mandat à un ou plusieurs d'entre eux ou au gérant, pour prendre, pour le compte de la société, certains engagements (Decret n° 78-704 du 3 juillet 1978, art. 6 al. 3, pour les SNC et les SCS ; C. com., art R. 210-5 al. 3 pour la SARL, et C. com., art. R. 210-6 al.3 et R. 210-7 pour les sociétés par actions).

Enfin, si la reprise des engagements passés avant l'immatriculation de la société n'a pas été possible, cette reprise peut être décidée à la majorité des associés après immatriculation – sauf clause statutaire contraire – (Décret n° 78-704 du 3 juillet 1978, art. 6 al. 4).

2. Le défaut de reprise

Lorsque les engagements ne sont pas repris par la société, les personnes les ayant accomplis sont tenues solidairement et indéfiniment des obligations qui en découlent (C. com., art. L. 210-6). Cette responsabilité ne s'étend pas aux associés qui ont participé seulement à la signature des statuts.

Schéma 1

Constitution et signature des statuts

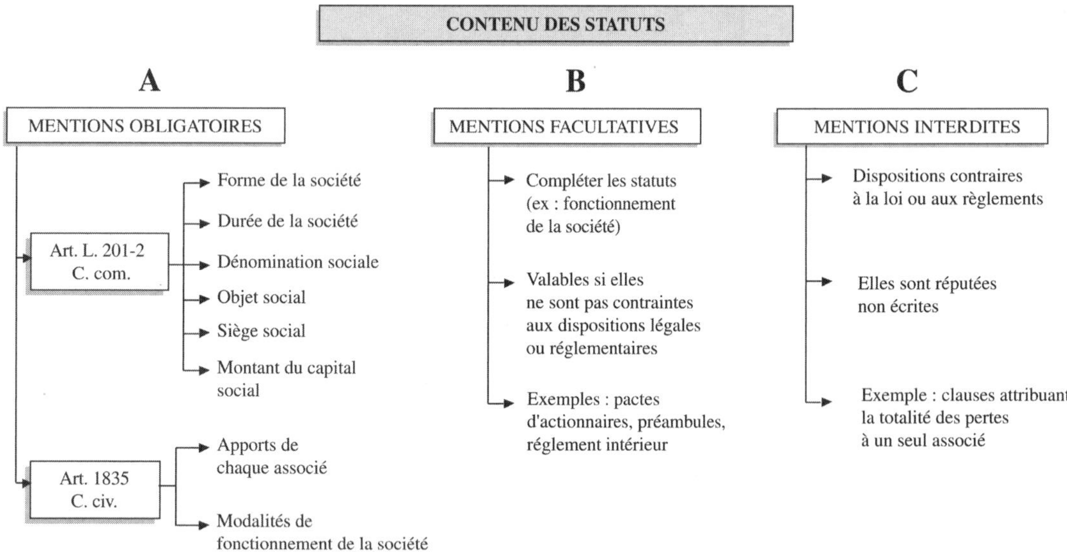

Schéma 2

Constitution et signature des statuts

ACTES ACCOMPLIS PENDANT LA PERIODE CONSTITUTIVE DE LA SOCIETE

A

Conditions de la reprise

- Principe:
  C. com., art. L. 210-6.
- Engagements contractuels pris pour le compte de la société en formation.
- Nécessité d'indiquer dans l'acte que le signataire agit pour le compte de la société en formation et non personnellement.

B

Procédures de reprise

- Signature des statuts
  - Actes passés avant la signature des statuts
  - Annexés aux statuts
  - Signature des statuts emporte reprise des engagements pris pour le compte de la société
- Entre la signature des statuts et l'immatriculation
  - Mandat donné à un ou à plusieurs associés pour prendre des engagements pour le compte de la société en formation.
- Décision des associés
  - A la majorité des associés après immatriculation de la société.

C

Effets de la reprise

- Les engagements sont réputés avoir été souscrits dès l'origine par la société.
- Défaut de reprise
  - Les personnes ayant pris les engagements sont tenues solidairement et indéfiniment des obligations qui en découlent.

Fiche 7 Publicité et immatriculation de la société

Suite à la signature des statuts et l'enregistrement auprès de l'administration fiscale, **différentes formalités** de publicité doivent être accomplies en vue de la constitution définitive de la société. Dans l'ordre chronologique, il s'agit des suivantes :

- insertion d'un avis de constitution dans un journal d'annonces légales ;
- dépôt au centre des pénalités des entreprises des actes de constitution ;
- immatriculation de la société au registre du commerce et des sociétés ;
- publicité dans le *Bulletin officiel des annonces civiles et commerciales* (*BODACC*).

Le caractère **obligatoire** des formalités de publicité se déduit des dispositions de l'article L. 210-4 du Code de commerce. De manière générale, ces pénalités sont accomplies par les représentants légaux de la société même si à ce stade de la constitution de la société ils n'ont pas encore la qualité pour représenter la personne morale qui n'existe pas.En pratique, les statuts contiennent une clause permettant aux futurs dirigeants d'accomplir les formalités nécessaires, ou désignent un ou plusieurs mandataires à telle fin.

Ces formalités **permettent** de porter à la connaissance des tiers l'existence de la société ainsi que ses caractéristiques principales. Par ailleurs, elles attribuent à la société la personnalité morale.

I - AVIS DE CONSTITUTION : INSERTION DANS UN JOURNAL D'ANNONCES LÉGALES

Un avis de constitution de la société doit être inséré dans un journal habilité à cet effet dans le département du siège social.

Le législateur n'a pas prévu de **délai** pour la publicité de la constitution et il n'est pas nécessaire que la publicité effectuée soit antérieure au dépôt des actes au centre des pénalités des entreprises. La copie de la demande de publication suffit pour la présentation de la demande d'immatriculation.

L'avis de constitution doit être **signé** soit par le notaire qui a établi l'acte de société, soit par les fondateurs ou un associé ayant reçu un pouvoir spécial à cet effet.

Le **contenu** de l'avis de constitution a été fixé par l'article R. 210-4 du Code de commerce. Les indications suivantes doivent y figurer :

- la raison sociale ou la dénomination sociale suivie, le cas échéant, de son sigle,
- la forme de la société,
- le montant du capital social,
- l'adresse du siège social,
- l'objet social, indiqué sommairement,
- la durée de la société,
- l'identité et le domicile des associés tenus indéfiniment des dettes sociales,
- l'identité et le domicile des dirigeants,
- l'identité et le domicile des personnes ayant le pouvoir d'engager la société envers les tiers,
- l'indication du greffe du tribunal où la société sera immatriculée au registre du commerce et des sociétés.

Lorsqu'il s'agit d'une **société par actions**, l'avis de constitution doit contenir également :

- les conditions d'admission aux assemblées d'actionnaires et d'exercice du droit de vote, notamment les conditions d'attribution du droit de vote double ;
- le cas échéant, les clauses relatives à l'agrément des cessionnaires d'actions et la désignation de l'organe social habilité à statuer sur les demandes d'agrément.

La législation ne prescrit aucun délai pour l'insertion dans un journal d'annonces légales de l'avis de constitution de la société. Toutefois, étant donné que celle-ci n'a la personnalité morale qu'à compter dès l'immatriculation au RCS, il convient de réaliser la publicité dans le journal dans le meilleur délai.

L'irrégularité ou le défaut de publicité dans un journal d'annonces légales est sanctionnée par l'impossibilité d'immatriculation de la société. La responsabilité civile des fondateurs ou des associés chargés de la publicité peut être engagée.

II - DÉPÔT DU DOSSIER D'IMMATRICULATION

Les actes de constitution de la société sont déposés au centre de formalités des entreprises compétent (C. com., art. R. 123-6) Ils peuvent également être déposés directement au greffe de tribunal de commerce et celui-ci transmet, sans délai, le dossier au CFE (C. com., art. R. 123-5 al. 2). Les actes destinés à l'immatriculation de la société ainsi que les pièces justificatives sont remis, en même temps, au centre de formalités des entreprises.

L'article R. 123-102 ets du Code de commerce précise les **actes à déposer** au greffe ou au CFE :

- deux expéditions des statuts (s'il s'agit d'actes notariés) ou deux originaux (pour les actes sous seing privé) ;
- deux copies des actes de nomination des organes de gestion s'ils n'ont pas été désignés dans les statuts ;
- en cas d'apports en nature, deux exemplaires du rapport du commissaire aux apports ;
- deux exemplaires du certificat du dépositaire des fonds avec la liste des souscripteurs et des sommes versées par chacun d'eux ;
- s'il s'agit d'une société faisant appel public à l'épargne, deux copies du procès-verbal des délibérations de l'assemblée générale constitutive.

III - IMMATRICULATION DE LA SOCIÉTÉ

Les associés fondateurs présentent au centre de formalités des entreprises la demande d'immatriculation de la société (**A**). Cette demande fait l'objet d'un contrôle par le greffier (**B**), qui est chargé de la publicité de la constitution de la société dans le *BODACC* (**C**).

A - Demande d'immatriculation

L'article L. 123-2 du Code de commerce dispose que « *nul ne peut être immatriculé au registre du commerce s'il ne remplit les conditions nécessaires à l'exercice de son activité* ». En ce qui concerne les sociétés commerciales, elles doivent « *avoir accompli les formalités prescrites par la législation et la réglementation en vigueur* ».

La demande d'immatriculation est présentée au **centre de formalités des entreprises** – au greffe du tribunal de commerce (depuis le décret du 9 juin 2006 – C. com., art. R. 123-5 al. 2) ou par voie électronique (C. com., art. R. 123-20 ets. – arrêté du 23 avril 2007). Dans les vingt-quatre heures qui suivent le dépôt de la demande, le CFE vérifie la régularité et la validité des documents présentés. S'il s'avère que le dossier est incomplet, il informe le déposant, qui dispose d'un délai de 15 jours pour la régularisation. Dans le cas où la régularisation ne se vérifie pas, le CFE transmet le dossier au greffe du tribunal, qui sera ainsi chargé de demander au déclarant de compléter le dossier. Le centre de formalités des entreprises informe également l'administration fiscale, l'URSSAF, l'ASSEDIC, l'INSEE et l'inspection du travail de la demande d'immatriculation de la société.

La demande d'immatriculation des sociétés commerciales comporte, nécessairement – C. com., art. R. 123-53 :

- la raison sociale ou la dénomination sociale suivie, le cas échéant, de son sigle, ainsi que le nom commercial s'il en est utilisé ;
- la forme de la société ;
- le montant du capital social ;
- l'adresse du siège social ;
- les activités principales de la société ;
- la durée de la société ;
- pour les sociétés soumises à publicité des comptes annuels, la date de clôture de l'exercice social ;
- pour les sociétés en nom collectif et en commandite simple, l'identité, le domicile et la nationalité des associés et, le cas échéant, pour les personnes physiques, la date et le lieu du mariage et le régime matrimonial adopté ;
- l'identité, le domicile et la nationalité des dirigeants et des commissaires aux comptes ;
- pour les sociétés résultant d'une fusion ou d'une scission, la dénomination sociale, le siège et le numéro d'immatriculation des sociétés qui ont participé à l'opération.

B - Contrôle de la demande par le greffier

La loi du 11 février 1994 dite « loi Madelin » a renforcé les **pouvoirs** du greffier et elle a supprimé l'exigence de la déclaration de conformité. C'est ainsi que le greffier est chargé de vérifier la conformité de la constitution de la société aux dispositions légales et réglementaires, avant de procéder à son immatriculation. Il doit également contrôler que le dossier contient les déclarations et les autorisations nécessaires pour l'exercice de l'activité envisagée (C. com., art. L 123-2 et R 123-95)

Le greffier **procède à l'inscription** de la société dans un délai franc d'un jour ouvrable après réception de la demande. Pour les dossiers complexes le délai est de cinq jours (C. com., art. R. 123-97). Si le dossier est incomplet, il doit demander les pièces manquantes dans le délai d'un jour franc. Les renseignements ou pièces doivent être fournis dans un délai de quinze jours à compter de la demande et le greffier dispose, lors de la présentation des documents, d'un délai de cinq jours pour procéder à l'inscription.

À défaut de **régularisation** ou de conformité, le greffier prend la décision de refuser l'inscription. La décision, qui doit être motivée, est communiquée à l'intéressé par lettre recommandée avec avis de réception dans le délai d'un jour franc. La notification doit préciser la possibilité de recours du demandeur ainsi que les modalités de ce recours. En effet, la décision est susceptible de recours devant le juge commis à la surveillance du registre.

L'inscription de la société au répertoire des entreprises par l'INSEE a comme conséquence l'attribution du numéro SIREN. Ce numéro est complété par la mention RCS suivie du nom de la ville où se trouve le greffe dans lequel la société est immatriculée (C. com., art. R. 123-37).

C - Insertion au Bulletin officiel des annonces civiles et commerciale (BODACC)

Dès la notification par l'INSEE du numéro SIREN, le greffier fait insérer au *Bulletin officiel des annonces civiles et commerciales* un avis d'immatriculation, contenant les caractéristiques de la société (C. com., art. R. 123-157).

IV - EFFETS DE L'IMMATRICULATION DE LA SOCIÉTÉ

La société se voit octroyer un numéro unique d'identification par l'INSEE, qui est notifié au requérant par le greffier dès sa réception. D'autres identifiants sont attribués à la société, tels que le numéro SIRET – pour un établissement de la société – ou le numéro de TVA intracommunautaire.

L'omission du numéro d'immatriculation sur les factures, les documents publicitaires, les tarifs ou la correspondance de la société, est sanctionnée par l'amende prévue par les contraventions de 4e classe (C. com., art. R. 123-237).

L'immatriculation au registre du commerce et des sociétés confère à la société la personnalité morale (C. com., art. 210-6).

La présomption de commercialité ne concerne que les personnes physiques immatriculées au registre du commerce (C. com., art. L. 123-7). Elle ne s'applique plus aux sociétés.

	Société en nom collectif	Société en commandite simple	Société en participation	Société à responsabilité limitée	Société en commandite par	Société anonyme	Société par actions simplifiée
Capital minimum	Aucun minimum				37 000 €	37 000 €	aucun minimum
Nombre d'associés	2 minimum	1 commandité et 1 commanditaire	2 minimum	2 minimum, sauf EURL 100 maximum	3 comman-ditaires et 1 commandité	7 minimum	2 minimum, sauf SASU
Libération du capital social	Pourcentage déterminé par les statuts			Au moins 1/5 du capital social	La moitié au moins de la valeur nominale des actions		
Type d'apports	En nature, en numéraire et en industrie	Associés commandités : idem SNC Associés commanditaires : pas d'apports en industrie	En nature, en numéraire et en industrie		En nature et en numéraire. Apports en industrie interdits		En nature, en numéraire et en industrie
Formalités de constitution	Rédaction et signature des statuts. Publication avis constitution JAL. Dépôt actes constitution au greffe du tribunal de commerce Immatriculation au RCS Publicité au *BODACC*		Rédaction et signature des statuts. Aucune publicité	Idem SNC et SCS	Rédaction et signature des statuts. Publication avis constitution JAL. Dépôt actes constitution au greffe du tribunal de commerce Immatriculation au RCS Publicité au *BODACC*		
Parts sociales et actions	Parts sociales non négociables, sauf accord unanime des associés	Associés commanditaires : conditions SA Associés commandités : conditions SNC	Pas de titres	Parts sociales librement cessibles entre associés. Consentement de la majorité des associés si ces-sion à des tiers	Associés comman-ditaires : conditions SA Associés commandités : conditions SNC	Actions librement négociables sauf clauses d'agrément statutaires	

* L'ordonnace n° 2009-80 du 22 janvier 2009 a supprimé le minimum de 225 000 € exigé pour la constitution des sociétés (tableau), offrant leurs titres au public.

Fiche 8 Sanction des irrégularités de constitution de la société

Les irrégularités commises lors de la constitution peuvent entraîner la nullité de la société. En effet, la sanction d'un acte irrégulier reste, en droit commun, son annulation. Toutefois, en matière de sociétés commerciales, cette solution s'avère trop rigoureuse vis-à-vis des intérêts des tiers de bonne foi. C'est pourquoi la liste énumérant les causes de nullité de la société est limitative et la violation d'une règle n'est pas nécessairement sanctionnée par la nullité (**A**).

L'action en nullité permet à tout intéressé ou à la personne protégée d'agir en nullité. Néanmoins, dans la plupart des cas, une action en régularisation est possible (**B**). Par ailleurs, l'effet de la nullité en matière de sociétés commerciales déroge au droit commun et la rétroactivité n'est pas, en principe, retenue (**C**).

I - CAUSES DE NULLITÉ DE LA SOCIÉTÉ

L'article L. 253-1 du Code de commerce dispose que « *la nullité d'une société ne peut résulter que d'une disposition expresse du présent livre ou des lois qui régissent la nullité des contrats* ».

A - Violation des règles relatives à la formation du contrat

Le **vice du consentement** et l'**incapacité** d'un seul associé sont des causes de nullité des sociétés de personnes (société en nom collectif et société en commandite simple – pour les associés commandités). Dans les sociétés à caractère non *intuitus personae*, le vice du consentement ou l'incapacité doit concerner l'ensemble des associés fondateurs pour être retenu comme cause de nullité de la société – C. com, art. L. 235-1.

La nullité pour incapacité ou vice du consentement est une nullité relative dans les sociétes en nom collectif et en commandite simple, invoquée seulement par l'associé, ou les associés, dont le consentement a été vicié.

L'**objet illicite** ou contraire à l'ordre public entraîne incontestablement la nullité de la société. Cette cause de nullité a été également prévue par la directive CEE du 9 mars 1968 – art. 11. Une **cause illicite** est, à notre sens, sanctionnée également par la nullité – nullité absolue.

B - Violation des règles spécifiques au contrat de société

La nullité de la société peut résulter du non-respect des conditions spécifiques au contrat de société – C. civ., art. 1844-10 . Sont ainsi annulables les sociétés constituées avec un nombre d'associés inférieur au minimum imposé par la loi, ainsi que celles constituées avec des apports fictifs.

La nullité peut également être prononcée à l'encontre d'une société dans laquelle les associés n'ont pas d'*affectio societatis* au moment de la constitution. La société dépourvue d'intérêt commun des associés est en conséquence annulable – société fictive.

En ce qui concerne la constitution des sociétés en nom collectif et les sociétés en commandite simple, le législateur a retenu l'inaccomplissement des formalités de publicité comme une cause de nullité de ces sociétés – C. com., art. L. 235-2

En revanche, les clauses prohibées par les articles 1844-10 du Code civil et L. 235-1 du Code de commerce n'entraînent pas la nullité de la société. Elles sont seulement réputées non écrites – clauses léonines.

II - ACTION EN NULLITÉ ET ACTION EN RÉGULARISATION

A - Action en nullité

Lorsque la nullité est **absolue**, l'action en nullité peut être exercée par tout intéressé (associés, créanciers, dirigeants…). En revanche, lorsque la nullité est **relative** – incapacité, vice du consentement –, seule la personne ou les personnes protégées par les dispositions de la loi peuvent agir.

L'action en nullité se **prescrit** par trois ans à compter du jour où la nullité est encourue – C. civ., art. 1844-14 et C. com., art. L. 235-9. Ce délai peut être interrompu ou suspendu. Toutefois, l'exception de nullité est perpétuelle.

B - Action en régularisation

En principe, toutes les nullités, à l'exception de celles fondées sur l'illicéité de l'objet social – C. com., art. L. 235-3 –, peuvent faire l'objet d'une régularisation, tant que le tribunal saisi d'une action en nullité ne s'est pas prononcé.

L'action en régularisation permet de purger les irrégularités de constitution de la société, mais elle ne prétend pas régulariser une société nulle.

L'action en nullité est éteinte si la cause de la nullité a cessé le jour où le juge statue sur le fond en première instance – C. civ., art. 1844-11.

Aux termes de l'article 1844-12 du Code civil, si l'action est fondée sur un vice du consentement ou l'incapacité d'un associé, ce dernier peut être mis en demeure d'agir en nullité ou de régulariser la situation dans un délai de six mois à peine de forclusion. Les autres associés peuvent proposer au juge le rachat de ses droits sociaux.

Cette action se prescrit, comme l'action en nullité, par trois ans à compter de la date d'immatriculation de la société au registre du commerce et des sociétés.

III - EFFETS DE LA NULLITÉ DE LA SOCIÉTÉ

« *Lorsque la nullité de la société est prononcée, elle met fin, sans rétroactivité, à l'exécution du contrat* » – C. civ., art. 1844-15 al. 1er –, c'est-à-dire que la société n'est nulle que pour l'avenir.

En effet, en cas de nullité, ni la société, ni les associés ne peuvent se soustraire à leurs engagements à l'égard des tiers de bonne foi. Ceux-ci, peuvent demander l'exécution des engagements pris par les dirigeants. Seule est opposable aux tiers – même de bonne foi – la nullité résultant de l'incapacité ou d'un vice du consentement, que ce soit par l'associé dont le consentement a été surpris par erreur, dol ou violence ou par son représentant légal – C. civ., art. 1844-16.

La nullité produit les effets d'une **dissolution** prononcée par décision de justice. La société sera **liquidée** conformément aux règles de droit commun de la dissolution des sociétés commerciales (C. civ., art. 1884-15 al. 2 et C. com., art. L. 235-10).

L'annulation de la société peut engager la **responsabilité civile** des associés, des premiers gérants ou des fondateurs. Cette responsabilité est solidaire – C. com., art. L. 223-10 et C. com., art. L. 225-249.

Schéma 1

Sanction des irrégularités de constitution de la société

A

CAUSES DE NULLITÉ DE LA SOCIÉTÉ

Violation des règles de formation du contrat

- Vice du consentement et incapacité des associés
  - Nullité relative SNC et SCS
  - Sans incidence dans la SA, SCA, SAS et SARL sauf s'ils concernent l'ensemble des associés fondateurs
- Objet et cause illicites
  - Nullité de la société dans tous les cas

Règles spécifiques au contrat de société

- Concernant le nombre d'associés, le montant du capital social minimum, les apports fictifs
- L'affectio sociétatis
  - société fictive
- Sociétés à risque illimité
  - Inaccomplissement des formalités de publicité

Schéma 2

Sanction des irrégularités de constitution de la société

B

ACTIONS EN NULLITÉ ET EN RÉGULARISATION

Action en nullité

- Nullité absolue
  - Tentée par tout intéressé
- Nullité relative
  - Tentée par une personne protégée par la loi
- Prescription : 3 ans à compter du jour où la nullité est encourue

Action en régularisation

- Toute nullité sauf illicité de l'objet, peut faire l'objet d'une régularisation
- Purge les irrégularités de constitution de la société
- Prescription : 3 ans à compter de la date de l'immatriculation au RCS

Schéma 3

Sanction des irrégularités de constitution de la société

C

EFFETS DE LA NULLITÉ

Non-rétroactivité

- La nullité met fin sans rétroactivité au contrat de société (C. civ., art. 1844-15)
- Les tiers peuvent demander l'éxécution des engagements pris par les dirigeants
- Exception article 1844-16 Code civil

Dissolution

- La nullité produit les effets d'une dissolution
- La société sera liquidée selon les règles de droit commun de la dissolution
- Responsabilité civile des associés, premiers dirigeants ou fondateurs, éventuellement engagée

Fiche 9 Nom, siège social et nationalité de la société

Les associés choisissent la dénomination de la société, c'est-à-dire le nom sous lequel elle sera connue de tous (**I**). Ils déterminent également le siège social (**II**) ainsi que la nationalité de la nouvelle société (**III**).

I - LE NOM DE LA SOCIÉTÉ

A - Définition

Le nom de la société doit, nécessairement, être mentionné dans les statuts de la société – C. com., art. L. 210-2 Ce nom est la dénomination sociale, c'est-à-dire l'appellation de la société commerciale.

La dénomination sociale doit figurer également dans tous les documents à destination des tiers, suivie ou précédée de la forme de la société et, s'il s'agit d'une société de capitaux ou d'une société à responsabilité limitée, du montant du capital social.

Depuis les lois du 11 juillet 1985 et du 31 décembre 1989, toutes les sociétés commerciales ont une dénomination sociale. La raison sociale – constituée uniquement par le nom d'un ou plusieurs associés indéfiniment et solidairement responsables – est réservée actuellement aux sociétés civiles.

B - Choix de la dénomination sociale

Le nom de la société est librement choisi par les associés. Toutefois, il ne doit pas porter atteinte aux droits des tiers. En pratique, préalablement à l'inscription de la société, il convient d'effectuer des recherches auprès de l'INPI afin de vérifier qu'une autre société n'a pas un nom identique à celui choisi pour la nouvelle société.

La dénomination sociale peut être :

- inspirée par l'activité de l'entreprise,
- inspirée par le lieu de son exploitation,
- une dénomination de fantaisie,
- composée du nom patronymique d'un ou plusieurs associés, sauf dans la société en commandite par actions, dans laquelle le nom d'un associé commanditaire ne peut pas figurer dans la dénomination sociale.

La dénomination sociale peut être utilisée comme nom commercial ou comme marque. Lorsqu'elle est modifiée au cours de la vie sociale, il est nécessaire de respecter les dispositions concernant la modification des statuts et d'effectuer les formalités de publicité – journal d'annonces légales – dépôt du dossier de modification au centre de formalités des entreprises et insertions au *BODACC*.

C - Protection de la dénomination sociale

La propriété de la dénomination sociale est garantie dès le premier usage. Ce droit privatif est reconnu à son titulaire par l'insertion du nom dans les statuts. En revanche, il n'est opposable aux tiers qu'à compter de l'immatriculation de la société au registre du commerce et des sociétés. L'utilisation d'une dénomination sociale attribuée antérieurement à une autre société est sanctionnée au titre de la **concurrence déloyale**.

La dénomination sociale peut également être protégée par le **droit des marques** lorsqu'elle répond aux caractéristiques d'une marque et a fait l'objet d'un enregistrement auprès des services de l'INPI.

II - SIÈGE SOCIAL

La détermination du siège social a d'importantes conséquences juridiques et présente un intérêt non négligeable (**A**). Il peut être transféré à un autre département ou à l'étranger, mais ce changement implique une modification du contrat de société (**B**).

A - Caractéristiques et intérêt

Le siège social, ou domicile de la société, doit être mentionné dans les statuts – C. com., art. L. 210-2 – ainsi que sur tous les documents commerciaux (C. com., art. R. 123-237), car c'est un élément d'identification de la société. En principe, il correspond au lieu où se trouvent les organes de direction et d'administration de la société[1].

Les **incidences du choix** du siège social peuvent se résumer à trois :

- le siège social détermine le tribunal compétent en cas de litige ou d'ouverture d'une procédure de redressement ou de liquidation judiciaire ;
- il détermine également la nationalité de la société et, par conséquent, la législation applicable à celle-ci ;
- enfin, le siège induit le lieu d'accomplissement des formalités d'immatriculation de la société.

En principe, le siège social est fixé dans des locaux à la jouissance privative. Toutefois, afin de favoriser la création de sociétés, la loi du 1er août 2003 pour l'initiative économique a assoupli les conditions de domiciliation. C'est ainsi que le siège social peut **correspondre** :

a) au domicile du représentant légal : c'est-à-dire le local d'habitation dans

1. Paris, 28 oct. 1992, *Bull. Joly* 1993, n° 12, p. 84.

lequel le représentant de la société réside effectivement (C. com., art. L 123-11-1 al. 1). La domiciliation provisoire est possible malgré des dispositions légales ou stipulations contraires (contenues, par exemple, dans le contrat de bail, dans le règlement de copropriété…). Dans ce cas, elle ne peut excéder cinq ans. Avant l'expiration de ce délai, la société doit transférer son siège social dans de nouveaux locaux. Sous peine de radiation d'office, elle doit communiquer au greffe du tribunal de commerce les raison qui justifient ce changement.

Néanmoins, l'article L. 123-11-1 alinéa 1er du Code de commerce dispose que le siège peut être installé, sans limitation de durée, au domicile de son représentant légal, lorsque aucune disposition légale ou stipulation contraire ne s'y oppose ;

b) aux locaux d'une autre entreprise ;

c) aux bureaux d'une société de « domiciliation ». Un décret du 9 mai 2007 – C. com., art. R. 123-168 al. 2 et R. 123-169-1 – précise actuellement les conditions de ce système de domiciliation.

B - Transfert du siège social

Le changement d'adresse du siège social entraîne une modification des statuts. En principe, la décision doit être prise par l'assemblée générale extraordinaire, sauf pour les sociétés anonymes et les sociéts à responsabilité limitée et dans les cas où le transfert du siège n'implique pas un changement de département ou concerne en département limitrophe. Dans cette hypothèse, le changement peut être décidé par le conseil d'administration ou par le conseil de surveillance, sous réserve de ratification par la prochaine assemblée générale ordinaire. En ce qui concerne la SAS, le transfert du siège social ne nécessite pas une décision collective, sauf si elle est prévue par les statuts (C. com., art. L. 227-9 al.1).

L'unanimité est requise lors du transfert du siège social à l'étranger, car il implique un changement de la nationalité de la société.

Pour être opposable aux tiers, le transfert du siège social doit faire l'objet des formalités de publicité et doit être effectif. A défaut de réalisation, le transfert est réputé fictif.

III - NATIONALITÉ DE LA SOCIÉTÉ

La nationalité est le lien qui rattache une société à un État. La nationalité détermine la législation applicable et a des conséquences importantes sur le régime juridique de la société.

Le critère du siège social est actuellement le critère retenu afin de déterminer la nationalité d'une société. C'est ainsi que les dispositions du Code de commerce précisent que « *les sociétés dont le siège est situé en territoire français sont soumises à la loi française* » – C. com. art. L. 210-3.

Le changement de nationalité est possible, mais nécessite une décision collective prise à l'unanimité, car ce changement implique la perte de la nationalité française et entraîne la disparition de la personne morale. Cette règle ne s'applique pas aux sociétés anonymes et aux commandites par actions si le pays d'accueil a conclu avec la France une convention permettant à la société d'acquérir sa nationalité et de transférer le siège social sur son territoire tout en gardant la personnalité morale (C. com, art. L. 225-97 et L. 226-1 al. 2). Dans ce cas, la décision peut-être prise par l'assemblée générale extraordinaire.

Fiche 10

Durée de la société

La durée de la société est une mention obligatoire des statuts (C. com., art. L 210-2). La durée maximale a été fixée par le législateur (**I**) mais il est possible aux associés de prolonger la durée prévue initialement dans le contrat de société (**II**).

I - DURÉE INITIALE DE LA SOCIÉTÉ

À la différence des associations, dont la durée peut être indéterminée, la durée d'une société commerciale doit être déterminée. Cette durée ne saurait excéder 99 ans, à compter de son immatriculation au registre du commerce et des sociétés (C. civ., art. 1838). Lorsque les statuts contiennent une classe prévoyant une durée supérieure à 99, celle-ci est réputée non écrite (C. civ., art. 1844-10 al. 2).

La durée de la société est une mention qui doit figurer dans les statuts. La sanction de l'omission de la durée est prévue par les dispositions de l'article L. 210-7 alinéa 2 du Code de commerce. C'est ainsi que tout intéressé peut demander en justice que soit ordonnée, sous astreinte, la régularisation de la constitution de la société. Toutefois, si personne ne demande de la régularistation, on doit conclure – sauf si la société a pour objet la réalisation d'une affaire d'une durée bien limitée – qu'elle est constituée pour 99 ans.

Néanmoins, rien ne semble s'opposer à l'insertion dans les statuts de clauses particulières concernant la durée de la société, de telle manière que les associés soient libres de prévoir une durée plus courte que le maximum fixé par la loi. Des renouvellements par tacite reconduction peuvent compléter ces dispositions statutaires. Pourtant, ces renouvellements ne peuvent pas avoir pour effet de porter la durée de la société au-delà de 99 ans. Dans cette dernière hypothèse, soit une procédure de régularisation permet de déterminer la durée en fonction des dispositions législatives, soit la société n'est plus valable au-delà de 99 ans.

II - PROROGATION DE LA DURÉE DE LA SOCIÉTÉ

La prorogation de la durée de la société a été prévue par les dispositions du Code civil – art. 1844-6. Elle est décidée à l'unanimité des associés ou, si les statuts l'ont ainsi déterminé, à la majorité nécessaire pour la modification du contrat de société.

À cet effet, les associés doivent être consultés au moins un an avant la date de l'expiration de la société. À défaut de consultation, « *tout associé peut demander au tribunal la désignation d'un mandataire de justice* » afin de provoquer cette consultation – C. civ., art. 1844-6 al. 3.

La prorogation de la société doit intervenir avant la date de dissolution prévue dans les statuts, afin que la société conserve sa personnalité morale.

Elle implique la modification des statuts et doit être décidée selon les règles prévues pour chaque type de société pour les modifications du contrat social. Elle est soumise aux formalités de publicité – journal d'annonces légales, dépôt de dossier au CFE et insertion au BODACC.

Le refus prorogation entraîne la dissolution de plein droit de la société à l'expiration de la durée prévue dans les statuts.

TITRE II

LE FONCTIONNEMENT DE LA SOCIÉTÉ

TITRE II

LE FONCTIONNEMENT DE LA SOCIÉTÉ

La société nécessite, pour assurer son fonctionnement, des organes. Ces organes peuvent être classés en deux groupes : organes de décision, dont l'organe souverain est l'assemblée générale, et organes d'administration et de représentation. Ces derniers sont les organes de gestion.

Les dirigeants sociaux sont désignés directement ou indirectement par les associés. Dans certaines formes sociales, les fonctions d'administration et de représentation se confondent dans la même personne ; c'est le cas du gérant de la SARL. En revanche, dans les sociétés par actions – telle la SA –, l'administration est confiée à un organe, le conseil d'administration ou le directoire, et la représentation de la société est attribuée à différents dirigeants – le président du conseil d'administration ou le président du directoire.

La notion de « dirigeant social » est utilisée pour désigner indistinctement le gérant de la SARL ou des sociétés de personnes, le conseil d'administration, le directoire…

Par ailleurs, tous les dirigeants sociaux n'ont pas vocation à représenter la société. C'est ainsi que les administrateurs et les membres du conseil de surveillance ne peuvent pas représenter la société anonyme. Cette fonction revient à ceux qui ont été désignés pour engager la société vis-à-vis des tiers[1]. (**Chapitre 1, fiches 11** et **12.**)

Les associés s'impliquent activement dans le fonctionnement de la société. Non seulement ils font des apports lors de la constitution de la personne morale, mais encore ils participent aux décisions collectives prises lors de la réunion de l'assemblée générale. De leur participation dans la constitution de la société découlent certaines conséquences. Tout d'abord, la qualité d'associé confère à son titulaire différents droits : droit à l'information, droit à la participation dans la vie sociale et même droits pécuniaires ou patrimoniaux – droit sur les bénéfices, droit de cession des parts ou des actions. En contrepartie, l'associé est tenu à un certain nombre d'obligations de nature principalement pécuniaire : responsabilité limitée ou illimitée des dettes contractées par la société ou obligation de libération des apports en numéraire. De plus, les statuts peuvent prévoir des obligations personnelles (exemple : obligation de non-concurrence). Le statut des associés fait l'objet d'une analyse dans le **chapitre 2, fiches 13** et **14**.

Par ailleurs, les sociétés commerciales sont soumises à un contrôle de leurs comptes. Ce contrôle est réalisé par le commissaire aux comptes. Sa présence est obligatoire dans les sociétés anonymes, et dans les autres sociétés lorsqu'elles remplissent les conditions fixées par la loi. D'autres organes de contrôle, tels que le commissaire aux apports ou le contrôleur de gestion, interviennent dans le contrôle de la gestion des sociétés commerciales (**Chapitre 3, fiches 15** et **16**).

1. *V.*, dans ce sens, le tableau présenté à la fin du chapitre 1.

Fiche 11

Statut et pouvoirs des dirigeants des sociétés commerciales

Les organes sociaux sont les personnes, physiques ou morales, chargées de gérer et d'administrer les sociétés commerciales. Les représentants légaux sont des personnes physiques dotées du pouvoir nécessaire pour engager la société vis-à-vis des tiers.

Les dirigeants de fait sont des personnes, aussi bien physiques que morales, qui se sont immiscées dans la gestion et/ou l'administration d'une société sans avoir été désignées par les associés. Ils se comportent, vis-à-vis de la société et des tiers, comme les représentants et gérants de la société. Cette attitude est répréhensible.

I - STATUT DES DIRIGEANTS

Les fonctions d'administration et de représentation des sociétés commerciales ne peuvent être confiées qu'à des personnes remplissant les conditions exigées par les dispositions légales.

A - Conditions requises pour les dirigeants sociaux

Les conditions requises pour diriger une société commerciale peuvent se regrouper autour de trois grands principes : la capacité, les incompatibilités et les interdictions.

1. Capacité

■ Ne peuvent se voir confier des fonctions de gérant, de président, de directeur général, de membre du conseil d'administration, du conseil de surveillance ou du directoire, les mineurs non émancipés.

Cette même règle s'applique aux majeurs sous tutelle ou curatelle, car ils ne jouissent pas de la pleine capacité juridique. En revanche, elle ne peut pas être invoquée pour les majeurs sous sauvegarde de justice, car ils conservent l'exercice de leurs droits. Toutefois, en pratique, cette situation ne se présente pas fréquemment.

■ Un étranger peut être dirigeant d'une société commerciale française dès qu'il se conforme à la législation relative au séjour et aux activités des étrangers en France. C'est ainsi que (C. étrangers, art. R. 313-16 - D 121-1, II) :

– le gérant de la société en nom collectif et de la société en commandite, simple ou par actions ;

– le gérant de la SARL ;

– le président du conseil d'administration, directeur général ou directeur général délégué d'une SA ;

– le président du directoir ou directeur général unique d'une SA ;

– le président, directeur général ou directeur général délégué d'une SAS ;

– le liquidateur d'une société en liquidation ;

– l'administrateur d'un GIE doit être titulaire d'une carte de séjour temporaire autorisant l'exercice d'une activité professionnelle ou d'une carte de résident.

Cette condition ne s'applique pas aux ressortissants des États membres de l'Union européenne.

Une clause statutaire peut, néanmoins, imposer la condition de nationalité française ou celle de ressortissant de l'Union européenne pour les dirigeants sociaux.

2. Incompatibilités et interdictions

■ Certaines professions et certains mandats sont incompatibles avec le statut de dirigeant social. C'est le cas des fonctions de membre du gouvernement (Constitution 4 octobre 1958, art. 23) ou d'un mandat parlementaire.

■ D'autres incompatibilités sont également à souligner, concernant :

– les fonctionnaires, qui consacrent l'intégralité de leur activité professionnelle aux tâches qui leur sont confiées – loi du 13 juillet 1983, art. 25 ;

– les notaires, qui ne peuvent s'immiscer directement ou indirectement dans l'administration d'une société commerciale – décret du 19 décembre 1945, art. 13 ;

– les avocats, qui ne peuvent être gérants d'une SARL, présidents du conseil d'administration, membres du directoire ou directeurs généraux d'une SA – décret du 9 juin 1972, art. 57.

■ Par ailleurs, l'article L. 653-2 du Code de commerce interdit les fonctions de direction et d'administration d'une société commerciale à toute personne à l'encontre de laquelle une faillite personnelle a été prononcée.

B - Publicité de nomination et cessation de fonctions

La nomination et la cessation des fonctions des dirigeants sociaux font l'objet d'une publicité afin d'être opposables aux tiers.

Les formalités de publicité à respecter sont les suivantes ;

1) insertion dans un journal d'annonces légales ;
2) inscription au registre du commerce et des sociétés ;
3) insertion au *BODACC*.

À défaut d'accomplissement de ces formalités, la société ne peut opposer aux tiers les nominations et les cessations des fonctions des dirigeants sociaux (C. com., art. L. 210-9).

En revanche, lorsque la nomination des dirigeants sociaux a été régulièrelent publiée, ni la société ni les tiers ne peuvent, afin de se soustraire à leurs engagements, nomination (C. com., art. L 210-9).

C - Mandat social et contrat de travail

Les dirigeants sociaux sont des mandataires désignés par les associés pour administrer et représenter la société. Ils sont chargés d'assurer le bon fonctionnement de la société et ne sont pas subordonnés à celle-ci.

Les fonctions de dirigeant peuvent être, en principe cumulées avec un contrat de travail dès que les conditions prévues par le législateur et la jurisprudence sont respectées. Dans ce cas, les deux contrats – mandat social et contrat de travail – sont juridiquement indépendants[1].

II - POUVOIRS DES DIRIGEANTS SOCIAUX

Les dirigeants des sociétés ont incontestablement le pouvoir d'agir au nom de la société et de conclure des actes juridiques engageant la responsabilité de celle-ci (**A**). Toutefois, le législateur a établi des limites aux pouvoirs des organes sociaux (**B**).

A - Pouvoirs des dirigeants sociaux

Les pouvoirs des dirigeants sociaux sont attribués et définis par les associés dans le mandat social – même si en réalité ils ne sont pas des mandataires.

1. *V. infra* les conditions pour chaque type de société.

■ Les pouvoirs des dirigeants dans les rapports entre associés

Vis-à-vis des associés, les dirigeants peuvent effectuer tout acte de gestion dans l'intérêt de la personne morale. Les articles L. 221-4 et L. 223-18 du Code de commerce prévoient, en ce qui concerne les SNC et les SARL, que les statuts peuvent aménager les pouvoirs des dirigeants, notamment pour restreindre leur étendue.

■ Les pouvoirs des dirigeants dans les rapports avec les tiers

Les représentants légaux engagent la responsabilité de la personne morale à l'égard des tiers dans tous les actes accomplis au nom de la société et relevant de son objet social. Cette règle ne s'applique pas à la SARL et aux sociétés par actions, car dans ces cas la société est engagée même par des actes qui ne rentrent pas dans l'objet social, sauf si le tiers avait connaissance de ce dépassement. Les sanctions applicables sont uniquement d'ordre interne – révocation par les associés, par exemple.

En revanche, dans les sociétés à risque illimité, on ne saurait imposer aux associés déjà soumises à des risques importants, les conséquences des actes peut-être imprudents réalisés par les dirigeants. Les actes passés par les dirigeants qui dépassent l'objet social sont imposables à la société.

Les clauses statutaires contraires à ces règles restent inopposables aux tiers.

B - Limites aux pouvoirs des dirigeants sociaux

Les limites aux pouvoirs des dirigeants sociaux peuvent être légales ou statutaires.

■ Limites légales

De manière générale, les représentants légaux ne peuvent empiéter sur les pouvoirs que la loi a réservés aux autres organes sociaux, notamment les assemblées générales – approbation des comptes, modification du contrat de société.

De plus, et seulement pour les sociétés de personnes, les actes opposables à la société sont seuls ceux concernant l'objet social.

Les dirigeants des SARL et des SA ne peuvent pas contracter, sous quelque forme que ce soit, des emprunts auprès de la société, se faire cautionner ou faire avaliser par elle les engagements contractés auprès des tiers. Ils ne peuvent pas non plus se faire consentir des découverts par la personne morale.

■ **Limites statutaires**

Les associés peuvent limiter les pouvoirs des représentants sociaux par le jeu des clauses statutaires. Elles se rencontrent fréquemment dans les statuts des SARL et des SA, où elles disposent qu'au-delà d'un certain montant l'accord des associés est nécessaire.

Les clauses statutaires ne sont pas opposables aux tiers.

Dirigeants sociaux et représentants des sociétés

Type de société	Représentant légal société
Société en nom collectif	Gérant
Société en commandite simple	Gérant
Société à responsabilité limitée	Gérant
Société anonyme (type classique)	Président du conseil d'administration
	Directeurs généraux
	Administrateurs
Société anonyme (type dualiste)	Président du directoire
	Directeurs généraux
Société par actions simplifiée	Président
Société en liquidation (tout type)	Liquidateur

Schéma 1

Statut et pouvoirs des dirigeants des sociétés commerciales

A

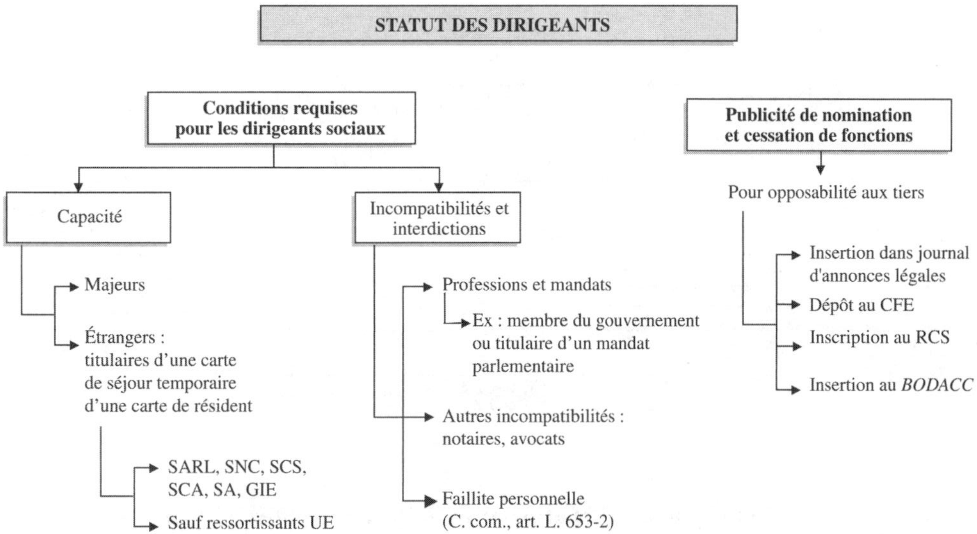

Schéma 2

Statut et pouvoirs des dirigeants des sociétés commerciales

B

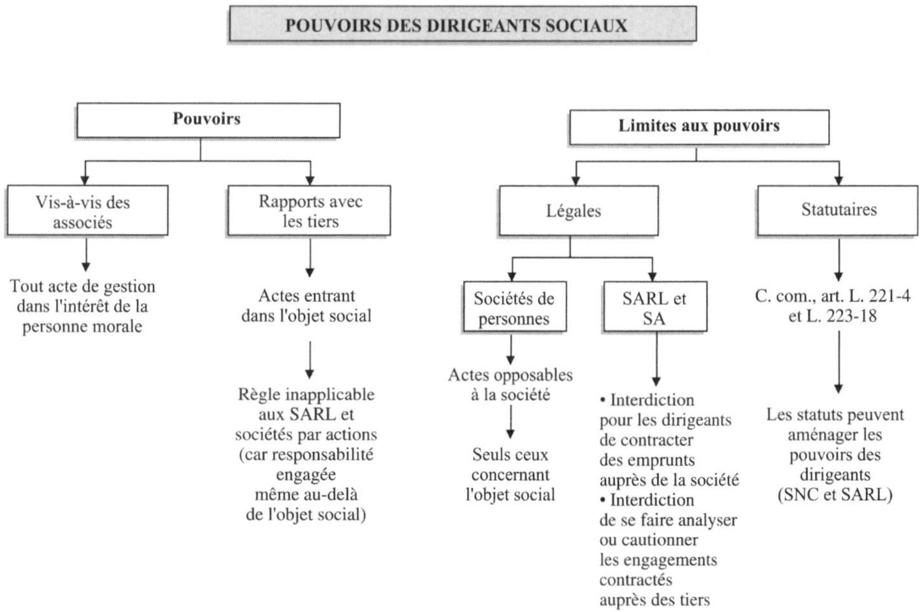

Fiche 12 Responsabilité des dirigeants sociaux

Les dirigeants sociaux engagent leur responsabilité civile lors de l'accomplissement des actes juridiques, envers la société, les associés ainsi que les tiers (**I**).

Ils peuvent également engager leur responsabilité pénale (**II**), voire fiscale (**III**).

I - RESPONSABILITÉ CIVILE DES DIRIGEANTS SOCIAUX

Les dirigeants sociaux sont des mandataires de la société et, en principe, engagent la responsabilité de celle-ci. Toutefois, dans certains cas, la responsabilité personnelle du mandataire est mise en cause également. Cette dernière hypothèse nécessite l'établissement d'un lien de causalité entre le préjudice subi par la société, les associés ou les tiers et la faute personnelle du dirigeant.

A - Responsabilité envers la société ou les associés

La responsabilité du dirigeant est une responsabilité par faute prouvée.

En effet, l'associé qui introduit une action en responsabilité doit prouver que le dirigeant a commis une faute. Cette faute implique donc :

- un comportement contraire à celui qu'aurait eu un dirigeant normalement prudent et diligent se trouvant dans les mêmes conditions ;
- un préjudice subi par les associés ou par la société ;
- un lien de causalité entre la faute et le préjudice.

Les fautes du dirigeant susceptibles d'engager sa responsabilité civile sont très diverses. À titre d'exemple, on peut citer la violation des dispositions législatives, réglementaires ou statutaires, ou la faute de gestion, par négligence, par imprudence ou non – ex. : désintérêt pour la gestion, défaut de surveillance du personnel…

B - Responsabilité envers les tiers

De manière générale, le dirigeant agit au nom et pour le compte de la société. Il est donc assez rare qu'un dirigeant engage sa responsabilité personnelle à l'égard des tiers, car cette faute personnelle doit être clairement séparable des fonctions de direction de la personne morale. Dans cette hypothèse, la Cour de cassation n'exige pas que la faute du dirigeant soit qualifiée de faute de gestion, mais qu'elle soit détachable de ces fonctions (pour un exemple V., Cass. com. 20 mai 2003, *D.* 2003, note B. Dondero, *Rev. sociétés* 2003, p. 479, note J-F Barbieri ; Cass. com., 4 juill. 2006, *D.* 2006, p. 1958, obs. Alienhard).

Par ailleurs, un certain nombre de lois spéciales prévoient l'engagement de la responsabilité du dirigeant à l'égard des tiers. C'est le cas de l'article L. 652-1 du Code de commerce qui organise l'action en comblement du passif ou des articles L. 266 et L. 267 du livre des procédures fiscales déclarant responsable du paiement des impositions de la société le dirigeant qui, par des fautes commises dans la gestion, a rendu impossible le paiement de ses dettes fiscales par la personne morale.

C - Régime de la responsabilité

L'action en responsabilité peut être mise en œuvre par la société pour la réparation du préjudice social ou par l'associé en réparation du préjudice individuel.

1. Action sociale

La société qui a subi un dommage à cause d'une faute de son dirigeant peut agir en responsabilité contre ce dernier. De manière générale, cette action devrait être diligentée par le représentant de la personne morale, mais dans le cas où le dirigeant fautif a été révoqué et où il est associé majoritaire, l'article 1843-5 du Code civil permet à chaque associé – même s'il ne possède qu'une seule action ou part sociale –, agissant au nom de la société, d'exercer l'action sociale *ut singuli* afin que la société obtienne réparation du dommage.

2. Action individuelle de l'associé

Cette action permet à un associé de demander la réparation du dommage qu'il a personnellement subi. L'associé doit démontrer le lien de causalité entre la mauvaise gestion du dirigeant et le préjudice personnel subi, ce qui en pratique est très difficile à établir.

L'action en responsabilité, dans les SARL et les sociétés de capitaux, est limitée à une durée de 3 ans à compter du fait dommageable ou s'il a été dissimulé de sa révélation (C. com., art. L. 223-23).

II - RESPONSABILITÉ PÉNALE DES DIRIGEANTS

Les dirigeants sociaux engagent leur responsabilité personnelle pour les infractions pénales personnellement commises – principe de la personnalité des peines.

En matière de responsabilité pénale des dirigeants, il est possible de distinguer les infractions spécifiques au droit des sociétés (**A**) et de celles plus générales prévues par le Code pénal (**B**).

A - Infractions pénales spécifiques au droit des sociétés

Ces infractions spécifiques s'appliquent aux dirigeants des sociétés par actions et des SARL et ont été conçues *« pour donner une morale des affaires à ceux qui n'en ont pas »* (M. Cozian, A. Viandier et F. Deboissy, *Droit des sociétés,* Litec, 22e éd., Litec, *2009, n° 209).*

Ces infractions peuvent se regrouper en quatre grands types :

a) la répartition de dividendes fictifs (C. com., art. L. 242-6-1°) ;

b) la présentation de bilan inexact (C. com., art. L. 242-6-2°) : les dirigeants engagent leur responsabilité pénale dans les cas où non seulement le bilan n'est pas fidèle ou exact, mais encore ils ont cherché à dissimuler la situation afin de tromper les tiers sur la situation réelle de la société ;

c) l'abus de biens sociaux (C. com., art. L. 242-6-3°) : l'infraction se vérifie lorsque le dirigeant fait usage d'un bien de la société contraire à l'intérêt de celle-ci.

Les actes du dirigeant contraires à l'intérêt social sont punissables seulement s'ils sont liés à l'intérêt personnel du dirigeant. Une intention coupable de la part du dirigeant est également requise pour la qualification pénale d'abus de biens sociaux. La mauvaise foi s'apprécie au jour de l'accomplissement de l'acte. En matière d'abus de biens, la prescription est de trois ans ;

d) l'abus de pouvoir et de voix (C. com., art. L. 242-6-4°) : ce délit suppose que le dirigeant fait de son pouvoir un usage contraire à l'intérêt social et qu'il agit de mauvaise foi dans la poursuite d'un intérêt personnel.

En outre, les dirigeants de ces sociétés sont tenus d'établir les comptes annuels, un rapport de gestion et de dresser l'inventaire. Une amende de 9000 € est prévue en cas de défaut d'accomplissement de cette obligation (C. com., art. L. 241-4 et L. 242-8).

En revanche, pour les sociétés à risque illimité, le législateur n'a pas prévu de délits spécifiques et les règles de droit comun sont applicables.

B - Infractions pénales prévues par le code pénal

La responsabilité pénale du dirigeant sera engagée en cas d'abus de confiance, (C. pénal, art 314-1), d'escroquerie (C. pénal, art. 313-1°), d'organisation de l'insolvabilité de la société (C. pénal, art. 314-7) et en cas de faux écriture privée et d'usage de faux (C. pénal, art. 441-1).

III - RESPONSABILITÉ FISCALE DES DIRIGEANTS

En principe, le dirigeant n'est pas responsable des dettes fiscales. Cependant, dans certains cas, ces dettes peuvent être mises à la charge du dirigeant. C'est ainsi que l'article L. 267 du livre des procédures fiscales dispose que « *lorsqu'un dirigeant d'une société, d'une personne morale ou de tout autre groupement, est responsable de manœuvres frauduleuses ou de l'inobservation grave et répétée des obligations fiscales qui ont rendu impossible le recouvrement des impositions et des pénalités dues par la société, la personne morale ou le groupement, ce dirigeant peut, s'il n'est pas déjà tenu au paiement des dettes sociales en application d'une autre disposition, être déclaré solidairement responsable du paiement de ces impositions et pénalités par le président du tribunal de grande instance* ».

La responsabilité fiscale du dirigeant est subsidiaire, étant donné qu'il n'est déclaré responsable du paiement des impositions que s'il n'est pas déjà tenu au paiement des dettes sociales.

Schéma 1

Responsabilité des dirigeants sociaux

A

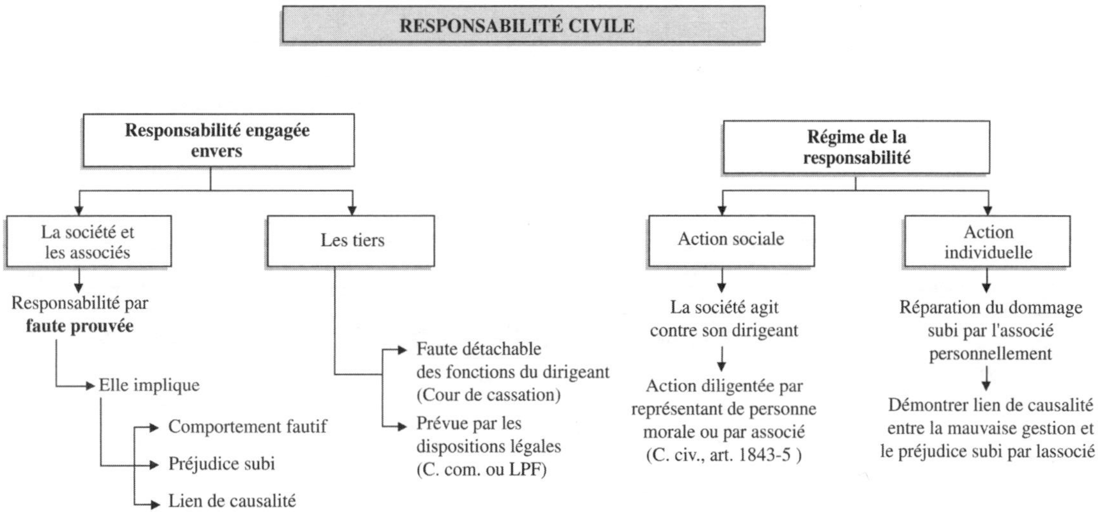

Schéma 2

Responsabilité des dirigeants sociaux

B

RESPONSABILITE PENALE

Infractions pénales spécifiques au droit des sociétés

- Sociétés par actions et SARL
  - Répartition de dividendes fictifs
  - Présentation bilan inexact
  - Abus de biens sociaux
  - Abus de pouvoir et de voix
  - Non respect des obligations de tenue des comptes, rapport de gestion et inventaire.
- Sociétés à risque illimité
  - Pas d'infractions spécifiques prévues

Infractions prévues par le Code pénal

- Abus de confiance
  - Art. 314-1 Code pénal
- Faux en écriture privée
  - Art. 441-1 Code pénal
- Escroquerie
  - Art. 313-1° Code pénal
- Organisation de l'insolvabilité de la société
  - Art. 314-7 Code pénal

Fiche 13 Les droits des associés

L'associé est la personne qui fait partie de la société après avoir réalisé un apport à cette dernière et manifesté son intention de s'associer (*affectio societatis*). Les différentes dispositions du droit des sociétés ou du droit commun ne lui reconnaissent pas un statut particulier, mais il jouit d'un certain nombre de droits individuels.

I - DROIT À PARTICIPER À LA VIE SOCIALE

L'associé a le droit de participer à la vie de la société. Ce droit fondamental permet à l'associé, quel que soit le montant de sa participation dans le capital social, d'être informé de la situation de la société (**A**). Il attribue à son titulaire le droit de participer aux délibérations des assemblées (**B**) et aux résultats de la société (**C**) ; il lui permet également de sanctionner la gestion de la société.

A - Droit à l'information

Aucune disposition de droit commun ne pose véritablement le principe du droit à l'information de l'associé. Néanmoins, il peut se déduire de différentes dispositions prévues pour chaque type de société[1].

De manière générale, l'associé a le droit de se faire communiquer certains documents sociaux (comptes annuels, rapports des dirigeants…). Il a également le droit de poser des questions écrites sur la gestion de la société, en principe deux fois par an.

B - Droit de participer aux assemblées

L'article 1844 alinéa 1er du Code civil dispose que « *tout associé a le droit de participer aux décisions collectives* ». Ce droit est d'ordre public et les statuts ne peuvent contenir des clauses en vue de supprimer ce droit à un associé – clause léonine.

Toutefois, ce droit de vote connaît quelques aménagements en cas d'indivision des droits sociaux – le droit ne peut être exercé que par un mandataire unique –, ou d'usufruit des droits – le droit de vote appartient en principe à l'usufruitier lorsqu'il s'agit de statuer sur l'affectation des bénéfices (C. civ., art. 1844 al. 3) Cependant, le nu-propriétaire à le droit de participer aux assemblées pour toute autre question (C. civ. art. 1844). Ce principe est d'ordre public.

1. *V.* le contenu de ce droit dans les développements consacrés à chaque type de société.

En outre, il convient de signaler que la règle de fonctionnement des SARL et des sociétés par actions est, en principe, celle selon laquelle l'associé a autant de voix que de titres – actions ou participations sociales – Toutefois, la société anonyme connaît les actions de préférence sans droit de vote ou les actions à droit de vote double.

En revanche, dans les SNC, les sociétés civiles, les GIE ou les coopératives, sauf si les statuts ont prévu d'autres règles, un homme vaut une voix dans les assemblées.

L'associé peut exercer personnellement son droit de vote ou se faire représenter soit par un mandataire, soit par les dirigeants sociaux.

C - Droit de participer aux résultats de la société

Aux termes de l'article 1832 du Code civil, tout associé participe aux résultats de la société – bénéfices ou économies. Cette participation est proportionnelle à la participation de l'associé dans le capital social. Elle peut être limitée par la volonté de l'assemblée dans le cas de mise en réserve des bénéfices sociaux. De manière générale, un associé a droit à la distribution des bénéfices réalisés ainsi qu'aux réserves représentées par les bénéfices non distribués. Lors de la dissolution de la société il participera au boni de liquidation.

D - Droit de sanctionner la gestion de la société

L'associé a le droit de :

- demander la nomination d'un administrateur provisoire,
- demander l'annulation des délibérations non conformes aux dispositions légales ou statutaires,
- révoquer les dirigeants – sous certaines conditions.

II - DROIT AU MAINTIEN DE LA QUALITÉ D'ASSOCIÉ ET LA CESSION DE SES TITRES

L'associé a le droit de rester dans la société. Toutefois, ce principe connaît un certain nombre d'exceptions d'origine légale ou conventionnelle. Parmi les premières on peut citer les sociétés à capital variable qui prévoient l'exclusion des actionnaires, les sociétés cotées, à l'encontre des actionnaires qui ne possèdent pas plus de 5% du capital ou les droits de vote (Règl. général AMF, art. 237-1 et s) ou la cession forcée des titres détenus par les dirigeants en cours de redressement judiciaire de la société (C. com., art. L. 631-19-1). Les statuts peuvent également contenir une clause permettant l'exclusion d'un associé, lorsque les conditions précisées à l'avance se réalisent. Le législateur les a prévu dans les SAS, les SEL et la SE et la jurisprudence admet leur validité dans toutes les formes sociales dès que le motif d'exclusion est conforme à l'intérêt social et à l'ordre public (Cass. com., 8 mars 2005, *D*. 2005, p. 839. obs. A. Lienhard ; JCPE 2005, 1046 N° 9 obs. J-J Caussain, F. Deboissy et G. Wicher).

En outre, « *les engagements d'un associé ne peuvent être augmentés sans le consentement de celui-ci* » (C. civ., art. 1836 al. 2). Ce principe implique qu'une assemblée générale même extraordinaire ne peut pas imposer à un associé la souscription d'une augmentation du capital social contre sa volonté. Des aménagements statutaires sont permis, s'ils ne conduisent pas à aggraver la situation de l'associé.

Finalement, l'associé a le droit de céder ses parts ou ses actions. La cession des titres exige la rencontre des volontés du cédant et du cessionnaire, car cette opération reste une convention de droit privé entre deux personnes.

Ce droit peut connaître un certain nombre de limites dans les cas où la société a un intérêt à contrôler l'entrée de nouveaux associés. C'est ainsi que les statuts peuvent contenir des clauses d'agrément selon lesquelles la personne morale se réserve le droit d'accepter ou de refuser l'accès de nouveaux associés dans la société.

Schéma 1

Les droits des associés

A

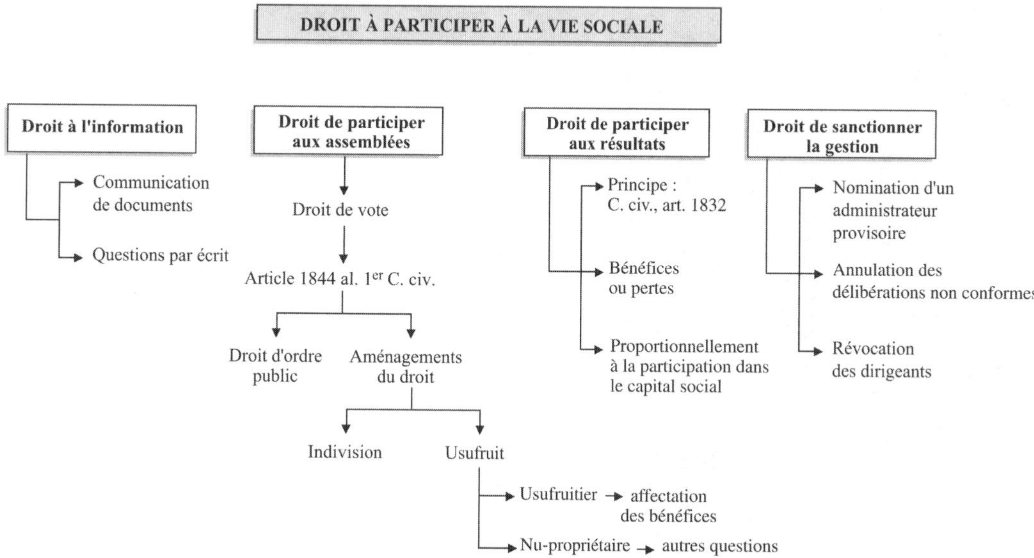

Schéma 2

Droit des associés

B

DROIT AU MAINTIEN DE LA QUALITE D'ASSOCIE

Exceptions

- D'origine légale
  - Sociétés à capital variable
  - Sociétés cotées, actionnaires minoritaires
  - Redressement judiciaire
- D'origine conventionnelle
  - Clauses insérées dans les statuts
  - Prévues par le législateur dans les SEL, SAS et SE.
  - Admises par la jurisprudence dans tous les cas si le motif d'exclusion est conforme à l'intérêt social et à l'ordre public.

Pas d'augmentation des engagements

- Principe : C. civ., art. 1836, al. 2
- Pas d'augmentation du capital social contre la volonté de l'associé
- Augmentation statutaire possible si celle-ci n'aggrave pas la situation de l'associé.

Cession des titres

- Principe: liberté de l'associé
- Convention de droit privé
- Limite : clause statutaire d'agrément.

Fiche 14

Les obligations des associés

Les obligations des associés sont, en principe, exclusivement pécuniaires (**I**). Toutefois, dans certains cas, il est possible de parler d'« obligations personnelles » (**II**).

I - OBLIGATIONS PÉCUNIAIRES

Les obligations pécuniaires des associés sont prévues par différentes dispositions du Code civil.

A - Obligation de réaliser un apport

Aux termes de l'article 1843-3 du Code civil, « *chaque associé est débiteur envers la société de tout ce qu'il a promis de lui apporter en nature, en numéraire ou en industrie* ». L'associé est aussi tenu de libérer son apport, c'est-à-dire de remettre à la société le bien qu'il a promis d'apporter.

La libération de l'apport est une obligation fondamentale de l'associé. Toutefois, sauf dispositions particulières relatives à la SARL, à la SA et à la SAS, la libération des apports peut ne pas être immédiate. Ainsi, dans la SARL, seulement un cinquième du montant des apports en numéraire doit être libéré à la constitution de la société. La libération du surplus peut intervenir dans un délai de cinq ans à compter de l'immatriculation de la société au RCS (C. com., art. L. 223-7 al. 1). Dans la SA, la fraction du capital qui doit être libérée à la constitution est déterminée par les actionnaires. Elle ne peut être inférieure à la moitié du montant nominal des actions en numéraire (C. com., art L. 225-3 al. 2). En ce qui concerne les SNC, les statuts prévoient fréquemment la libération des apports au fur et à mesure que l'activité dégage des bénéfices.

En cas d'inobservation de cette obligation, dans les sociétés par actions, le Code de commerce organise une procédure pour contraindre l'associé défaillant à l'exécution ou au versement de l'apport (C. com., art. L. 228-27) – mise en demeure de l'actionnaire défaillant et vente sans autorisation judiciaire des actions.

En cas de retard dans la libération des apports, l'associé doit des intérêts au taux légal ou au taux déterminé dans les statuts. Il est également possible que des dommages-intérêts soient dus à la société (application de l'article 1843-3 al. 5 du Code civil).

B - Obligation de contribuer aux pertes

Les dispositions de l'article 1832 alinéa 2 du Code civil prévoient l'obligation des associés de contribuer aux pertes.

Les clauses stipulant l'exonération totale d'un associé des pertes sociales sont réputées non écrites (C. civ., art. 1844-1 clause léonine).

La participation de chaque associé aux pertes sociales est déterminée par les statuts. Toutefois, en cas de silence, la contribution de chaque associé est proportionnelle à sa participation dans le capital social (C. civ., art. 1844-1 al. 1er).

C - Obligation de répondre du passif social

Dans les sociétés en nom collectif et en commandite, les associés en nom collectif et commandités répondent avec leurs biens personnels du passif social (leur responsabilité étant illimitée).

Cependant, ce principe ne s'applique pas aux sociétés par actions et à la SARL, car les associés ne sont pas tenus du passif social à l'égard des tiers. Seul un engagement volontaire, sous forme de cautionnement, obligerait ces associés aux dettes sociales.

II - OBLIGATIONS PERSONNELLES

Il est possible de qualifier d'« obligation personnelle » l'obligation de libération des apports en industrie, dans la mesure où son exécution nécessite l'accomplissement d'une prestation de la part de l'associé. Les modalités d'exécution de cette obligation sont, en pratique, prévues dans les statuts.

Par ailleurs, en principe, la qualité d'associé n'entraîne pas, à l'égard de ce dernier, une obligation de non-concurrence, sauf dans le cas d'un apport en industrie (C. civ., art. 1843-3). Dans tous les cas, il peut être autorisé par les statuts à réaliser une autre activité. Il en est de même lorsque l'associé apporte à la société un fonds de commerce. Comme tout vendeur de fonds, il est tenu de respecter les conditions de temps et de lieu en cas de rétablissement.

Enfin, les statuts peuvent contenir une clause de non-concurrence. Elle est valable dès qu'elle est fondée sur un motif légitime, a un objet précis et est limitée dans le temps et dans l'espace.

Les obligations des associés

A

Pécuniaires

- Réalisation d'un apport
  - Principe: C. civ., art. 1843-3
  - Libération de l'apport
    - Certaine souplesse SNC
    - Règles plus strictes autres sociétés
- Contribution aux pertes
  - Principe: C. civ., art. 1832, al. 2
  - Proportionnellement aux apports, sauf stipulation contraire
  - Exonération totale: clause léonine
- Contribution au passif social
  - Obligation: sociétés à risque illimité
  - Facultatif sociétés à risque limité (cautionnement)

B

Personnelles

- Libération des apports en industrie
  - Accomplissement d'une prestation de la part de l'associé
- Obligation de non-concurrence
  - Cas d'apport en industrie
  - Cas d'apport d'un fonds de commerce
  - Clause statutaire ou extrastatutaire

Fiche 15 Le commissaire aux comptes

Les associés peuvent contrôler la vie financière de la société, notamment en approuvant les comptes sociaux et en décidant la répartition des bénéfices lors de la réunion de l'assemblée générale. Toutefois, dans certains cas, le législateur a prévu un contrôle de la société par les commissaires aux comptes.

Le statut des commissaires aux comptes a été unifié par la loi du 15 mai 2001 sur les nouvelles régulations économiques. La loi de sécurité financière du 1er août 2003 a mis en place le Haut Conseil du Commissariat aux comptes. Le rôle du secrétaire général de ce conseil a été précisé par le décret du 27 mai 2005. Il est ainsi chargé de l'examen des dossiers établis par la Compagnie nationale des commissaires aux comptes, conformément aux dispositions des articles L. 821-7 et L. 821-9 du Code de commerce. Afin de promouvoir les bonnes pratiques professionnelles, le Haut Conseil publie des avis relatifs à celles-ci. La voie de publication retenue est notamment la voie électronique (art. 14-1 décret 12 août 1969).

Par ailleurs, la loi du 1er août 2003 a également apporté des modifications importantes au commissariat aux comptes des sociétés offrant leurs titres au public.

I - STATUT DU COMMISSAIRE AUX COMPTES

Le commissaire aux comptes est un professionnel indépendant, titulaire du diplôme d'expertise-comptable ou d'un examen spécial.

Il s'agit d'une profession réglementée par décret du 12 août 1969, modifié par les dispositions du décret du 27 mai 2005, pris en application de la loi du 1er août 2003 et par celles de l'ordonnance n° 2008-1278 du 8 décembre 2008, ratifiée par la loi n° 2009-526 du 12 mai 2009.

L'accès à la profession de commissaire aux comptes est réservé à ceux inscrits sur une liste établie à cet effet (C. com., art. L. 822-1) et qui ont prêté serment devant la cour d'appel dont ils relèvent (C. com., art. L. 822-3).

A - Incompatibilités

Aux termes de l'article L. 822-10 du Code de commerce, « *les fonctions de commissaire aux comptes sont incompatibles :*

1° : avec toute activité ou tout acte de nature à porter atteinte à son indépendance ;

2° : avec tout emploi salarié [...] ;

3° : avec toute activité commerciale, qu'elle soit exercée directement ou par personne interposée ».

Toutefois, l'enseignement se rattachant à leur activité professionnelle ou un emploi rémunéré chez un commissaire aux comptes ou un expert-comptable sont des activités compatibles avec l'exercice de cette profession.

De manière générale, le commissaire aux comptes doit être indépendant de la société dans laquelle il exerce sa mission ; il ne peut donc être choisi parmi les dirigeants ou les associés.

En outre, il ne peut recevoir de la société une rémunération autre que celle qui lui est due au titre de ses fonctions de contrôle (C. com., art. L. 822-11).

Les anciens salariés et anciens dirigeants d'une société ne peuvent être nommés commissaires aux comptes de cette société pendant un délai d'au moins cinq ans à compter de la cessation de leurs fonctions.

B - Nomination du commissaire aux comptes

Les sociétés anonymes, les sociétés en commandite par actions et les autres sociétés ou organismes qui peuvent faire une offre au public, les sociétés civiles de placement immobilier et les GIE émettant des obligations sont tenus de désigner un commissaire aux comptes. En revanche, les SARL et les sociétés en nom collectif, en commandite simple et de manière générale les autres groupements exerçant une activité économique sont tenus de désigner au moins un commissaire aux comptes si à la clôture de l'exercice social ils dépassent deux des trois seuils suivants (C. com., art., R. 221-5) :

– 1 550 000 € pour le total du bilan ;

– 3 100 000 € pour le montant HT du chiffre d'affaires ;

– 50 salariés.

Pour la SAS, le decret n° 2009-234 du 25 février 2009 (C. com., art. R. 227-1) pris, en application de la loi de modernisation de l'économie du 4 août 2008, a fixé de nouveaux seuils. La présence du commissaire aux comptes n'est requise que si deux des seuils suivants sont dépassés :

– 1 000 000 € pour le total du bilan ;

– 2 000 000 € pour le montant HT du chiffre d'affaires ;

–20 salariés.

Enfin, le GIE est tenu de désigner un commissaire aux comptes lorsqu'il comprend au moins cent salariés (C. com., art. L. 251-12).

Les commissaires aux comptes sont proposés à la désignation de l'assemblée générale par un projet de résolution présenté par le conseil d'administration ou le conseil de surveillance (C. com., art. L. 225-228 et L. 823-1). Si cette assemblée ne désigne pas l'organe de contrôle, tout associé peut demander qu'il soit nommé par décision judiciaire.

La nomination du commissaire aux comptes fait l'objet d'une publicité dans un journal d'annonces légales. Si la nomination intervient au cours de la vie sociale, elle doit également être déposée au greffe du tribunal de commerce et donne lieu à une mention au registre du commerce et des sociétés.

Le commissaire aux comptes est nommé pour une durée de 6 ans, mais son mandat est renouvelable. Aucune limite n'est fixée à ce renouvellement, sauf pour les sociétés faisant une offre au public de leurs titres, dans lesquelles il ne peut pas contrôler les comptes plus de six exercices consécutifs (C. com., art. L. 822-14). Un délai de deux ans d'attente leur est imposé pour participer à nouveau au contrôle des comptes de ces personnes.

C - Rémunération

Les commissaires aux comptes perçoivent des honoraires pour les missions accomplies dans les sociétés. Ces rémunérations sont à la charge des sociétés contrôlées.

L'article R. 823-12 du Code de commerce établit un barème en fonction du nombre d'heures de travail exigées selon la taille de l'entreprise. Le montant de la vacation horaire sera déterminé par la société en accord avec le commissaire aux comptes (C. com., art. R. 823-15).

La loi de sécurité financière a prévu, dans un souci de transparence, que toute information relative aux honoraires versés aux commissaires aux comptes soit mise à la disposition des associés au siège de la société (C. com., art. L. 820-3 al. 2).

II - MISSIONS DU COMMISSAIRE AUX COMPTES

Les principales missions que la loi a confiées au commissaire aux comptes sont les suivantes :

- vérifier et contrôler les comptes des sociétés (C. com., art. L. 823-10),
- rédiger un rapport général à adresser à l'assemblée générale annuelle.

En outre, le commissaire aux comptes ne peut s'immiscer dans la gestion de l'entreprise (C. com., art. L. 823-10 al. 3).

A - Le contrôle des comptes

Le commissaire aux comptes doit vérifier les valeurs et les documents comptables de la société. Il procède au contrôle des comptes annuels établis par la société (C. com., art. L. 823-10).

Dans le cadre de cette mission, il peut se faire communiquer tous les documents qu'il estime nécessaires – contrats, livres, documents comptables – (C. com., art. L. 823-13). Il peut également recueillir les informations qu'il considère utiles « *auprès des tiers qui ont accompli des opérations pour le compte de la personne* » morale qu'il contrôle (C. com., art. L. 823-14.)

B - Missions accessoires

Les commissaires aux comptes ont une mission d'information des actionnaires. Ils sont convoqués à toutes les assemblées (C. com., art. R. 823-9) dans lesquelles ils répondent aux questions posées par les actionnaires. À ce titre, ils doivent signaler lors de l'assemblée générale les irrégularités et inexactitudes qu'ils ont pu relever dans l'exercice de leur mission (C. com., art. L. 823-12.).

Dans le cas où la société dans laquelle ils exercent leur activité offre ses titres au public, ils sont tenus de transmettre à l'Autorité des marchés financiers les conclusions de leur rapport sur les irrégularités relevées. Les commissaires aux comptes relèvent au procureur de la République « *les faits délictueux dont ils ont eu connaissance, sans que leur responsabilité puisse être engagée par cette révélation* » (C. com., art. L. 823-12 al. 2)

Si dans le cadre de leurs missions ils relèvent des faits de nature à compromettre la continuité de l'entreprise, ils doivent déclencher une procédure d'alerte (C. com., art. L. 234-1).

Par ailleurs, ils accomplissent des tâches variées au sein de la société.

C'est ainsi qu'ils :

- interviennent à l'occasion de la mise en œuvre de différentes formules d'actionnariat salarial ;
- rédigent un rapport spécial en cas de modification du capital social des sociétés par actions.

III - CESSATION DES FONCTIONS DU COMMISSAIRE AUX COMPTES

Le commissaire aux comptes exerce sa mission durant six ans, sauf démission ou décès.

Toutefois, l'article L. 823-6 du Code de commerce prévoit la récusation du commissaire aux comptes. En effet, un ou plusieurs associés représentant au moins 5 % du capital social, le comité d'entreprise, le ministère public et l'Autorité des marchés financiers peuvent demander en justice la récusation pour juste motif du commissaire aux comptes. La demande en récusation doit être motivée et fondée sur un juste motif.

En cas de démission, le commissaire suppléant remplace le titulaire. Le remplacement est impératif et l'assemblée ne saurait s'y opposer. La cessation des fonctions du commissaire aux comptes fait l'objet des mêmes formalités de publicité que sa nomination.

Enfin, en cas de faute ou d'empêchement, les commissaires aux comptes peuvent *« être relevés de leurs fonctions avant l'expiration normale de celles-ci, sur décision de justice »*. La demande peut émaner des organes de direction de la société, d'un ou plusieurs associés représentant au moins 5% du capital social, du comité d'entreprise, du ministère public ou de l'autorité des marchés financiers.

Schéma 1

Le commissaire aux comptes

A

NOMINATION

Obligatoire

- SA, SCA, SCPI, sociétés ou organismes offrant leurs titres au public.
- GIE émettant des obligations ou comprenant au moins 100 salariés.

Obligatoire si dépassement de deux des trois seuils

- SARL, SNC et autres groupements exerçant une activité économique:
  - 1 550 000 € total du bilan
  - 3 100 000 € HT chiffre d'affaires
  - 50 salariés
- Société par actions simplifiée:
  - soit
    - 1 000 000 € total du bilan
    - 2 000 000 € HT chiffre d'affaires
    - 20 salariés
  - soit contrôle au sens de l'article L. 233-16 II et III du Code de commerce.

Désignation

- Par l'assemblée générale ou décision de justice
- Durée des fonctions : 6 ans
- Mandat renouvelable, sauf société offrant ses titres au public.

Schéma 2

Le commissaire aux comptes

B

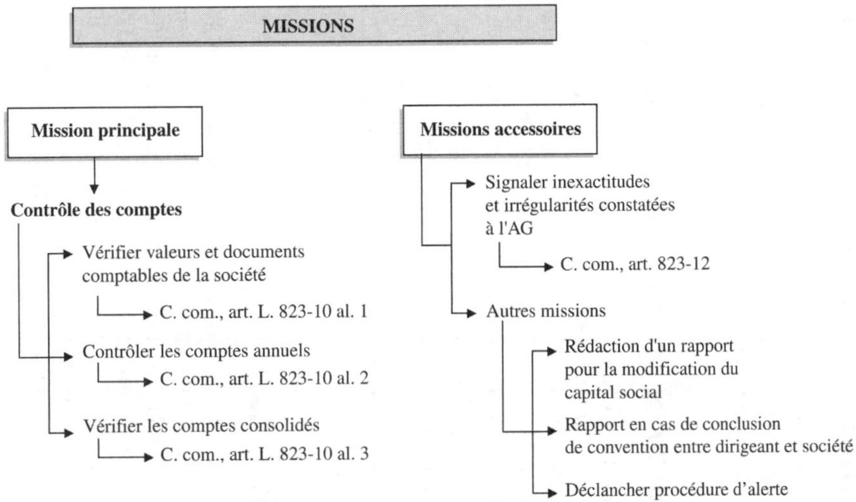

Fiche 16 Les autres organes de contrôle

I - LE COMMISSAIRE AUX APPORTS

Les associés ou le président du tribunal de commerce désignent le commissaire aux apports (**A**). Ses missions sont déterminées par le législateur (**B**) aussi bien pour les sociétés anonymes que pour les sociétés à responsabilité limitée.

A - Nomination du commissaire aux apports

Lors de la constitution d'une SARL, le commissaire aux apports est désigné « *à l'unanimité des futurs associés* ». À défaut d'accord, il peut être désigné « *par décision de justice à la demande du futur associé le plus diligent* » (C. com., art. L. 223-9). En cas de constitution d'une EURL, l'associé unique désigne le commissaire aux apports.

En cas de constitution d'une société par actions, le commissaire aux apports est nommé par décision du président du tribunal de commerce statuant sur requête des fondateurs, au moment de la constitution de la personne morale (C. com., art. L. 225-8 al. 1er, L. 225-12 et L. 226-1 al. 2).

B - Missions

Le commissaire aux apports a pour mission d'évaluer les apports en nature effectués par les associés lors de la constitution de la société. Toutefois, le recours à un commissaire aux comptes n'est pas nécessaire en cas de constitution d'une SARL ou d'une EURL à la double condition que la valeur de l'apport soit inférieure à 7 500 € et que la valeur totale de l'ensemble des apports en nature non soumis à évaluation du commissaire aux apports n'excède pas la moitié du capital social. Cette décision est prise à l'unanimité des associés.

Le commissaire aux apports est également chargé de l'évaluation de ces apports en cas d'augmentation du capital social ou d'une opération de restructuration.

Les dispositions de l'article L. 225-101 du Code de commerce permettent de déduire que le commissaire aux apports intervient également lors de l'achat, dans les deux ans suivant l'immatriculation de la société, d'un bien appartenant à un actionnaire dont la valeur est au moins égale à un dixième du capital. Le commissaire est alors désigné par décision de justice, à la demande du président du conseil d'administration ou du directoire.

Enfin, l'intervention du commissaire aux apports est nécessaire lors de la transformation d'une société, qui n'a pas de commissaire aux comptes, en société par actions. Le Code de commerce le désigne, dans ce cas, par le nom de commissaire à la transformation (C. com., art. L. 224-3).

C - Responsabilité du commissaire aux apports

Le rapport du commissaire aux apports est établi sous la responsabilité de celui-ci (C. com., art. L. 225-8 et L. 225-14). Il engage sa responsabilité civile en cas de faute (Pour un exemple, V., Cass. com., 28 juin 2005, RJDA 10/05, n° 1107), de retard ou de violation des dispositions légales ou réglementaires. L'action en responsabilité nécessite que le lien de causalité entre la faute du commissaire aux apports et le préjudice soit prouvé.

Le commissaire aux apports engage sa responsabilité pénale si frauduleusement il a attribué à un apport en nature une évaluation supérieure à la valeur réelle. Dans ce cas, il encourt une peine d'emprisonnement de cinq ans et une amende de 375 000 € (C. com., art.L. 241-310 et L. 242-2-4°).

II - L'EXPERTISE DE GESTION

De manière générale, l'expertise de gestion est une mesure applicable aux sociétés par actions et à la société à responsabilité limitée. L'article L. 223-37 du Code de commerce prévoit, pour les associés de la SARL représentant au moins le dixième du capital social, la possibilité de demander en justice la désignation d'experts chargés d'établir un rapport sur la gestion.

En ce qui concerne les sociétés par actions, l'expertise de gestion est prévue par l'article L. 225-231 alinéa 2 du Code de commerce. Le montant du capital social nécessaire pour demander une expertise est seulement de 5 %. Cette expertise peut également être à l'initiative d'une association de défense des intérêts des actionnaires répondant aux conditions fixées par les dispositions de l'article L. 225-120 du Code de commerce.

TITRE III

LA VIE SOCIALE

Chapitre 1

Les variations du capital social

Chapitre 2

La transformation de la société

Chapitre 3

Dissolution et liquidation de la société

TITRE III

LA VIE SOCIALE

L'évolution et le développement de la société rendent nécessaires certaines modifications du contrat de société en cours de vie sociale.

Ces modifications portent souvent sur un des éléments essentiels des statuts : le capital social. Des périodes plus ou moins favorables sont à l'origine d'une augmentation ou d'une réduction de celui-ci. La première intervient par des apports nouveaux en numéraire ou en nature et également par l'incorporation des réserves. La réduction du capital se vérifie le plus fréquemment lorsque la société enregistre des pertes importantes. Ces deux modifications du contrat de société font l'objet d'une décision de l'assemblée des associés (**Chapitre 1, fiche 17**) prise dans les conditions prévues dans les statuts

Parfois, la société change de forme sociale au cours de sa vie sans pour autant perdre sa personnalité morale. C'est le cas de la transformation. Elle a des conséquences importantes aussi bien à l'égard de la société que des tiers. Ces conséquences peuvent affecter également le régime fiscal de la société (**Chapitre 2, fiches 18** et **19**).

La dissolution de la société marque la fin de la vie sociale. Elle obéit à des raisons très différentes, d'origine légale ou statutaire, et conduit à la liquidation de la société. Cette dernière comprend l'ensemble d'opérations permettant la réalisation de l'actif, le paiement des créanciers et le partage de l'actif ou du passif résultant entre les associés.

La liquidation de la société entraîne sa disparition à la clôture des opérations. La société est ensuite radiée du registre du commerce et des sociétés (**Chapitre 3, fiches 20** à **22**).

Fiche 17 Augmentation, réduction et amortissement du capital social

Le capital social est une mention obligatoire des statuts de toute société (C. civ., art. 1835). Il représente une valeur constante et constitue un gage des créanciers sociaux. Toutefois, ces principes ont une portée limitée, car le capital peut faire l'objet d'une augmentation ou d'une réduction. Ces variations du capital nécessitent la modification des statuts et, à ce titre, elles obéissent à certaines conditions de forme et de publicité.

De plus, le régime juridique de ces modifications pour les sociétés par actions et la SARL fait l'objet d'une réglementation très détaillée.

I - L'AUGMENTATION DU CAPITAL

L'augmentation du capital intervient soit par l'émission de nouvelles actions ou parts sociales, soit par la majoration du montant nominal des titres existants (C. com., art. L. 225-127). L'exercice de droits attachés à des valeurs mobilières donnant accès au capital permet également cette augmentation (alinéa 2).

Aux termes de l'article 810-I et 812-I du Code général des impôts, l'augmentation du capital donne lieu au paiement d'un droit de 375 € porté à 500 € si la société a un capital social d'au moins 225 000 €.

A - Augmentation du capital par apports nouveaux

■ Ces apports nouveaux peuvent être des **apports en numéraire**. Ils sont réalisés par les propres associés ou actionnaires de la société ou, en revanche, par des tiers qui deviennent ainsi des nouveaux associés.

Dans les sociétés par actions, l'augmentation du capital social par apports en numéraire obéit à une condition fondamentale : le capital social antérieurement souscrit doit être intégralement libéré (C. com., art. L. 225-131 al. 1er). L'inobservation de cette règle est sanctionnée par la nullité de l'opération.

La décision de l'augmentation du capital social appartient uniquement à l'assemblée générale extraordinaire (C. com., art. L. 225-129). Elle décide de cette augmentation sur la base du rapport présenté par le conseil d'administration ou le directoire. Toutefois, elle peut déléguer cette compétence au conseil d'administration ou au directoire ; dans ce cas l'augmentation du capital doit intervenir dans les cinq ans (C. com, art. L. 225-129).

■ L'augmentation du capital par apports en nature doit respecter une procédure d'évaluation dans laquelle l'intervention du commissaire aux apports est nécessaire. Dans le cas de la SARL, il est nommé par décision de justice à la demande du gérant (C. com., art. L. 223-33 al. 1er). Ce dernier établit un rapport au vu duquel l'assemblée approuve l'évaluation proposée. Dans ce cas, elle constate la réalisation de l'augmentation du capital. En revanche, si l'assemblée réduit l'évaluation des apports, l'augmentation du capital ne peut être réalisée qu'avec l'accord de l'apporteur (C. com., art. L. 225-147).

B - Augmentation du capital sans apports nouveaux

L'augmentation du capital social sans apports nouveaux résulte soit de l'incorporation de réserves, de créances ou de comptes courants, soit de la conversion de valeurs mobilières. Dans la première hypothèse, l'augmentation du capital se traduit par une écriture comptable : les sommes inscrites sur le compte de réserves passent à figurer sur le compte capital. L'augmentation se vérifie par une augmentation de la valeur nominale des titres ou par la distribution de nouvelles actions gratuites.

II - LA RÉDUCTION DU CAPITAL

La réduction du capital social se traduit soit par la diminution du nombre d'actions ou de parts sociales, soit par la réduction de la valeur de ces titres. La réduction ne peut, en aucun cas, porter atteinte à l'égalité des actionnaires (C. com., art. L. 225-204), c'est-à-dire soit toutes les actions souffrent de la réduction de la valeur nominale, soit tous les actionnaires supportent la réduction du nombre d'actions de la société.

Cette opération implique une modification des statuts et s'accompagne, en conséquence, de formalités de publicité auprès du registre du commerce et des sociétés. La décision appartient à l'assemblée générale extraordinaire des actionnaires. Celle-ci se prononce au vu du rapport présenté par le commissaire aux comptes (C. com., art. L. 225-204 et L. 223-34).

La réduction du capital social peut être motivée par des pertes importantes. Dans ce cas, elle est nécessaire dans la SARL et dans la SA lorsque les capitaux propres sont devenus inférieurs à la moitié du capital social (C. com., art. L. 223-42 et L. 225-248). Cette opération permet ainsi d'éviter la dissolution de la société.

Si la réduction du capital n'est pas motivée par des pertes, les créanciers peuvent former opposition à cette réduction dans un délai d'un mois, s'il s'agit d'une SARL, ou de vingt jours, dans les sociétés par actions (C. com., art. L. 225-205 et L. 223-34). En cas d'opposition des créanciers, le tribunal peut ordonner soit la constitution de garanties, soit le remboursement des créances dont les titulaires ont manifesté leur opposition.

Il convient de signaler que le législateur interdit à la SARL l'achat de ses propres parts sociales. Cependant *« l'assemblée qui a décidé une réduction du capital motivée par des pertes peut autoriser le gérant à acheter un nombre déterminé de parts sociales pour les annuler »* (C. com., art. L. 223-34 al. 4).

Cette opération de réduction du capital social donne lieu au paiement d'un droit fixe de 125 € au moment de l'enregistrement de l'acte.

III - AMORTISSEMENT DU CAPITAL

L'amortissement du capital est une opération qui consiste à prélever sur les réserves ou sur les bénéfices des sommes afin de rembourser aux associés l'intégralité ou une partie de leur apport à la société.

L'amortissement du capital intervient suite à la décision de l'assemblée générale extraordinaire ou en vertu d'une stipulation des statuts (C. com., art. L. 225-198).

Les titres amortis deviennent des « actions en jouissance » et ne donnent plus droit au remboursement au moment de la liquidation de la société (C. com., art. L. 225-198). Toutefois, les associés conservent les droits politiques ainsi que le droit au boni de liquidation et même le droit aux actions gratuites en cas d'incorporation des réserves.

À l'égard des tiers, cette opération n'a aucune conséquence. Le montant du capital social ne varie pas.

L'amortissement du capital est interdit si des actions à dividende prioritaire sans droit de vote ont été émises. L'interdiction se maintient tant que ces actions n'ont pas été rachetées et annulées (C. com. art. L. 228-35-9)

Le remboursement doit être égal sur chaque action d'une même catégorie. En aucun cas il ne peut entraîner la réduction du capital social (C. com., art. L. 225-198).

Fiche 18 Conditions et effets de la transformation

La transformation de la société est l'opération juridique qui lui permet d'adopter une nouvelle forme sans que sa personnalité morale soit modifiée.

La transformation implique une modification des statuts et entraîne l'accomplissement des obligations de publicité. Elle est sans incidence sur la personnalité de la société dès lors qu'elle est régulière (C. civ., art. 1844-3 et C. com., L. 210-6).

La transformation peut être :

a) voulue par les associés : en pratique, elle obéit à des raisons très diverses : bénéficier d'un régime fiscal plus favorable, disposer d'une structure plus adaptée à l'évolution de l'activité de la société, introduire la société au second marché…

b) imposée par la loi comme condition de survie de la société. À défaut de transformation, la dissolution de la société se produit. Exemples : SA qui aurait moins de sept actionnaires ou SARL de plus de cent associés ;

c) impossible : dans certains cas bien déterminés par la loi, la transformation de la société n'est pas possible. Exemple : une SA ne peut pas se transformer avant deux ans à compter de son immatriculation (C. com., art. L. 225-243).

I - CONDITIONS DE LA TRANSFORMATION

La transformation de la société implique une modification des statuts. Les conditions relatives à leur modification doivent ainsi être respectées.

En outre, la régularité de la transformation suppose que la société remplit les conditions exigées pour la validité de la nouvelle forme (nombre d'associés, montant du capital social…).

Par ailleurs, certains textes légaux exigent le consentement des associés. C'est ainsi que l'accord unanime est nécessaire pour transformer :

- une SARL en SNC, en SCS ou en SCA (C. com., art. L. 223-43 al. 1er) ;
- une SA en SNC (C. com., art. L. 225-245 al. 1er) ;
- une SA en SCS ou en SCA (accord unanime des futurs associés commandités) (C. com., art. L. 225-245 al. 2) ;

En plus, une majorité renforcée est exigée lorsqu'une SA se transforme en SARL (C. com., art. L. 225-245 al. 3).

La transformation de la société est soumise, comme toute modification statutaire, à des obligations de publicité : insertion dans un journal d'annonces légales, dépôt au centre de formalités des entreprises ou au greffe du tribunal de commerce, inscription au registre du commerce et des sociétés et insertion dans le *BODACC* à la diligence du greffier.

II - EFFETS DE LA TRANSFORMATION

■ **À l'égard de la société**, la transformation régulière n'entraîne pas la création d'une personne morale nouvelle – C. civ., art. 1844-3 et C. com., art. L. 210-6. Elle conserve ainsi les droits et obligations qu'elle avait contractés sous sa forme ancienne.

Sauf décision contraire des associés, les comptes ne sont pas arrêtés si la transformation intervient en cours d'exercice.

■ **À l'égard des dirigeants** la transformation a des conséquences importantes, car ils cessent leurs fonctions. Cette cessation ne peut être assimilée à une révocation et n'ouvre pas droit à des dommages et intérêts.

Des nouveaux organes sociaux sont mis en place pour tenir compte de la nouvelle forme sociale.

Les fonctions du commissaire aux comptes cessent seulement si sa présence n'est plus nécessaire dans la nouvelle forme sociale. En revanche, sa mission se poursuit si la société résultant de la transformation requiert sa présence.

■ **À l'égard des associés** des nouveaux droits sont créés dès la transformation. Par le jeu de la subrogation réelle, ces nouveaux droits prennent la place des droits sociaux anciens.

Les associés sont soumis aux règles de la nouvelle forme sociale. Cependant, leurs engagements antérieurs sont maintenus.

■ **À l'égard des créanciers** sociaux, la transformation ne porte pas atteinte à leurs droits. Ils conservent tous leurs droits à l'encontre de la société et des associés. Les sûretés consenties avant la transformation sont également maintenues, notamment les cautionnements consentis par les dirigeants.

Schéma 1

Conditions et effets de la transformation

A

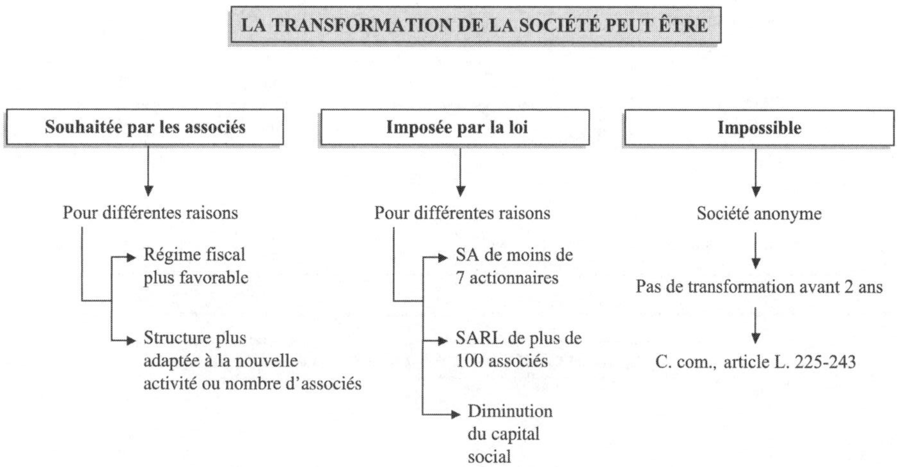

Schéma 2

Conditions et effets de la transformation

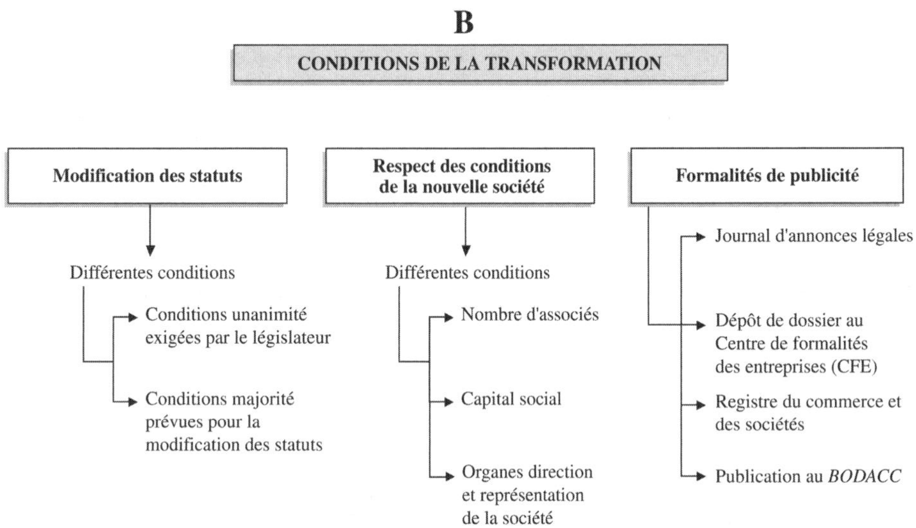

Schéma 3

Conditions et effets de la transformation

C

EFFETS DE LA TRANSFORMATION

Société

- Prend effet à compter du jour où elle a été décidée
- N'entraîne pas la création d'une personne morale nouvelle
- Conserve droits et obligations contractées auparavant

Dirigeants

- Cessation des fonctions des dirigeants en place
- Désignation nouveaux dirigeants

Associés

- Création de nouveaux droits
- Subrogation réelle : des nouveaux droits prenant la place des précédents

Créanciers

- Prend effet à compter de la réalisation des formalités de publicité
- Pas atteinte à leurs droits
- Sûretés antérieures ne sont pas remises en causes

Fiche 19 Régime fiscal de la transformation

La transformation de la société entraîne des conséquences fiscales différentes, selon que cette opération ait comme effet la création ou non d'une personne morale nouvelle.

La première possibilité étant en pratique très exceptionnelle, car l'article 1844-3 du Code civil précise que la transformation n'entraîne pas la création d'une personne morale nouvelle. Nous aborderons ensuite le seul cas de transformation avec maintien de la personnalité morale.

I - IMPÔT SUR LES BÉNÉFICES

La transformation de la société qui ne s'accompagne pas d'un changement de régime fiscal – passage de l'impôt sur le revenu à l'impôt sur les sociétés, par exemple – n'ouvre aucun droit à la perception d'impôt à la charge de la société ou de ses associés.

Cette solution ne se maintient pas en cas de changement de régime fiscal. Cette modification a les mêmes conséquences fiscales que la cessation d'entreprise : l'imposition immédiate est ainsi exigible aussi bien pour les résultats d'exploitation de l'exercice que pour les bénéfices en sursis d'imposition (provisions non réintégrées et certains profits, notamment).

Les associés de la société transformée sont imposés à raison de la totalité du boni de liquidation.

II - DROITS D'ENREGISTREMENT

La transformation d'une société qui n'entraîne pas ni la création d'une personne morale nouvelle ni ne rend la société passible de l'impôt sur les sociétés est soumise au droit fixe des actes innomés[1] de 125 €. L'acte constatant cette transformation doit être enregistré dans le délai d'un mois.

Toutefois, la transformation entraînant un changement de régime fiscal rend exigibles « *les droits et les taxes de mutation à titre onéreux* » (CGI, art. 810). Ces droits peuvent être substitués par un droit fixe de 375 € ou 500 € (selon que le capital social est inférieur ou non à 225 000 euros). Si les associés s'engagent à conserver pendant trois ans les titres détenus à la date de la transformation à apporter les biens immeubles en même temps que le fonds de commerce et à les affecter à l'activité de la société.

1. Les actes innomés sont ceux qui ne font pas l'objet d'une tarification spéciale par un article du Code général des impôts mais qui ne sont pas exonérés (CGI, art. 680).

Fiche 20 Causes et effets de la dissolution

La dissolution a pour finalité de mettre un terme à l'existence de la société. Les causes de dissolution communes à toutes les sociétés commerciales sont énumérées à l'article 1844-7 du Code civil[1].

I - CAUSES DE LA DISSOLUTION

La dissolution des sociétés commerciales obéit soit à des causes légales prévues par les dispositions du Code civil et du Code de commerce (**A**), soit à causes statutaires ou reconnues en justice (**B**).

A - Dissolution de plein droit

Les causes de dissolution de plein droit de la société sont recensées dans l'article 1844-7 du Code civil. Il s'agit des suivantes :

1. « *La société prend fin à l'expiration du temps pour lequel elle a été constituée* » – (C. civ., art. 1844-7-1°).

La durée des sociétés commerciales ne peut dépasser 99 ans (C. civ., art. 1838[2] (C. com., art. 210-2 et R. 210-2) Toutefois, les associés peuvent fixer une durée plus courte ou décider une prorogation, ne dépassant pas la limite de 99 ans.

La prorogation de la société comporte des conséquences fiscales : la perception du droit fixe d'enregistrement de 375 € ou de 500 € (CGI, art. 811-1° C.).

Si à l'arrivée du terme et sans décision de prorogation la société continue à fonctionner, elle peut être considérée comme une société créée de fait, en conséquence, sans personnalité morale (Cass. com., 12 déc. 1992, *RJDA* 3/93, n°225).

La prorogation de la société n'entraîne pas la création d'une personne morale nouvelle. La consultation des associés a été prévue par la loi au moins un an avant la date d'expiration de la durée stipulée dans les statuts (C. civ., art. 1844-6). À défaut, tout associé peut demander au président du tribunal de commerce, statuant sur requête, la désignation d'un mandataire chargé de provoquer cette consultation (C. civ., art. 1844-6 al. 2).

1. Des causes de dissolution propres à chaque type de société existent. Elles seront étudiées dans la deuxième partie de l'ouvrage.

2. Sur la durée de la société, *v. supra* fiche 10.

2. « *La société prend fin par la réalisation ou l'extinction de l'objet social* » – (C. civ., art. 1844-7-2°).

Cette cause de dissolution suppose que la société a réalisé le but qu'elle s'était fixé. En pratique, cette cause se présente rarement (ex. : révocation d'une concession lorsque l'objet de la société est l'exploitation de cette concession). Il en est de même lorsque l'activité par laquelle la société a été constituée est devenue impossible. Les statuts déterminent un objet social large afin que la société puisse continuer à exister avec une autre activité également prévue dans l'objet.

3. L'annulation du contrat de société – (C. civ., art. 1844-7-3°) [3].

4. Le jugement ordonnant la liquidation judiciaire de la société, qui entraîne sa dissolution (C. civ., art. 1844-7-7°).

5. Les causes prévues par les statuts : selon les termes de l'article 1844-7-8° du Code civil, la société prend fin « *pour toute autre cause prévue par les statuts* ». Les associés sont ainsi libres de déterminer les causes entraînant la dissolution de la société. En pratique, cette cause de dissolution n'est pas retenue dans le contrat de société et une clause permettant le rachat des parts ou des actions est souvent préférée.

6. La réunion de toutes les parts ou actions en une seule main, qui n'entraîne pas la dissolution de plein droit de la société. Un délai d'un an a été prévu pour la régularisation de cette situation (C. civ., art. 1844-5 al. 3). Ces dispositions ne s'appliquent pas aux SARL et aux SAS unipersonnelles.

B - La dissolution voulue

1. La dissolution voulue par les associés : aux termes de l'article 1844-7-4° du Code civil, la dissolution anticipée de la société peut être décidée par les associés à tout moment. Dans ce cas, il convient de respecter les conditions exigées par la loi ou les statuts concernant la modification de ces derniers.

2. La dissolution anticipée prononcée par le tribunal : la décision est prise par le tribunal à la demande d'un associé ayant un intérêt légitime (C. civ., art. 1844-7-5°). Les dispositions du Code civil citent deux cas de « justes motifs » :

- l'inexécution de ses obligations par l'un des associés,
- la mésentente entre associés paralysant le fonctionnement de la société.

3. *V. supra* fiche 8.

II - PUBLICITÉ DE LA DISSOLUTION

La dissolution de la société n'est opposable aux tiers qu'après l'accomplissement des formalités de publicité.

Ces formalités sont :

- l'insertion d'une annonce dans un journal d'annonces légales du lieu du siège social, en mentionant la nomination des liquidateurs (C. com., art. L. 237-3 et R. 237-2) ;
- le dépôt au centre des formalités des entreprises de la décision de dissolution ;
- l'inscription au registre du commerce et des sociétés ;
- l'insertion dans le *BODACC* à la diligence du greffier (C. com., art. R. 123-159 et). Cette insertion n'est pas nécessaire en cas de dissolution d'une EURL ou d'une SASU dont l'associé unique, personne physique, assume la gérance ou la présidence (C. com., art. R. 123-159).

III - EFFETS DE LA DISSOLUTION

La dissolution de la société, indépendamment de la cause – conventionnelle, judiciaire ou de plein droit –, entraîne la liquidation (C. civ., art. 1844-8 al. 1er). Toutefois, « *la personnalité morale de la société subsiste pour les besoins de la liquidation jusqu'à la publication de la clôture de celle-ci* » (C. civ., art. 1844-8 al. 3 et C. com., L. 237-2 al. 2).

Par ailleurs, dès la dissolution de la société, la dénomination sociale doit être suivie de la mention « *société en liquidation* » (C. com., art. L. 237-2 al. 1er). Cette mention doit figurer sur tous les actes et documents de la société (C. com., art. R. 237-1).

Dans les sociétés unipersonnelles, lorsque l'associé unique est une personne morale, la dissolution de la société entraîne la transmission universelle du patrimoine de la société à l'associé unique. Dans ce cas, il n'y a lieu de procéder à la liquidation de celle-ci.

Schéma

Causes et effets de la dissolution

CAUSES DE DISSOLUTION

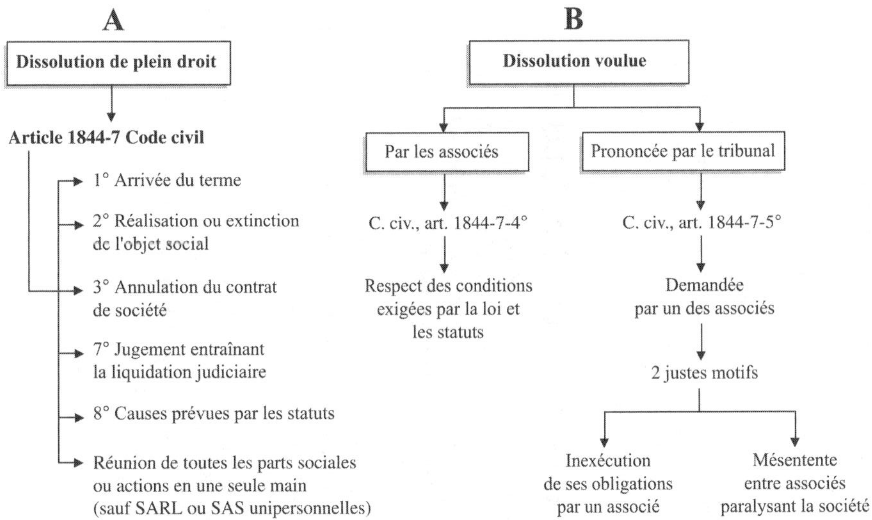

Fiche 21 Régime juridique de la liquidation

La liquidation d'une société est l'ensemble d'opérations postérieures à la dissolution de celle-ci, ayant pour finalité de réaliser l'actif, de payer les créanciers sociaux et de partager l'actif résultant entre les associés.

La liquidation ne doit pas être confondue avec la liquidation judiciaire de l'entreprise, qui suppose la rencontre par la société d'une situation économique difficile – cessation des paiements – ou l'arrêt complet de l'activité.

Dès que sa dissolution est prononcée, pour quelque cause que ce soit, la société est en liquidation (C. com., art. L. 237-2 al. 1er).

I - MAINTIEN ET DISPARITION DE LA PERSONNALITÉ MORALE

Aux termes de l'article 1844-8 du Code civil, « *la personnalité morale de la société subsiste pour les besoins de la liquidation jusqu'à la clôture de celle-ci* ».

A - Maintien de la personnalité morale

Le maintien de la personnalité morale entraîne différentes conséquences :

1. La société conserve sa dénomination sociale et son siège social. La dénomination doit être suivie de la mention « *société en liquidation* ».(C. com., art. L. 237-2 al. 1). Le nom du ou des liquidateurs doit également figurer sur tous les documents émanant de la société et destinés aux tiers. Les infractions à cette disposition sont punies d'une amende de 1500 euros (C. com., art. R. 2474).

2. La société en liquidation conserve également sa capacité juridique, mais étant donné qu'elle ne survit que pour les besoins de la liquidation, cette capacité connaît un certain nombre de limites. C'est ainsi que la société ne peut être transformée, ne peut entreprendre une nouvelle activité et que les seules décisions qui peuvent être prises pendant cette période se rattachent nécessairement aux opérations de liquidation. Seul le liquidateur est habilité à agir en représentation de la société.

3. La société continue d'avoir un patrimoine social, gage de ses créanciers. Ces derniers conservent le droit d'agir contre la société, de même que leur droit de préférence sur le patrimoine social par rapport aux créanciers personnels des associés. La société peut également exercer toute action en justice tendant à la défense de son patrimoine.

B - Disparition de la personnalité morale

La clôture de la liquidation entraîne la disparition de la personnalité morale de la société (C. com., art. L. 237-2 al. 2). Elle est opposable aux tiers seulement après accomplissement des formalités de publicité et radiation du registre du commerce et des sociétés.

La clôture des opérations de liquidation a comme conséquence la cessation des fonctions du liquidateur. Il n'a plus qualité pour représenter la société (Cass. com., 18 janv. 2000, *RJDA* 4100 n°423).

Les associés deviennent copropriétaires indivis de l'actif net disponible après apurement du passif.

II - LE LIQUIDATEUR

Les pouvoirs des dirigeants sociaux prennent fin avec l'ouverture de la liquidation de la société. Seuls le ou les liquidateurs représentent la société pendant la période de liquidation.

A - Nomination du liquidateur

Un ou plusieurs liquidateurs sont désignés selon la volonté des associés ou les dispositions statutaires. (C. com., art. L. 237-1 et L. 237-18)

■ Ils peuvent être **désignés** par le président du tribunal de commerce, statuant sur requête de tout intéressé, lorsqu'il n'est pas possible de les désigner statutairement ou que les associés n'ont pas pu en nommer un. (C. com., art. L. 237-19 et R. 2237-12, al. 1). En cas de dissolution de la société prononcée par une décision de justice, celle-ci désigne un ou plusieurs liquidateurs (C. com., art. L. 237-20).

■ Le **choix** du liquidateur est, en principe, laissé au libre arbitre des associés. Il peut être choisi parmi les associés, les dirigeants ou même les tiers. Seul en cas de désignation judiciaire, il doit être choisi, en principe, parmi les administrateurs judiciaires.

■ Le **nombre** de liquidateurs n'a pas été déterminé par les dispositions légales. Il est donc possible d'en nommer un ou plusieurs. Lorsque plusieurs liquidations sont désignés, ils peuvent exercer leurs fonctions séparément, sauf disposition contraire de l'acte de nomination.

■ La décision qui nomme le liquidateur fixe le montant de sa **rémunération**. À défaut, elle est déterminée par le président du tribunal de commerce statuant sur requête à la demande du liquidateur. (C. com., art. R. 237-14

■ L'acte de nomination du liquidateur fait l'objet d'une **publicité** dans un journal d'annonces légales ou le *BALO* si la société offre ses titres au public. Cette publicité doit intervenir dans un délai d'un mois à compter de la nomination. La publicité rend opposable aux tiers la désignation du liquidateur.

■ Le liquidateur est nommé pour toute la **durée** des opérations de liquidation. Ces fonctions prennent fin avec la clôture de la liquidation. Toutefois, aux termes de l'article L. 237-21 du Code de commerce, « *la durée du mandat de liquidateur ne peut excéder trois ans* ». Seul dans le cas où le liquidateur a été nommé par les associés ou par décision de justice, son mandat peut être renouvelé. Il devra alors indiquer les raisons pour lesquelles la liquidation n'a pu être cloturée dans le délai de trois ans. Ce renouvellement n'entraîne aucune formalité de publicité.

Le liquidateur peut être **révoqué** et remplacé dans les conditions prévues pour sa nomination. (C. com., art. L. 237-22) Il peut également, conformément aux règles générales du mandat, démissionner. Toutefois, lorsque cette démission cause un préjudice à la société une action en dommages et intérêts peut être tentée contre le liquidateur.

B - Responsabilité du liquidateur

Le liquidateur engage sa **responsabilité civile** pour toutes les fautes qui causent un préjudice au patrimoine de la société et il est tenu également responsable des fautes qui causent un préjudice aux tiers (C. com., art. L. 237-12).

Aux termes de l'article L. 247-6 du Code de commerce, sa **responsabilité pénale** peut être engagée s'il ne publie pas – dans le délai légal – l'acte de sa nomination et s'il ne convoque pas les associés, en fin de liquidation, pour statuer sur le compte définitif et constater la clôture de la liquidation.

Le liquidateur est, dans ces cas, passible d'un emprisonnement de cinq ans et d'une amende de 9000 €.

C - Missions du liquidateur

Le liquidateur est seul habilité **à représenter la société** ; il remplace ainsi les dirigeants sociaux (C. com., art. L. 237-24). De manière générale, il continue les affaires en cours selon les besoins de la liquidation s'il y a été autorisé par les associés ou par la décision de justice. Il doit veiller à la **conservation de l'actif** de la société et, à cet effet, il accomplit tous actes conservatoires. Il dresse un inventaire de l'actif et du passif dès son entrée en fonction. Dans les six mois de sa nomination, il est tenu de convoquer une assemblée générale afin de présenter la situation de la société aux associés et de leur exposer les conditions dans lesquelles il envisage de procéder à la liquidation.

Par ailleurs, il est le seul compétent pour **agir en justice** au nom de la société.

Le liquidateur est investi des pouvoirs les plus étendus pour **réaliser l'actif social**. Il recouvre les créances dues à la société par les associés ou par les tiers. Il est de même le seul habilité à payer les créanciers de la société (C. com., art. L. 237-24 al. 2).

D - Obligations du liquidateur

Le liquidateur est tenu de vérifier que la décision de dissolution de la société a été publiée. Il doit convoquer une assemblée d'information initiale (C. com., art. L. 237-23) dans les six mois de sa nomination.

Il est également tenu d'établir, dans les trois mois de la clôture de chaque exercice, l'inventaire, les comptes annuels et un rapport écrit sur les opérations de liquidation (C. com., art. L. 237-25 al. 1er). Dans les six mois qui suivent la clôture de l'exercice, il doit convoquer l'assemblée des associés afin de statuer sur les comptes annuels de liquidation (C. com., art. L. 237-25 al. 2).

Le liquidateur doit informer les associés des opérations de la liquidation de manière permanente.

III - CLÔTURE DE LA LIQUIDATION ET PARTAGE DES SOCIÉTÉS

La clôture de la liquidation doit intervenir dans les trois ans suivant la dissolution. Elle est suivie du partage de l'actif restant après apurement du passif ou du règlement du passif après réalisation de l'actif.

A - Clôture de la liquidation

Tous les associés participent à l'assemblée de clôture pour statuer sur le compte définitif, sur le quitus de la gestion du liquidateur et pour constater la clôture de la liquidation. À défaut de convocation, tout associé peut demander au président du tribunal de commerce – statuant en référé – la désignation d'un mandataire chargé de convoquer cette assemblée (C. com., art. L. 237-9 et R. L. 237-5)

L'avis de clôture de la liquidation est publié dans le journal d'annonces légales recueillant la décision de dissolution de la société et de nomination du liquidateur. Il est également publié dans le *BALO* si les actions sont admises aux négociations sur un marché réglementé.

La société est ensuite radiée du registre du commerce et des sociétés lorsque les comptes définitifs ont été déposés au greffe du tribunal. Dans les huit jours de la radiation, le greffier insère un avis de radiation au *BODACC*.

B - Partage des sociétés

Le partage intervient après clôture de la liquidation. Le partage permet de déterminer la part de chaque associé dans l'actif ou le passif qui ressort du compte définitif de la liquidation. En principe, le partage est amiable. Toutefois il peut être judiciaire si les associés n'arrivent pas à un accord. (C. civ., art. 840).

L'article 1844-9 al. 3 du Code civil permet à chaque associé d'obtenir la restitution d'un bien qu'il a apporté à la société, s'il se retrouve en nature dans la masse à partager. Il est également possible que les associés décident l'attribution de certains biens à certains d'entre eux (C. civ., art. 1844-9 al. 3).

Le remboursement du capital social intervient après la réalisation de l'actif et le règlement du passif. Ce remboursement se fait proportionnellement au nombre d'actions ou de parts sociales détenues par chaque associé.

Le boni de liquidation est réparti entre les associés proportionnellement à leur participation dans le capital social (C. com., art. L. 237-29), sauf disposition contraire inserée dans les statuts.

Dans les cas où le passif social est supérieur à l'actif, les associés solidairement et indéfiniment tenus doivent désintéresser les créanciers sociaux non payés. Les associés des sociétés à risque limité sont tenus des dettes sociales par rapport à leurs apports.

Schéma 1

Régime juridique de la liquidation

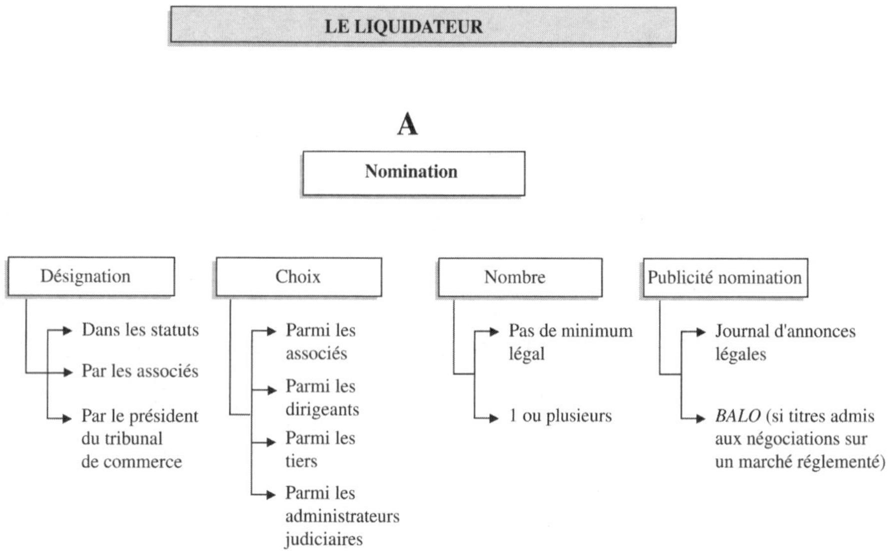

Schéma 2

Régime juridique de la liquidation

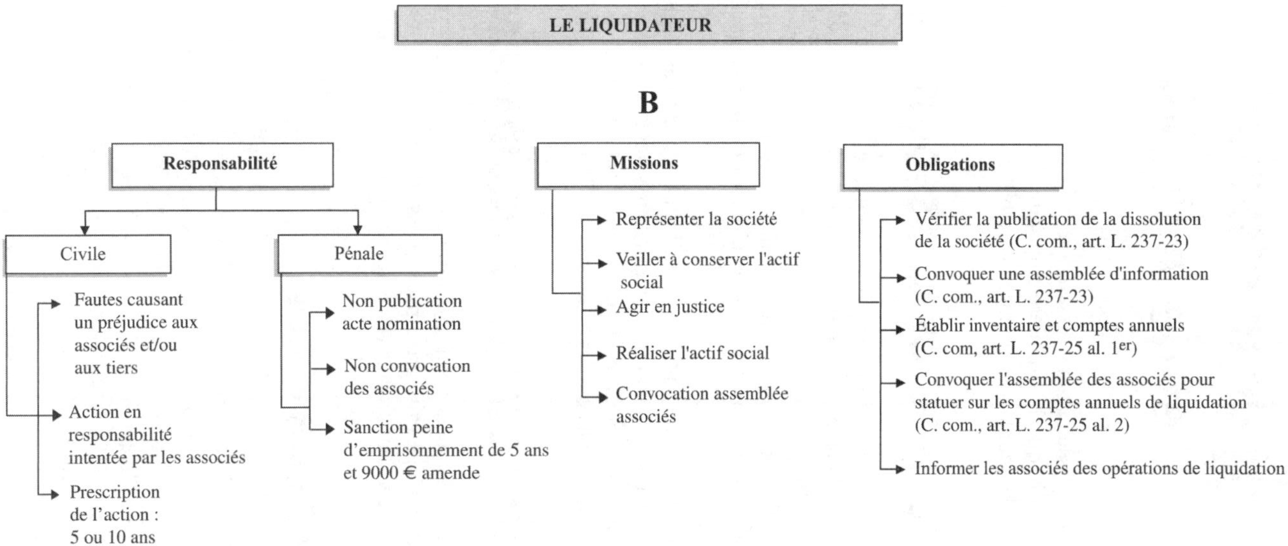

Fiche 22

Régime fiscal de la dissolution et de la liquidation

Les conséquences fiscales de la dissolution et de la liquidation de la société sont différentes. Tandis que la première implique l'imposition des bénéfices non encore imposés, la liquidation suppose l'exigibilité de différents types d'impôts.

I - RÉGIME FISCAL DE LA DISSOLUTION

Sur le plan fiscal, la dissolution d'une société est assimilée à une cessation d'entreprise. Ce principe implique l'imposition immédiate des bénéfices et des plus-values non encore taxés.

En principe, la dissolution est suivie immédiatement de la liquidation de la société, de telle manière que la cessation d'entreprise intervient au moment de la liquidation.

Par ailleurs, aux termes de l'article 635-1-5° du Code général des impôts, les actes constatant la dissolution d'une société doivent être enregistrés dans le délai d'un mois à compter de leur date. S'ils ne portent aucune transmission de biens meubles ou immeubles, ces actes sont enregistrés au droit de 375 € ou 500 € (CGI, art. 811-2°).

II - RÉGIME FISCAL DE LA LIQUIDATION

La liquidation de la société entraîne différentes conséquences fiscales. Elles se regroupent autour des trois principaux types d'imposition : les impôts directs (**A**), la taxe sur la valeur ajoutée (**B**) et les droits d'enregistrement (**C**).

A - Les impôts directs

L'imposition des sociétés en liquidation est différente selon que celles-ci sont soumises à l'impôt sur le revenu (**1**) ou à l'impôt sur les sociétés (**2**).

1. Sociétés soumises à l'IR : les associés des sociétés en liquidation sont soumis à l'IR au prorata de leur participation dans le capital de la société. Chaque associé est tenu de payer un montant calculé sur les bénéfices de l'exercice au cours duquel intervient la clôture des opérations de liquidation et sur les plus-values constatées lors de la liquidation. Ces plus-values sont taxées au taux de 16 % (28,1 % compte tenu des prélèvements sociaux).

La reprise de leurs apports par les associés et la répartition des réserves n'ouvrent aucun droit à imposition. En ce qui concerne l'enregistrement, le partage des liquidités s'accompagne de la perception d'un droit proportionnel de 1,10 %.

2. Sociétés soumises à l'IS : l'impôt sur les sociétés frappe, au taux normal de 33,33 %, les bénéfices de l'exercice ainsi que les provisions et les plus-values à court terme non encore imposées. L'IS est également exigé sur le boni de la liquidation.

Les associés ne sont pas imposés pour la récupération de leurs apports car, comme dans le cas précédent, il s'agit d'une dette de la société envers les associés. En revanche, le boni de liquidation fait l'objet d'une imposition comme revenu mobilier pour l'associé.

B - La taxe sur la valeur ajoutée (TVA)

La liquidation de la société produit, à l'égard de la TVA, les conséquences d'une cessation d'activité. Elle entraîne non seulement une obligation de déclaration, mais encore une obligation de régularisation des immobilisations (qui ne sont plus soumises à des opérations de TVA).

La vente des différents biens sociaux est soumise à la TVA dans les mêmes conditions que pendant la vie de la société.

C - Les droits d'enregistrement

Si la dissolution n'entraîne pas la transmission de biens meubles ou immeubles, seul le paiement d'un droit fixe de 375 € ou de 500 € selon que le capital de la société est inférieur ou non à 225 000 € est prévu (CGI, art. 746).

RÈGLES PROPRES À CHAQUE TYPE DE SOCIÉTÉ

TITRE I

LES SOCIÉTÉS DE PERSONNES

Chapitre 1

La société en nom collectif

Chapitre 2

La société en commandite simple

TITRE I

LES SOCIÉTÉS DE PERSONNES

Les sociétés de personnes sont marquées par un fort *intuitus personae*. Elles se caractérisent notamment par le fait que les associés sont tenus indéfiniment et personnellement du passif social.

Cette contribution aux pertes, qui se vérifie en pratique lors de la liquidation de la société, est également solidaire, c'est-à-dire que le créancier peut demander le remboursement intégral de la dette à l'un quelconque des associés dès que la société ne peut plus le désintéresser.

Dans ce type de sociétés, les règles de fonctionnement et de constitution sont plus simples que celles des sociétés par actions et de la société à responsabilité limitée.

En outre, la loi ne détermine aucun capital minimum pour la constitution de la société. Ceci s'explique par l'importante responsabilité qui pèse sur les associés.

Les sociétés de personnes sont la société en nom collectif (**chapitre 1, fiches 23** à **26**) et la société en commandite simple (**chapitre 2, fiche 27**).

Fiche 23 Constitution de la société en nom collectif

Définition : les dispositions de l'article L. 221-1 du Code de commerce énoncent la définition de la société en nom collectif. La SNC est celle dont les associés « *ont tous la qualité de commerçant et répondent indéfiniment et solidairement des dettes sociales* ».

Textes applicables : la SNC est régie par les articles L. 221-1 à L. 221-17 et R. 221-1 à R. 221-10 du Code de commerce. De manière générale, elle est également soumise aux dispositions de droit commun applicables à toutes les sociétés (C. civ., art. 1832 à 1844-17) et à celles prévues par le Code de commerce pour toutes les sociétés commerciales (art. L. 210-1 à L. 210-9, L. 232-1 à L. 239-1 et L. 247-1 à L. 247-8).

Caractéristiques : la société en nom collectif est toujours **commerciale**, à raison de sa forme, quel que soit son objet (C. com., art. L. 210-1).

Dans ce type de société, l'***intuitus personae*** joue un rôle fondamental dans la constitution et le fonctionnement, ce qui explique son caractère fermé – la cession de parts sociales même entre associés nécessite le consentement unanime de tous les associés. La SNC repose sur la confiance et la considération des autres associés.

Les **associés** de la SNC sont tous commerçants et leur responsabilité pour les dettes sociales est indéfinie et solidaire. Cette solidarité est d'ordre public et les statuts ne peuvent prévoir des clauses contraires.

La SNC est administrée et représentée par un ou plusieurs **gérants**, associés ou tiers à la société.

I - CONDITIONS DE FOND[1]

Les conditions de fond relatives à la constitution de la société en nom collectif concernent les associés (**A**), le capital social et les apports (**B**) ainsi que l'objet social (**C**) et la dénomination sociale (**D**) et la durée de la société (**E**).

A - Les associés

Le législateur n'a fixé aucun nombre, ni minimum ni maximum, d'associés pour la SNC. Toutefois, la forme unipersonnelle de la société n'existant pas, il est possible de déduire que pour sa constitution elle nécessite au moins deux associés.

1. *V.* schéma 1.

Les associés de la société en nom collectif ont tous la qualité de commerçants ce qui exclut les mineurs – même émancipés –, les majeurs en tutelle ou en curatelle, les personnes frappées d'interdiction, de déchéance ou d'incompatibilité, des associés de cette société.

Les étrangers ayant obtenu préalablement une carte de séjour ou de résident, les personnes morales ainsi que les établissements publics à caractère industriel et commercial peuvent devenir associés d'une SNC.

B - Le capital social et les apports

Le législateur ne fixe aucun montant minimum pour le capital de la société en nom collectif. La responsabilité indéfinie et solidaire des associés est la garantie des créanciers sociaux.

Les associés doivent effectuer des apports qui peuvent être en numéraire, en nature ou en industrie. Les apports en industrie n'entrent pas dans la composition du capital social et ne représentent pas des parts sociales du capital (C. civ., art. 1843-2). Les apports en nature sont effectués sans le concours d'un commissaire aux apports.

La libération des apports en numéraire n'est pas soumise à un délai légal. Elle intervient sur appel de la gérance et selon les modalités prévues par les statuts, car aucun délai n'est imposé par le législateur.

Le capital de la SNC est divisé en parts sociales dont la valeur minimale est déterminée par le contrat de société.

La société en nom collectif ne peut, en aucun cas offrir au public ses titres ou émettre des titres négociables avec un marché réglementé.

C - L'objet social

La SNC est toujours commerciale, quel que soit son objet (C. com., art. L. 210-1 al. 2). Celui-ci doit être déterminé, licite et possible[2].

L'importance de la détermination de l'objet social s'apprécie, notamment, au regard du pouvoir de la gérance, car la société n'est engagée vis-à-vis des tiers que « *pour les actes entrant dans l'objet social* » (C. com., art. L. 221-5 al. 1er).

Par ailleurs, certaines structures sont interdites à la SNC, comme les compagnies d'assurance (C. assur., art. L. 310-2) et les coopératives de commerçants détaillants (C. com., art. L. 125-3).

D - Dénomination sociale

« *La société en nom collectif est désignée par une dénomination sociale* » (C. com., art. L. 221-2). Elle peut comporter le nom d'un ou de plusieurs associés ou être de pure fantaisie. Dans tous les cas, elle est suivie ou précédée de la mention « société en nom collectif ».

2. *V. supra* fiche 4.

La dénomination sociale doit figurer dans tous les documents destinés aux tiers, de même que le numéro d'immatriculation au registre du commerce et des sociétés.

E - Durée

La SNC est constituée pour la période prévue par les statuts. Elle ne peut pas être supérieure à 99 ans (C. com., art. L. 210-2). Cette durée court du jour d'immatriculation au registre du commerce et des sociétés (C. com., art. R. 210-2 al. 1).

II - CONDITIONS DE FORME[3]

Les conditions de forme relatives à la constitution de la SNC peuvent se résumer à deux : la rédaction des statuts (**A**) et l'immatriculation de la société au registre du commerce et des sociétés (**B**).

A - Les statuts de la société en nom collectif

Les statuts sont établis par écrit. L'acte peut être authentique ou sous seing privé. Les statuts seront notariés lorsqu'ils constatent l'apport d'un bien immeuble ou d'un droit au bail d'une durée supérieure à douze ans.

Le contrat de société comporte les mentions nécessaires à la constitution de la société déterminées par l'article L. 210-2 du Code de commerce. Ainsi, les statuts précisent la forme de la société, la durée, la dénomination sociale, le siège social, l'objet social et le montant du capital social.

Ces mentions obligatoires sont complétées par d'autres mentions facultatives ayant pour objet d'organiser la vie sociale : désignation du gérant et détermination de ses pouvoirs (C. com., art. L. 221-3), mode de consultation des associés (C. com., art. L. 221-6 al. 2), modalités de liquidation… Enfin, le contrat de société comprend l'identité des associés – nom, domicile, nationalité…

Les statuts sont dressés en autant d'exemplaires qu'il est nécessaire (C. com., art. R. 221-1). Ils sont signés pour tous les associés, personnellement ou par mandataire dûment habilité à cet effet. Les actes accomplis pour le compte de la société en formation sont annexés aux statuts (V. *supra* fiche n°6).

B - Les formalités de publicité

Les statuts de la SNC sont présentés à l'enregistrement. De même, l'accomplissement des formalités de publicité applicables à toutes les sociétés est nécessaire[4] – insertion dans un journal d'annonces légales, dépôt du dossier d'immatriculation de la société au centre de formalités des entreprises compétent (CFE), immatriculation au registre de commerce et des sociétés et insertion dans le BODACC (effectuée à la diligence du greffier).

3. *V.* schéma 2.

4. *V. supra* fiche 4.

Schéma 1

Constitution de la société

A

CONDITIONS DE FOND

- **Associés**
  - Pas de maximum
  - 2 minimum, pas de forme unipersonnelle
  - Tous ayant la capacité commerciale
  - Étrangers: carte de séjour ou de résident (sauf UE)
- **Capital**
  - Pas de minimum
  - Apports en nature, industrie et numéraire
  - Divisé en parts sociales
  - Parts sociales non admises sur un marché réglementé
- **Objet**
  - La SNC est toujours commerciale, quel que soit son objet.
- **Dénomination sociale**
  - Formée avec le nom d'un ou de plusieurs associés
  - Dénomination de pure fantaisie
- **Durée de la société**
  - Maximum: 99 ans
    - C. com., art. L. 210-2
  - Nécessairement déterminée dans les statuts

Schéma 2

Constitution de la société en nom collectif

B

CONDITIONS DE FORME

Statuts

- Nécessairement écrits
- Acte notarié ou sous seing privé
- Acte notarié obligatoire
  - apport immeuble
  - apport bail durée supérieure à 12 ans (C. com., L. 210-2)
- Mentions obligatoires et facultatives

Publicité

- Insertion dans journal d'annonces légales
- Dépôt dossier immatriculation au CFE complément
- Immatriculation au registre du commerce et des sociétés
- Insertion au *BODACC* à la diligence du greffier.

Fiche 24

Le fonctionnement de la société en nom collectif (I) : la gérance

La société en nom collectif est administrée par un ou plusieurs gérants, associés ou tiers à la société. À défaut de stipulation contraire dans les statuts, tous les associés de la SNC sont considérés comme gérants (C. com., art. L. 221-3) et chacun peut accomplir seul les actes de gestion dans l'intérêt de la société (C. com., art. L. 221-4). Le gérant est nommé et révoqué par la seule volonté des associés (**I**), lesquels déterminent également ses pouvoirs (**II**). Il engage sa responsabilité dans l'exercice de ses fonctions s'il cause un dommage à la société, aux associés ou aux tiers (**III**).

I - NOMINATION ET CESSATION DES FONCTIONS DE LA GÉRANCE[1]

Le ou les gérants de la SNC sont désignés soit dans les statuts, soit dans un acte postérieur prévu par ceux-ci. Dans le silence des statuts, tous les associés sont gérants (C. com., art L 221-3, al. 1).

Le gérant peut être associé ou non, personne physique ou personne morale, de nationalité étrangère. Dans ce dernier cas, il doit être titulaire d'une carte de séjour ou de résident, sauf s'il est ressortissant d'un État membre de l'Union européenne.

Le gérant associé doit avoir la capacité d'exercer une activité commerciale. En principe, pour le gérant non associé, la capacité civile suffit.

Le gérant peut assumer plusieurs gérances, sauf si les statuts ont prévu une disposition contraire. Il peut cumuler les fonctions de gérant avec un contrat de travail lorsqu'il occupe un emploi effectif et se trouve dans un état de subordination à l'égard de la société. Toutefois, ceci n'est possible que si le gérant n'est pas associé, la Cour de cassation considérant que cette qualité est incompatible avec celle de salarié (Cass. soc., 5 avril, 1974, Bull. CIV V. n° 220). La nomination du gérant doit être publiée dans les mêmes conditions que la constitution de la société[2].

La durée des fonctions de la gérance est fixée soit dans les statuts, soit dans l'acte de nomination. À défaut de précisions, le gérant est nommé pour la durée de la société.

1. *V.* schéma 1.

2. *V. supra* fiche 23.

Ses fonctions prennent fin :

- en cas de décès ou de survenance d'une incapacité ou d'une interdiction de gérer,
- à l'arrivée du terme du mandat,
- en cas de révocation ou de démission.

En ce qui concerne la révocation, le législateur a prévu des conditions différentes selon que le gérant est associé ou non et qu'il est statutaire ou nommé par acte postérieur :

- gérant associé nommé par les statuts : la révocation ne peut être décidée qu'à l'unanimité des autres associés (C. com., art. L. 221-12). À défaut de clause statutaire prévoyant la continuation de la société avec les autres associés, cette révocation entraîne la dissolution de la société. Cette dissolution peut également être écartée par une décision unanime des autres associés (C. com., art L. 221-12, al 1).
- gérant associé non statutaire : une décision des autres associés-gérants ou non prise selon les conditions prévues par les statuts suffit pour la révocation de la gérance (C. com., art. L. 221-12 al. 2) ;
- gérant non associé : le gérant est révoqué dans les conditions prévues par les statuts. À défaut de clause statutaire, il est révoqué par décision prise à la majorité (C. com., art. L. 221-12 al. 3).

Enfin, la révocation du gérant peut être demandée en justice par n'importe lequel des associés, dès qu'il justifie d'une cause légitime. La révocation de la gérance sans juste motif peut donner lieu à dommage-intérêts (C. com., art. L. 221-12 al. 4).

II - POUVOIRS ET GÉRANCE[3]

L'étendue des pouvoirs de la gérance n'a pas la même portée selon qu'ils concernent les rapports entre les associés (**A**) ou avec les tiers (**B**).

A - Rapports avec les associés

Ces pouvoirs sont fixés par l'article L. 221-4 du Code de commerce. Dans le silence des statuts, « *le gérant peut faire tous les actes de gestion dans l'intérêt de la société* ». Si les statuts limitent les pouvoirs de la gérance, le dépassement de ses pouvoirs peut engager sa responsabilité et permettre sa révocation avec juste motif.

En cas de pluralité de gérants, les statuts peuvent fixer les pouvoirs de chacun. L'absence d'une disposition dans ce sens, implique que chaque gérant peut accomplir seul des actes dans l'intérêt social (C. com., art. L. 221-4 al. 2).

3. *V.* schéma 2.

B - Rapports avec les tiers

Dans ce cas, le gérant « *engage la société par les actes entrant dans l'objet social* » (C. com., art. L. 221-5 al 1er). Une clause statutaire ne saurait limiter ses pouvoirs (al. 3). En cas de pluralité de gérants, chacun détient séparément ces mêmes pouvoirs.

« *L'opposition formée par un gérant aux actes d'un autre gérant est sans effet à l'égard des tiers* » (C. com., art. L. 221-5 al 2). Cette règle ne s'applique pas si les tiers en avaient eu connaissance.

III - RESPONSABILITÉS DE LA GÉRANCE

Le gérant engage sa responsabilité civile envers la société et les associés pour violation des dispositions légales et statutaires excès de pouvoirs par faute de gestion. Également, il doit répondre des fautes de gestion à l'égard des tiers lorsqu'il commet une faute personnelle qui n'entre pas dans l'exercice de ses fonctions. Dans ce cas, il est seul responsable sans que la société puisse être engagée.

Dans ce sens, chaque associé peut agir en réparation du préjudice personnel subi – action en responsabilité personnelle. De même, il peut exercer une action sociale selon les règles fixées par l'article 1843-5 du Code civil, en réparation du préjudice subi par la société en raison des fautes commises par ses gérants.

En cas de pluralité de gérants, chacun est responsable de ses propres fautes.

Le dirigeant engage sa responsabilité pénale dans les cas prévus par les dispositions légales[4] escroquerie (C. pén., art. 313-1), abus de confiance (C. pén., art. 314-1) etc.

4. *V.* fiche 12.

Schéma 1

La gérance

A

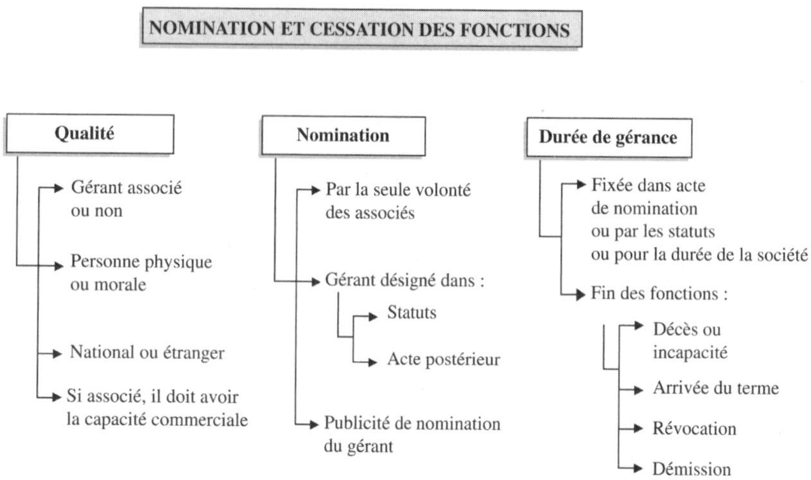

Schéma 2

La gérance

B

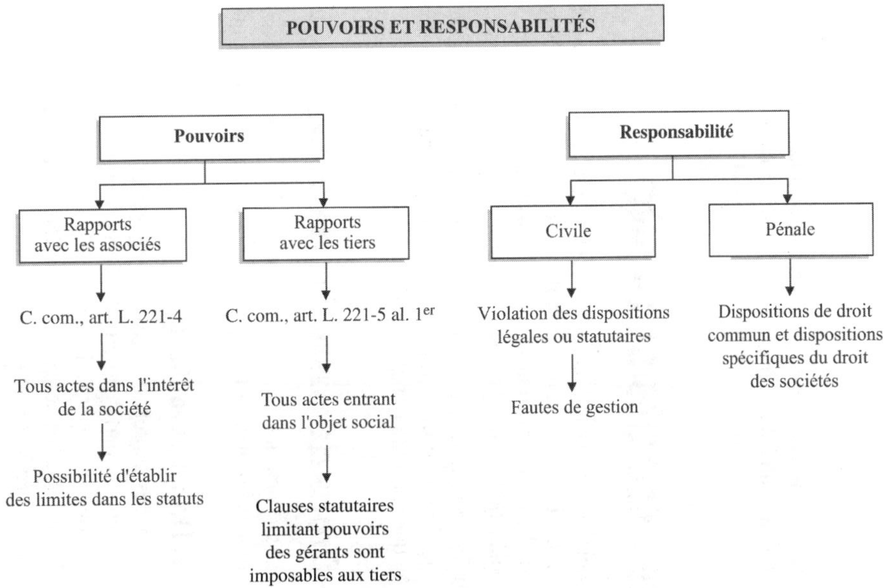

Fiche 25 Le fonctionnement de la société en nom collectif (II) : associés et décisions collectives

Dans cette société caractérisée par un fort *intuitus personae*, les associés jouent un rôle fondamental dans la prise de décisions collectives (**II**) et l'organisation de la vie sociale lors de la rédaction des statuts (**I**).

I - LES ASSOCIÉS DE LA SNC

Les associés de la société en nom collectif ont tous la qualité de commerçant (C. com., art. L. 221-1). Toutefois, ils ne sont pas personnellement immatriculés au registre du commerce et des sociétés, mais leur nom fait partie des informations que la société doit fournir pour son immatriculation (C. com., art. R. 123-34).

Le statut de la société est fortement marqué par l'influence de l'*intuitus personae,* ce qui entraîne un certain nombre de conséquences aussi bien sur leurs droits (**A**) que sur leurs obligations (**B**).

A - Droits des associés de la SNC

Les droits des associés en nom collectif peuvent être classés en deux grands groupes : droits pécuniaires (1) et droits politiques (2).

1. Droits pécuniaires

Après approbation des comptes sociaux, les associés en nom collectif peuvent participer aux bénéfices sociaux. Les dispositions du Code de commerce ne contiennent aucune mention concernant la répartition des bénéfices et des pertes de la SNC. Elle obéit aux stipulations prévues dans les statuts ou aux dispositions de l'article 1844-1 du Code civil.

Néanmoins, quelques précisions sont importantes :

- les SNC ne sont pas tenues de constituer une réserve légale (C. com., art. L. 232-10). Toutefois, si la société décide de mettre en réserve les bénéfices, dans le silence des statuts, la décision doit être prise à la majorité prévue pour la modification des statuts ;
- la mise en paiement des dividendes doit intervenir dans les neuf mois suivant la clôture de l'exercice. Une prolongation de ce délai peut être demandée par la gérance (C. com., art. L. 232-12) ;

■ les clauses d'intérêt fixe sont interdites (C. com., art. L. 232-15).

Les associés en nom collectif bénéficient également du droit au remboursement de l'apport effectué à la société et du droit au boni de liquidation[1].

En matière de cession de parts sociales, les droits des associés en nom collectif ont été expressément déterminés par le législateur. Toute cession de parts, même entre associés, nécessite le consentement unanime de tous les associés. Toute clause contraire est réputée non écrite (C. com., art. L. 221-13).

2. Droits politiques ou de participation à la vie sociale

Ils sont de deux sortes :

■ Droit de participation dans les décisions collectives : les associés de la SNC doivent se réunir afin d'approuver le rapport de gestion, l'inventaire et les comptes annuels établis par la gérance (C. com., art. L. 221-7).

Les consultations écrites pour la prise de délibérations peuvent être prévues par les statuts. La consultation écrite intervient seulement si l'un des associés n'a pas demandé la réunion de l'assemblée (C. com., art. L. 221-6 al. 2).

Aux termes de l'article L. 221-6 al. 1 du Code de commerce, les décisions sont prises à l'unanimité – notamment pour la révocation du gérant associé statutaire, survenance d'une incapacité ou cession des parts sociales. En revanche, dans les autres cas, rien n'empêche au contrat de société de prévoir qu'une décision soit prise à la majorité (C. com., art. L. 221-6 al. 1).

■ Droit d'information : le droit d'information des associés en nom collectif s'articule autour de trois aspects fondamentaux :

a) droit d'information : préalablement à l'assemblée annuelle, les associés ont le droit d'obtenir communication des documents relatifs à la gestion de la société – rapport de gestion, comptes annuels et inventaire (C. com., art. L. 221-7). Les deux premiers documents doivent être adressés aux associés au moins 15 jours avant l'assemblée et l'inventaire est tenu à la disposition des associés au siège social pendant les 15 jours qui précèdent la réunion. Ils peuvent en prendre une copie ;

b) consultation des documents sociaux : deux fois par an, les associés en nom collectif ont le droit de prendre connaissance, au siège social, des livres et des documents sociaux (C. com., art. L. 221-8). Ce droit est exercé exclusivement par l'associé en personne. Il ne peut pas désigner un mandataire à cet effet mais il peut se faire assister d'un expert choisi sur l'une des listes établies par les cours et tribunaux (C. com., art. R. 221-8) ;

1. Dans ce sens, *v. supra* fiche 21.

c) questions écrites : les associés non gérants peuvent, deux fois par an, poser par écrit des questions sur la gestion sociale (C. com., art. L. 221-8). La réponse se fait également par écrit.

B - Obligations des associés de la SNC

Les associés de la SNC doivent réaliser l'apport promis. Ils sont tenus indéfiniment et solidairement du passif social (C. com., art. L. 221-1). Celui qui se retire de la société demeure, à l'égard des tiers, tenu de la totalité du passif antérieur à son départ, même si celui-ci a été régulièrement publié. En revanche, l'associé qui entre dans la société répond non seulement du passif social postérieur à son entrée mais encore de tout le passif même antérieur (Cass. com, 21 nov. 2008, *RJDA* 1/09 n° 39).

Par ailleurs, les statuts peuvent prévoir une obligation de non-concurrence pour l'associé cédant ses parts sociales. Cette obligation est maintenue, même en dehors de toute transmission de parts, si l'associé fait un apport en industrie, d'un fonds de commerce ou s'il participe à l'activité de la société.

II - LES DÉCISIONS COLLECTIVES

L'assemblée générale doit obligatoirement être convoquée dans trois cas :

- lors de l'approbation des comptes annuels (C. com., art. L. 221-7) ;
- si elle est demandée par l'un des associés (C. com., art. L. 221-6 al. 2). Lors de l'approbation d'une modification du capital social prévue par un projet de plan de sauvegarde ou de redressement de la société (C. com., art. L. 626-3, L. 627-3, al. 3 et L. 631-19.I).

Dans tous les autres cas, les statuts peuvent prévoir la consultation des associés par correspondance (C. com, art. L. 221-6, al. 2).

A - Convocation et tenue des assemblées

À défaut d'une mention spéciale dans les statuts, le droit de convoquer l'assemblée générale appartient au gérant. Néanmoins, les associés peuvent demander la réunion de l'assemblée (C. com, art. L. 221-6, al. 2). Les statuts déterminent également les formes de la convocation. Celle-ci doit être adressée aux associés au moins quinze jours avant la réunion. Le cas échéant, le commissaire aux comptes doit être convoqué au moins à la même date que les associés (C. com., art. L. 221-11).

Aux termes de l'art. L. 221-7 al. 1er du Code de commerce, l'assemblée appelée à statuer sur les comptes de l'exercice doit être convoquée dans les six mois de la clôture de l'exercice.

Les associés participent personnellement à l'assemblée. Ils ne peuvent se faire représenter que si les statuts l'ont prévu.

Le rapport de gestion, l'inventaire et les comptes annuels sont soumis à l'assemblée. Le gérant, en absence de dispositions statutaires, dirige le débat selon l'ordre du jour.

B - Les décisions

Dans la SNC, les décisions sont prises à l'unanimité, bien que les statuts puissent prévoir seulement la majorité pour certaines décisions (C. com., L. 221-6 al. 1er). Toutefois, l'unanimité est requise pour :

- la révocation d'un gérant si tous les associés sont gérants ou si le gérant associé est nommé par les statuts (C. com., L. 221-12 al. 1er et 2) ;
- la continuation de la société suite à la révocation du gérant (C. com., L. 221-12 al. 1er) ;
- la cession de parts sociales.

Les délibérations sont constatées par un procès-verbal établi sur un registre spécial coté et paraphé. Ce registre est tenu au siège social. Le procès-verbal contient les mentions suivantes (C. com., art. R. 221-2) :

- la date et le lieu de réunion ;
- les noms et prénoms des associés présents ;
- les documents et rapports soumis à discussion ;
- un résumé des débats ;
- le texte des résolutions mises aux voix ;
- le résultat des votes.

En cas de consultation écrite, il en est fait mention dans le procès- verbal (C. com. art. R. 221-2 al. 3).

Le procès-verbal est signé par chacun des associés présents (C. com., art. R. 221-2, al. 1) et, en cas de consultation, il est signé par le gérant (al. 3).

Seules les décisions des associés modifiant les statuts et celles affectant la composition des organes sociaux font l'objet d'une publicité afin d'être opposables aux tiers. L'inobservation de cette formalité entraîne dans la SNC (et dans la SCS) la nullité de l'acte ou de la délibération soumise à la publicité. Toutefois, la régularisation permet d'échapper à cette nullité.

Fiche 26

La dissolution de la société en nom collectif

La société en nom collectif est soumise aux causes de dissolution de droit commun[1]. En dehors de ces causes générales, le législateur a prévu un certain nombre de causes liées à des événements affectant personnellement les associés.

I - CAUSES DE DISSOLUTION DE LA SNC

La société en nom collectif est dissoute de plein droit dans les cas suivants :

- le décès de l'un des associés, sauf clause statutaire prévoyant la continuation de la société (C. com., L. 221-15) ;
- la révocation de l'un des gérants lorsque tous les associés sont gérants ou si un ou plusieurs gérants sont statutaires (C. com., L. 221-12). Une clause statutaire peut toutefois, prévoir la continuation de la société ;
- le jugement prononçant l'incapacité ou l'interdiction d'exercer une profession commerciale à l'égard des associés ; un jugement prononcé à l'encontre d'un associé en cas de liquidation judiciaire ou pour arrêter un plan de cession (C. com., L. 221-16). La continuation de la société peut également être prévue par les statuts.

II - EFFETS DE LA DISSOLUTION DE LA SNC

La dissolution de la SNC fait l'objet des formalités de publicité précédemment exposées pour toutes les sociétés commerciales[2].

Les effets de la dissolution sont communs à toutes les sociétés commerciales[3].

1. Dans ce sens, *v. supra* fiche 20.
2. *V. supra* fiche 20.
3. *V. supra* fiche 20.

Fiche 27

Constitution, fonctionnement et dissolution de la société en commandite simple

Définition : la société en commandite simple est une société de personnes caractérisée par l'existence de deux types d'associés : les commandités et les commanditaires. Les premiers ont un statut analogue à celui des associés de la société en nom collectif et les commanditaires ne sont tenus du passif social que dans la limite de leurs apports.

Textes applicables : la SCS est régie par les articles L. 222-1 à L. 222-12 et R. 222-1 à R. 222-12 du Code de commerce. Les dispositions concernant la SNC sont également applicables à la SCS. Par ailleurs, la société en commandite simple est soumise aux dispositions de droit commun applicables à toutes les sociétés (C. civ., art. 1832 à 1844-17) et à celles du Code de commerce prévues pour toutes les sociétés commerciales (art. L. 210-1 à L. 210-9, L. 232-1 à L. 239-1 et L. 247-1 à L. 247-8).

Caractéristiques : la société en commandite simple est toujours commerciale, à raison de sa forme, quel que soit son objet (C. com., art. L. 210-1).
La principale particularité de cette société est la présence de deux catégories d'associés : associés commanditaires et associés commandités, tenus différemment du passif social.

Dans sa constitution, la personnalité de chaque associé joue un rôle déterminant.

Elle est dirigée par un ou plusieurs gérants, associés ou tiers, personnes physiques ou morales.

I - CONSTITUTION DE LA SCS[1]

La constitution valable de la société en commandite simple répond à deux types de conditions : conditions de fond (**A**) et conditions de forme (**B**).

A - Conditions de fond

La SCS répond aux conditions de capacité, d'objet et de consentement applicables à toutes les sociétés commerciales[2].

1. *V.* schéma 1.
2. *V. supra* fiche 4.

Parmi les conditions propres à la constitution de la SCS figurent les suivantes :

- la SCS nécessite au moins deux associés : un commanditaire et un commandité. Les commandités ont la qualité de commerçant et leur responsabilité est solidaire et indéfinie. Les commanditaires ne sont pas des commerçants et ne sont tenus du passif social que dans la limite de leurs apports (C. com., art. L. 222-1), à condition qu'ils ne s'immiscent pas dans la gestion de la société.
- la loi ne détermine aucun capital minimum pour la constitution de la société. Les associés commandités peuvent effectuer des apports en espèces, en nature et en industrie. Ce dernier type d'apports est interdit pour les associés commanditaires ;
- la SCS est désignée par une dénomination sociale (C. com., art. L. 222-3). Elle est précédée ou suivie de la mention « société en commandite simple » (C. com., art. R. 222-1).

B - Conditions de forme

Les statuts de la SCS doivent être établis par écrit. Ils contiennent les mêmes mentions que ceux des sociétés en nom collectif et ils précisent également :

- le montant ou la valeur des apports de tous les associés ;
- la part de chaque associé commandité ou commanditaire dans ce montant ;
- la part globale de chaque associé commandité et commanditaire dans la répartition des bénéfices et du boni de liquidation (C. com., art. L. 222-4).

La constitution de la SCS obéit aux mêmes formalités de publicité que les autres sociétés commerciales :

- publicité dans un journal d'annonces légales ;
- dépôt au centre de formalités des entreprises du dossier d'immatriculation ;
- immatriculation au RCS, publicité dans le *BODACC*.

II - FONCTIONNEMENT DE LA SCS[3]

En matière de fonctionnement de la SCS, trois aspects sont à signaler : la gérance (**A**), les décisions collectives (**B**) et les droits des associés (**C**).

3. *V*. schéma 2.

A - La gérance

De manière générale, les dispositions relatives à la SNC s'appliquent également à la SCS (C. com., art. L. 222-2). En conséquence, et dans le silence des statuts, tous les associés commandités sont réputés gérants de la société. Toutefois, les statuts peuvent confier la gestion de la société à un ou plusieurs associés commandités, ou même à des tiers.

La caractéristique la plus importante de la gestion de la société en commandite simple est le fait que seuls les associés commandités peuvent être nommés gérants de la société. En effet, aux termes de l'article L. 222-6 du Code de commerce, « *l'associé commanditaire ne peut faire aucun acte de gestion externe, même en vertu d'une procuration* ». La sanction du non-respect de cette règle se traduit par la responsabilité de l'associé commanditaire : celui-ci répond solidairement, sur son propre patrimoine, des engagements résultant des actes interdits (C. com., art. L. 222-6 al. 2). Toutefois, aux termes de l'article L. 222-2 du Code de commerce, cette interdiction de gestion ne s'applique pas aux actes de gestion interne, c'est-à-dire, ceux qui ne le mettent pas en relation avec les tiers.

Les conditions de nomination et de révocation de la gérance de la société en nom collectif s'appliquent également à la SCS.

B - Les décisions collectives

Les décisions de la société en commandite simple sont prises selon les conditions déterminées par les statuts (C. com., art. L. 222-5).

Les modifications des statuts sont décidées « *avec le consentement de tous les commandités et de la majorité en nombre et en capital des commanditaires* » (C. com., art. L. 222-9 al. 2). Seul le changement de la nationalité de la société nécessite l'accord unanime des associés (al. 1er).

Une assemblée de tous les associés doit être tenue « *si elle est demandée soit par un commandité, soit par le quart en nombre et en capital des commanditaires* » (C. com., art. L. 222-5). Par application des dispositions de la société en nom collectif, la réunion de l'assemblée est également obligatoire pour l'approbation des comptes annuels. La consultation des associés par correspondance est également possible. Elle obéit aux mêmes règles que celle de la SNC.

Les délibérations des associés de la société en commandite simple sont toujours consignées dans un procès-verbal. Les règles applicables à la SNC dans cette matière valent également pour la SCS.

C - Les droits des associés

Les associés **commandités** de la SCS bénéficient du même régime juridique que les associés de la société en nom collectif.

Les associés **commanditaires** ont le droit de participer dans les décisions collectives ainsi que dans le partage des bénéfices et du boni de liquidation. Par ailleurs, les dispositions de l'article L. 222-7 du Code de commerce leur attribuent le droit de poser des questions par écrit et d'obtenir communication des documents sociaux deux fois par an.

Les parts sociales ne peuvent être cédées, même entre associés, sans l'accord de tous les associés (C. com., art. L. 222-8). Néanmoins, le paragraphe II de cet article permet aux statuts d'aménager la cession des parts des associés commanditaires de telle manière que leurs parts sociales peuvent être cédées :

- librement entre associés,
- à des tiers avec le consentement de tous les associés commandités et de la majorité en nombre et en capital des commanditaires.

Il est également possible de prévoir dans les statuts, pour un associé commandité, de céder une partie de ses parts sociales à un commanditaire ou à un tiers (C. com., art. L. 222-8, II 3°).

III - DISSOLUTION DE LA SCS[4]

Les causes de dissolution communes à toutes les sociétés commerciales s'appliquent également à la société en commandite simple (C. civ., art. 1844-7).

Par ailleurs, le décès d'un associé commandité entraîne également la dissolution de la société, sauf si les statuts ont prévu la continuation avec les héritiers de celui-ci. Dans ce cas, ces derniers ont obligatoirement la qualité de commanditaire s'ils sont mineurs (C. com., art. L. 222-10).

De même, si l'associé décédé était le seul commandité, dans le délai d'un an, il doit être remplacé par un nouvel associé commandité. Il est également possible, dans ce même délai, de transformer la société afin d'éviter la dissolution de plein droit (C. com., art. L. 222-10).

Le redressement judiciaire ou la liquidation judiciaire, l'incapacité ou l'interdiction d'exercer le commerce d'un associé commandité entraîne la dissolution de la société. Néanmoins, afin d'éviter la dissolution de celle-ci, les statuts peuvent prévoir la continuation de la société avec les autres associés commandités. La continuation peut également être décidée par tous les associés à l'unanimité.

4. *V.* schéma 3.

Schéma 1

Constitution de la SCS

A

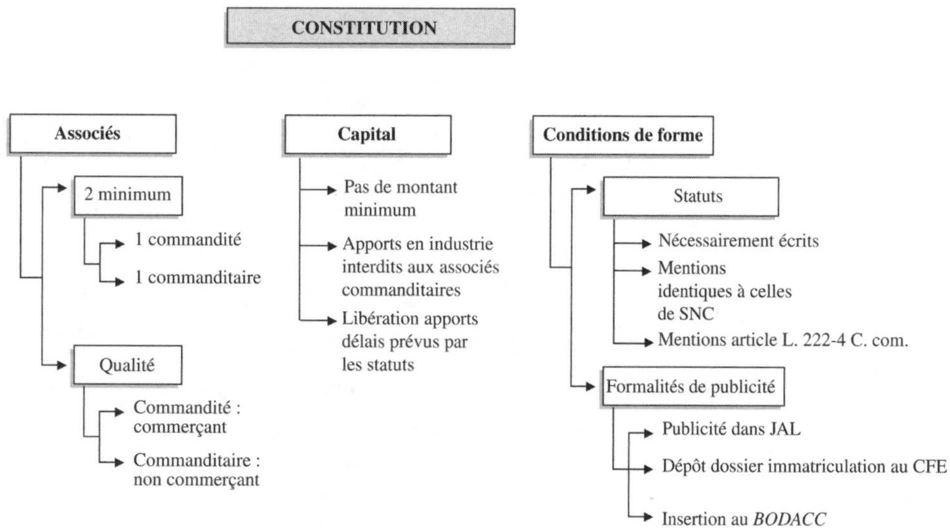

Schéma 2

Fonctionnement de la SCS

B

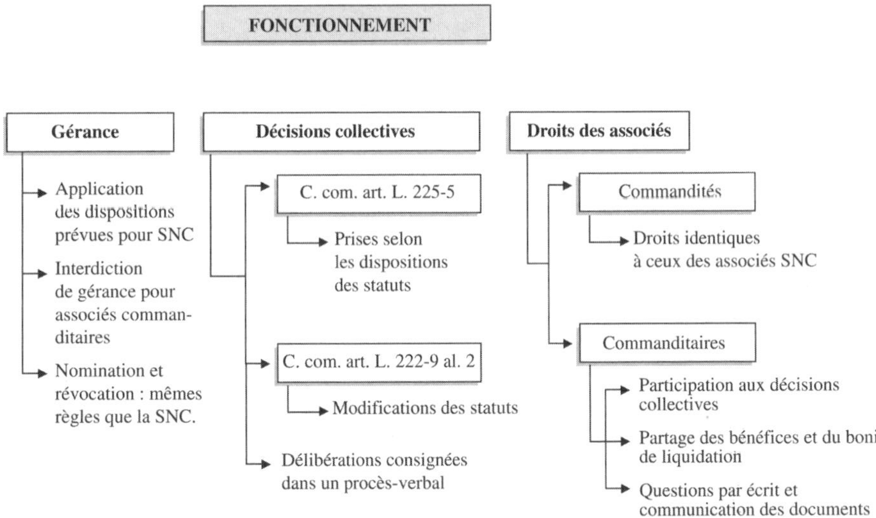

Schéma 3

Dissolution de la SCS

C

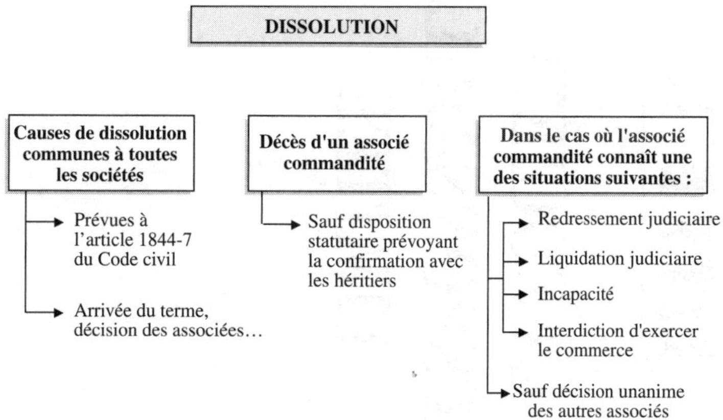

TITRE II

LA SOCIÉTÉ À RESPONSABILITÉ LIMITÉE

TITRE II

LA SOCIÉTÉ À RESPONSABILITÉ LIMITÉE

La société à responsabilité limitée est une société hybride à mi-chemin entre les sociétés de personnes et les sociétés de capitaux.

La forme pluripersonnelle est la société la plus constituée en France actuellement[1]. Les raisons qui expliquent ce succès sont diverses :

- le montant du capital social est librement déterminé par les statuts, car depuis la loi du 1er août 2003 le montant minimum de 7 500 € a été supprimé ;
- la responsabilité des associés est limitée à leurs apports à la société ;
- la qualité de commerçant n'est pas requise pour les associés ;
- le nombre d'associés peut varier entre 2 et 100 depuis l'ordonnance du 25 mars 2004 (un seul pour l'EURL).

Toutefois, et malgré ces importants avantages, ce type de société est fortement concurrencé par la société par actions simplifiée, dont le principal attrait est la grande liberté accordée aux statuts pour organiser la vie sociale.

Nous analyserons tout d'abord la forme pluripersonnelle de la société à responsabilité limitée (**chapitre 1, fiches 28** à **32**) et ensuite nous nous intéresserons à l'entreprise unipersonnelle (**chapitre 2, fiches 33** et **34**).

1. En janvier 2008, 1 550 637 SARL en activité étaient recensées. Elle représentent plus de 80 % des sociétés commerciales. Les sociétés anonymes en activité à ce moment étaient 133 158. (Source INSEE)

Fiche 28

Constitution de la société à responsabilité limitée

Définition : la société à responsabilité limitée « *est instituée par une ou plusieurs personnes qui ne supportent les pertes qu'à concurrence de leurs apports* » (C. com., art. L. 223-1).

Textes applicables : la société à responsabilité limitée est régie par les articles L. 223-1 à L. 223-42 et R. 223-1 à R. 223-36 du Code de commerce. Elle est également soumise aux dispositions de droit commun applicables à toutes les sociétés (C. civ., art. 1832 à 1844-17) ainsi qu'à celles du Code de commerce prévues pour les sociétés commerciales (art. L. 210-1 à L. 210-9, L. 232-1 à L. 239-1 et L. 247-1 à L. 247-8).

Caractéristiques : la société à responsabilité limitée est une société hybride, à mi-chemin entre les sociétés de personnes – notamment parts sociales non négociables, cession limitée par les dispositions légales, pas de capital minimum – et les sociétés de capitaux (associés non commerçants, responsabilité limitée aux apports…).
La SARL est toujours commerciale quel que soit son objet.

Les associés ne sont pas commerçants et ils ne sont responsables du passif de la société que dans la limite de leurs apports à la société.

Les parts sociales sont librement cessibles entre conjoints et entre ascendants et descendants (C. com., art. L. 223-13). Toutefois, les statuts peuvent prévoir l'agrément de ces nouveaux associés dans les conditions de l'article L. 223-14 du Code de commerce (al. 2).

La SARL est représentée et administrée par un ou plusieurs gérants obligatoirement personnes physiques, associés ou non.

I - CONDITIONS DE FOND DE LA CONSTITUTION DE LA SOCIÉTÉ[1]

La société à responsabilité limitée est soumise aux conditions générales de constitution des sociétés commerciales. Ces conditions concernent aussi bien les associés (**A**) que l'objet de la société (**B**). Enfin, le législateur a également réglementé le capital social (**C**) et la dénomination sociale (**D**).

1. *V.* schéma 1.

A - Les associés

Les associés de la SARL doivent avoir la **capacité** de s'obliger afin que le contrat de société soit valable (C. civ., art. 1108). Toutefois, ils n'ont pas la qualité de commerçant.

C'est ainsi que le mineur émancipé, non émancipé et le majeur en tutelle ou curatelle peuvent être associés dans une SARL. De même, un étranger peut faire partie d'une SARL sans être titulaire d'un titre de séjour.

Les conjoints ont séparément la pleine capacité de devenir associés dans une SARL. Ils peuvent apporter à la société des biens dont ils ont la latitude de faire des actes de disposition selon leur régime matrimonial. Néanmoins, dans le régime de la communauté, les époux ne peuvent, l'un sans l'autre, affecter à l'apport en société un fonds de commerce ou un immeuble commun (C. civ., art. 1427). Dans le cas d'apport de biens communs, la qualité d'associé est reconnue à l'époux qui fait l'apport (C. civ., art. 1832-2 al. 2). Cependant, elle peut l'être également, pour la moitié des parts souscrites ou acquises, au conjoint qui a notifié à la société son intention d'être personnellement associé (al. 3). Le conjoint du « chef d'entreprise » qui travaille dans la société familiale doit opter pour le statut de conjoint collaborateur (C. com., art. L. 121-4). Il en est de même pour le conjoint du chef d'entreprise lié avec celui-ci par un pacte civil de solidarité (C. com., art. L 121-8).

Le consentement des associés doit être exempt de vices[2].

La SARL est valablement constituée avec un seul associé (C. com., art. L. 223-1)[3].

Le **nombre d'associés** ne peut être supérieur à 100 (C. com., art. L. 223-3). En effet, l'ordonnance n° 2004-274 du 25 mars 2004 a augmenté le nombre d'associé, fixé antérieurement à 50. Lorsque le nombre d'associés devient supérieur à 100, la société dispose d'un délai de un an pour modifier la situation ou se transformer en société d'une autre forme. À défaut de régularisation elle sera automatiquement dissoute (C. com., art. L. 223-3).

B - Objet social

Quel que soit son objet, civil ou commercial, la SARL est toujours commerciale par sa forme (C. com., art. L. 210-1). L'objet doit être possible et licite, et figurer dans les statuts.

2. *V. supra* fiche 5.

3. Sur l'EURL *v. infra* fiches 33 et 34.

En outre, certaines activités sont interdites à la SARL. C'est le cas des sociétés d'assurances, de capitalisation et d'épargne auxquelles l'alinéa 4 de l'article L. 223-1 du Code de commerce interdit d'adopter la forme de SARL.

D'autres structures ne peuvent être permises que sous réserve d'une qualification professionnelle ou d'une autorisation ou licence (sociétés de commissaires aux comptes, d'experts-comptables, laboratoires de produits pharmaceutiques).

C - Capital social et apports

Depuis la loi du 1er août 2003, le montant du capital de la SARL est librement fixé par les statuts (C. com., art. L. 223-2). La SARL peut se constituer avec un capital variable (C. com., art. L. 231-1 à 231-8)[4].

L'indication du montant du capital social doit obligatoirement être portée non seulement dans les statuts mais encore dans tous les actes et documents de la société destinés aux tiers.

Les apports peuvent être effectués en nature, en numéraire et en industrie. Dans ce dernier cas, les statuts déterminent les modalités selon lesquelles peuvent être souscrites des parts sociales en industrie (C. com., art. L. 223-7 al. 2). Les parts en industrie ne concourent pas à la formation du capital social. Cependant, elles donnent lieu à l'attribution de parts permettant le partage des bénéfices et de l'actif net. L'associé contribue aux pertes (C. civ., art. 1843-2 al. 2). Les parts en industrie ne sont pas cessibles, ni transmissibles aux héritiers de l'apporteur.

Le capital social est divisé en **parts sociales** égales (C. com., art. L. 223-2) qui doivent être souscrites en totalité par les associés. Les parts sociales représentant les apports en numéraire doivent être libérées d'« *au moins un cinquième de leur montant* ».

Le surplus peut être libéré dans un délai de cinq ans sur appel de la gérance (C. com., art. L. 223-7). Les parts représentant des apports en nature doivent être intégralement libérées dès la constitution de la société. La valeur des apports en nature est liée par les associés au vu d'un rapport établi par le commissaire aux apports. Ce rapport doit être annexé aux statuts. (sur le commissaire aux apports, V. *supra*. fiche n° 16)

La valeur nominale des parts sociales est librement déterminée par les statuts (C. com, art. L. 223-2 al. 1). Elles ne peuvent, en aucun cas, être représentées par des titres négociables (C. com, art. L. 223-12).

4. *V. infra* fiches 50 et 51.

D - Dénomination sociale

La SARL est désignée par une dénomination sociale (C. com., art. L. 223-1 al. 3). Le nom d'un ou de plusieurs associés peut être incorporé à la dénomination sociale. La SARL peut donc avoir une dénomination en rapport avec son objet social, de pure fantaisie ou constituée par le nom d'un ou de tous les associés.

La société à responsabilité limitée doit faire précéder ou suivre la dénomination des mentions « société à responsabilité limitée » ou « SARL » et de l'énonciation du capital social (C. com., art. L. 223-1 al. 3).

II - CONDITIONS DE FORME ET PUBLICITÉ[5]

Les statuts de la SARL doivent être établis par écrit (**A**). Ils sont ensuite déposés au centre des formalités des entreprises compétent afin d'accomplir les formalités de publicité au *BODACC* (**B**).

A - Les statuts

1. Forme des statuts

Les associés de la société à responsabilité limitée peuvent établir les statuts par acte sous seing privé ou par acte notarié. La forme notariée est obligatoire en cas d'apport d'un bien immeuble ou d'un droit au bail sur immeuble d'une durée supérieure à douze ans, ou, de manière générale, en cas d'apport d'un bien soumis à publicité au bureau des hypothèques.

Si les statuts sont établis par acte sous seing privé, il est dressé autant d'originaux qu'il est nécessaire pour le dépôt au siège social et l'accomplissement des formalités (C. com., art. R. 223-1). En outre, un exemplaire des statuts établi sur papier libre doit être remis à chaque associé (al. 2).

2. Mentions des statuts

Les statuts doivent contenir les mentions obligatoires prévues par l'article L. 210-2 du Code de commerce, à savoir la forme de la société, la durée, la dénomination sociale, le siège social et le montant du capital social.

5. *V.* schéma 2

D'autres mentions, propres à la SARL, sont également obligatoires, telles que l'évaluation des apports en nature (C. com., art. L. 241-1), la répartition des parts sociales (C. com., art. L. 241-1), la libération du capital social ainsi que la date de clôture de l'exercice social (C. com., art. R. 223-53).

Outre ces mentions obligatoires, les statuts contiennent les clauses nécessaires afin de garantir le fonctionnement de la société : clauses concernant la gérance (choix du ou des gérants, pouvoirs…), la transmission des parts, la répartition des bénéfices, les majorités requises pour l'adoption des décisions…

3. Durée de la société

La société à responsabilité limitée ne peut être constituée pour une durée supérieure à 99 ans (C. com., art L. 210-2 et C. civ., 1838). La durée peut être prorogée une ou plusieurs fois par l'assemblée générale extraordinaire, mais toujours dans la limite précisée ci-dessus. Les associés refusant la prorogation de la société peuvent être obligés de céder leurs parts à la société ou aux autres associés si les statuts prévoient une clause de sortie des associés opposés à la prorogation de la société.

4. Siège social

Le siège social de la société détermine la loi applicable à la société, le lieu où devront s'accomplir les formalités de publicité ainsi que les tribunaux compétents pour les actions judiciaires concernant la société.

Le siège de la société peut :

1. être installé dans un local à usage privatif dont dispose la société ;

2. avoir recours à une société de domiciliation ;

3. correspondre au domicile du gérant. Dans ce cas, la domiciliation n'a pas de limitation de durée si :

– l'activité commerciale est exercée exclusivement par le gérant et les membres de sa famille (il n'est pas possible dans ce cas d'avoir des salariés) ;

– l'activité n'entraîne la réception ni de clientèle, ni de marchandise dans le logement (C. constr. et hab. art. L. 631-7-3) ;

– aucune clause du règlement de copropriété et/ou du contrat de bail n'interdit l'exercice d'une activité professionnelle ou la domiciliation de la société.

La domiciliation est limitée à cinq ans si des dispositions législatives, réglementaires ou stipulations contractuelles font obstacle à une domiciliation permanente. (C. com., art. L. 123-11-1)

Le transfert du siège dans un autre département ou à l'étranger doit résulter d'une décision unanime des associés. Pour être opposable aux tiers, ce transfert doit être publié.

B - Formalités de publicité

La SARL obéit aux règles de publicité et d'enregistrement communes à toutes les sociétés commerciales. L'insertion dans un journal d'annonces légales est suivie du dépôt du dossier d'immatriculation au centre de formalités des entreprises compétent, afin de permettre l'immatriculation de la société au registre du commerce et des sociétés.

Le greffier du tribunal insère au *BODACC* une annonce constatant la création de la nouvelle personne morale.

Schéma 1

Constitution de la société à responsabilité limitée

A

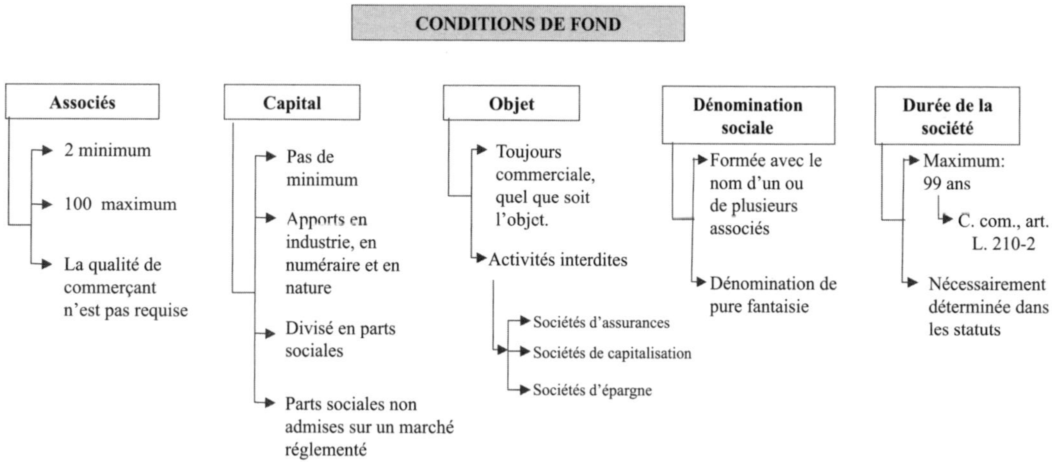

Schéma 2

Constitution de la société à responsabilité limitée

B

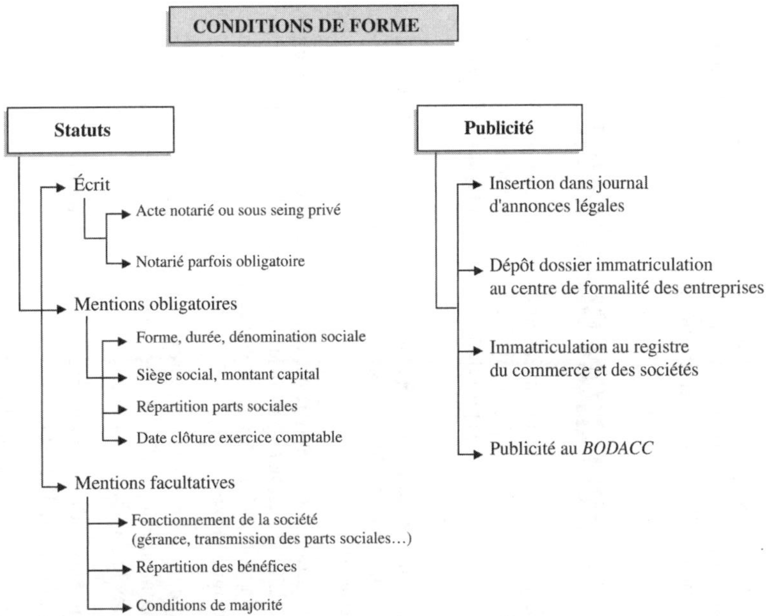

Fiche 29

Fonctionnement de la SARL (I) : la gérance

La SARL est administrée par un ou plusieurs gérants. Le gérant est nommé dans les statuts ou dans un acte postérieur (**I**). L'acte de nomination détermine ses pouvoirs (**III**), la responsabilité (**IV**) ainsi que la cessation de ses fonctions (**II**).

I - NOMINATION DU GÉRANT[1]

Le gérant est nommé par les associés dans les statuts ou dans un acte postérieur (C. com., art. L. 223-18 al. 2). La nomination est une décision prise par un ou plusieurs associés représentant plus de la moitié des parts sociales (C. com., art. L. 223-29 al. 1er).

Le nombre de gérants est librement fixé par les statuts (C. com., art. L. 223-18, al. 1). Lorsque plusieurs gérants sont nommés, il peut être constitué un conseil de gérance.

Le gérant d'une SARL est obligatoirement une personne physique (C. com., art. L. 223-18) choisie parmi les associés ou les tiers qui n'a pas la qualité de commerçante. Néanmoins, les statuts peuvent exiger la condition d'associé pour être désigné gérant.

Aucune disposition ne prévoit une limite d'âge pour les fonctions de gérant – contrairement à la société anonyme – mais cette possibilité peut être envisagée dans le contrat de société.

En outre, deux époux peuvent être tous deux gérants d'une même société (C. civ., art. 1832-1).

Le gérant de nationalité étrangère doit être titulaire d'une carte de résident ou d'une carte de séjour (C. com., art. L. 122-1). Cette règle ne s'applique pas aux ressortissants d'un État membre de l'Union européenne, d'un État partie à l'accord sur l'Espace économique européen ou d'un État membre de l'OCDE (C. com., art. L. 122-1 al. 2 et L. 122-3).

Le gérant ne peut pas être frappé d'une interdiction de gérer[2].

Le cumul de fonctions de gérant avec celle de salarié est possible, sauf disposition contraire insérée dans les statuts. Toutefois, le contrat de travail doit correspondre à un travail effectif, il doit y avoir une claire distinction entre les fonctions techniques qui correspondent au contrat de travail et les fonctions de

1. *V.* schéma 1.

2. *V. supra* fiche 11.

gérance et, enfin, l'intéressé doit être placé dans un état de subordination à l'égard de la société (Cass. soc., 31 mars 1982, Bull. civ., n° 239).

La durée des fonctions du gérant est fixée dans l'acte de nomination. Dans le silence de cet acte, il est nommé pour la durée de la société (C. com., art. L. 223-18 al. 3).

La rémunération du gérant est fixée dans l'acte de nomination ou par les statuts. Elle peut être également déterminée par une décision ultérieure prise par les associés en la forme ordinaire – un ou plusieurs associés représentant plus de la moitié des parts sociales. Cette rémunération peut être un traitement fixe ou proportionnel au chiffre d'affaires ou aux bénéfices. Le gérant bénéficie parfois d'avantages en nature, tels le logement, l'usage d'un véhicule... Il a également droit au remboursement, sur justificatifs, des frais engagés dans l'exercice de ses fonctions.

II - CESSATION DES FONCTIONS DU GÉRANT

Les fonctions du gérant prennent fin :

- par l'expiration de son mandat s'il a été nommé pour un délai précis et que son mandat n'est pas renouvelé. Dans ce cas, il ne sera pas nécessaire de lui signifier un congé ni de respecter un préavis ;

- en cas de décès, d'incapacité, d'interdiction de gérer ou de faillite personnelle ;

- en cas de démission : le gérant peut démissionner à tout moment sans avoir à justifier d'un motif légitime. Néanmoins, il pourrait être tenu d'indemniser la société pour le préjudice causé par son départ. La démission produit ses effets dès qu'elle est portée à la connaissance de la société sans que celle-ci ait à l'accepter ;

- en cas de révocation par les associés : les associés peuvent révoquer le gérant « *dans les conditions de l'article L. 223-29 – majorité des parts sociales – à moins que les statuts ne prévoient une majorité plus forte* » (C. com., art. L. 223- 25). La révocation peut également être demandée en justice par tout associé (C. com., art. L. 223-25, al. 2). La demande de l'associé est recevable seulement si elle est fondée sur une cause légitime. Si la révocation intervient sans juste motif, elle peut donner lieu à des dommages-intérêts.

À l'égard des tiers, la société ne peut se prévaloir de la cessation des fonctions du gérant, qu'après sa publication (C. com., art. L. 210-9).

3. *V*. schéma 2.

III - POUVOIRS DU GÉRANT[3]

Les pouvoirs du gérant peuvent être étudiés aussi bien à l'égard des associés (**A**) qu'à l'égard des tiers (**B**).

A - Pouvoirs à l'égard des associés

Dans les rapports entre les associés, les statuts déterminent les pouvoirs du gérant (C. com., art. L. 223-18 al. 4). Dans le silence des statuts, le gérant peut faire tous actes de gestion dans l'intérêt de la société (C. com., art. L. 221-4).

En cas de pluralité de gérants, ils peuvent séparément accomplir ces actes de gestion, sauf si les statuts ont déterminé leurs fonctions respectives.

B - Pouvoirs à l'égard des tiers

Dans les rapports avec les tiers, le gérant est le représentant de la société. Il « *est investi des pouvoirs les plus étendus pour agir en toute circonstance au nom de la société* » (C. com., art. L. 223-18 al. 5). Sont inopposables aux tiers les clauses statutaires limitant les pouvoirs du gérant (al. 6).

Le gérant engage la société même pour les actes qui ne relèvent pas de l'objet social, à moins que la société ne prouve que le tiers avait connaissance que l'acte dépassait l'objet social. (C. com., art. L. 223-18, al. 5)

En cas de pluralité de gérants, chacun d'eux peut exercer les pouvoirs prévus pour le gérant unique. (C. com., art. L. 223-18, al. 7)

IV - RESPONSABILITÉ DU GÉRANT

Dans l'exercice de ses fonctions, le gérant peut engager sa responsabilité civile (**A**), mais également pénale (**B**) et fiscale (**C**).

A - Responsabilité civile

Aux termes de l'article L. 223-22 du Code de commerce, les gérants sont responsables individuellement ou solidairement en cas :

- d'infractions aux dispositions législatives ou réglementaires, applicables aux sociétés à responsabilité limitée ;

4. *V.* fiche 13.

- de violation des statuts,
- de fautes commises dans leur gestion.

Cette responsabilité peut être mise en cause :

- par l'associé ou le tiers qui a personnellement subi un préjudice – action individuelle[4] ;
- par un ou plusieurs associés pour le préjudice subi par la société – action sociale des associés.

B - Responsabilité pénale

En ce qui concerne les sociétés à responsabilité limitée, les principales infractions retenues par le Code de commerce sont contenues dans les articles L. 241-1 à L 241-9.

Les infractions le plus souvent constituées sont les suivantes :

- la distribution de dividendes fictifs (C. com., art. L. 241-3-2°),
- l'abus de biens sociaux (C. com., art. L. 241-3-4°),
- la présentation des comptes annuels ne donnant pas une image fidèle (C. com., art. L. 241-3-3°).

Ces infractions sont sanctionnées par une peine d'emprisonnement de cinq ans et 375 000 € d'amende. (C. com., art. L. 241-3).

C - Responsabilité fiscale

V. supra fiche 13.

Schéma 1

La gérance

A

NOMINATION ET CESSATION DES FONCTIONS DU GÉRANT

Qualité

- Gérant associé ou non (sauf clause contraire)
- Personne physique obligatoirement (C. com., art. L. 223-18)
- National ou étranger
- Pas d'interdiction de gérer

Nomination

- Par la volonté des associés représentant plus de la moitié des parts sociales
- Gérance désignée dans :
  - Statuts
  - Acte postérieur
- Possibilité de cumul avec contrat de travail (sauf clause statutaire contraire)

Durée des fonctions

- Fixée dans acte de nomination
- Silence actes : durée de la société
- Fin des fonctions :
  - Expiration du mandat
  - Décès ou incapacité
  - Révocation par associés
  - Démission
  - Décision de justice

Schéma 2

La gérance

B

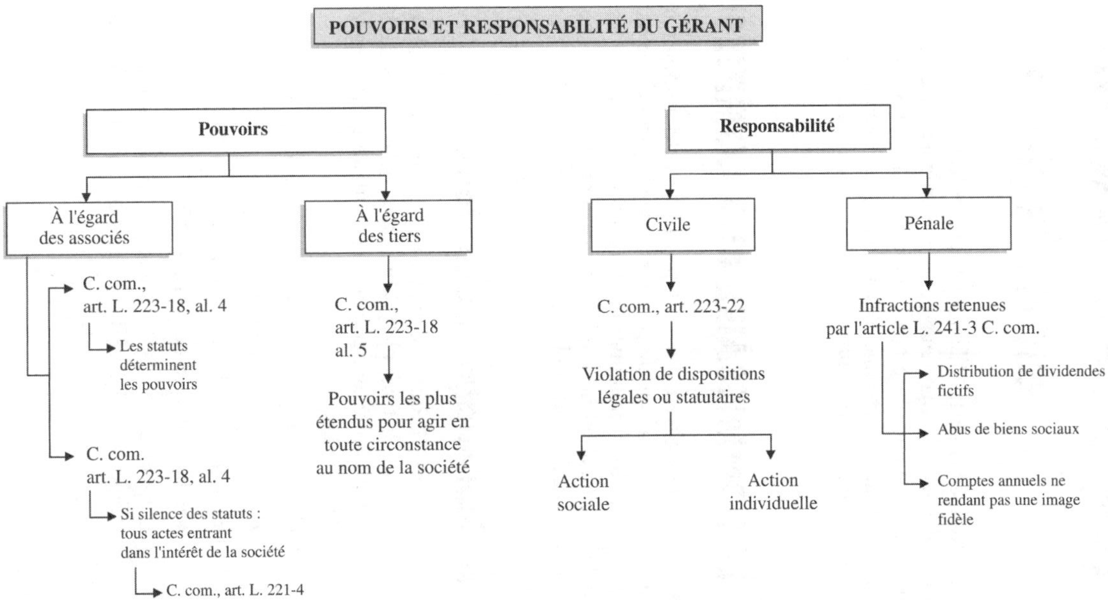

Fiche 30

Fonctionnement de la SARL (II) : contrôle de la gérance

Le contrôle de la gestion de la SARL est effectué, d'une part, par les associés lors de l'assemblée générale réunie afin d'approuver les comptes annuels[1] et, d'autre part, par le commissaire aux comptes (**I**). De plus, afin de privilégier l'intérêt social sur l'intérêt personnel des associés ou du gérant, le législateur a réglementé les conventions passées entre la société et ses associés ou son gérant (**II**).

I - LE COMMISSAIRE AUX COMPTES[2]

La plupart des SARL ne sont pas tenues de nommer un commissaire aux comptes, car cet organe de contrôle n'est obligatoire que dans certains cas déterminés par la loi – nomination obligatoire (**A**) – ou si les associés l'ont ainsi décidé – nomination facultative (**B**). Néanmoins, il peut être imposé par décision de justice – désignation judiciaire (**C**).

A - Nomination obligatoire

Les SARL qui, à la clôture de l'exercice social, franchissent deux des trois seuils fixés par le législateur, sont tenues de désigner, au moins, un commissaire aux comptes un titulaire et un suppléant (C. com., art. L. 223-35 al. 2).

Ces critères sont les suivants (C. com, art. R. 221-5 et art. R. 223-27). :

- total du bilan : 1 550 000 € ;
- montant net du chiffre d'affaires : 3 100 000 € ;
- nombre moyen de salariés : 50.

L'appréciation de ces seuls se fait conformément aux dispositions des articles R. 221-5 et R. 123-210 du Code de commerce.

1. Dans ce sens, *v. infra* fiche 31 sur les décisions collectives.

2. *V.* schéma 1.

B - Nomination facultative

Les associés ont également la faculté de désigner un commissaire aux comptes (C. com., art. L. 223-35 al. 1er), même dans les cas où la société ne dépasse pas les seuils mentionnés ci-dessus. Cette nomination se fait par une décision ordinaire.

C - Désignation judiciaire

La nomination d'un commissaire aux comptes peut être demandée en justice par un ou plusieurs associés représentant au moins le dixième du capital social (C. com., art. L. 223-35 al. 3). Le commissaire aux comptes est nommé par ordonnance du président du tribunal de commerce. (C. com, art. R. 221-5 al. 3)

Sur les conditions de nomination, publicité de la désignation, cessation de fonctions et responsabilité, *v. supra* fiche 15.

II - CONVENTIONS PASSÉES AVEC LA SOCIÉTÉ[3]

Les conventions passées entre la société et le(s) gérant(s) ou les associés font l'objet d'une réglementation particulière afin de protéger l'intérêt social. C'est ainsi que certaines conventions sont réglementées (**A**) tandis que d'autres sont simplement interdites (**B**).

A - Conventions réglementées

Les conventions intervenues directement ou par personne interposée entre la société et l'un des associés ou des gérants sont soumises à l'approbation préalable des associés (C. com., art. L. 223-19). Il en est de même pour celles passées entre la SARL et une société « *dont l'associé indéfiniment responsable, gérant, administrateur, directeur général, membre du directoire ou du conseil de surveillance, est simultanément gérant ou associé de la SARL* » (C. com., art. L. 223-19 al. 4).

Toutefois, les dispositions ci-dessus mentionnées ne s'appliquent pas aux « *conventions portant sur des opérations courantes et conclues à des conditions normales* » (C. com., art. L. 223-20).

3. *V.* schéma 2.

Le gérant ou le commissaire aux comptes sont chargés d'établir un rapport sur les conventions intervenues. L'assemblée statue ensuite sur ce rapport (C. com., art. L. 223-19 al. 1er). En cas de consultation écrite des associés, il doit être joint aux documents adressés aux associés. Les conventions non approuvées restent à la charge de l'associé ou du gérant contractant, car le refus de ratification ou d'autorisation préalable par les associés n'entraîne pas la nullité des conventions. Celles-ci continuent à produire des effets (Cass. com., 28 juin 1988, Bull. civ. IV, n° 226). En cas de pluralité de contractants, les conséquences de la convention préjudiciable à la société sont supportées solidairement (C. com., art. L. 223-19 al. 3).

B - Conventions interdites

Aux termes de l'article L 223-21 du Code de commerce, il est interdit aux gérants ou aux associés de :

- contracter des emprunts auprès de la société,
- se faire consentir par elle un découvert sur un compte courant ou autre,
- faire cautionner ou avaliser par la société leurs engagements envers les tiers.

Ces interdictions s'appliquent également aux conjoints, ascendants et descendants des gérants et des associés ainsi qu'à toute personne interposée (C. com., art. L. 223-21, al. 1 et 2). Toutefois, les associés personnes morales de la SARL ne sont pas concernés par ces interdictions ; elles s'appliquent seulement aux dirigeants de ces personnes morales associées. (alinéa 1)

La sanction des contrats conclus en violation de ces dispositions est la nullité absolue. Elle peut être invoquée non seulement par les associés, mais également, par les tiers ou par les créanciers sociaux.

Schéma 1

Contrôle de la gérance

A

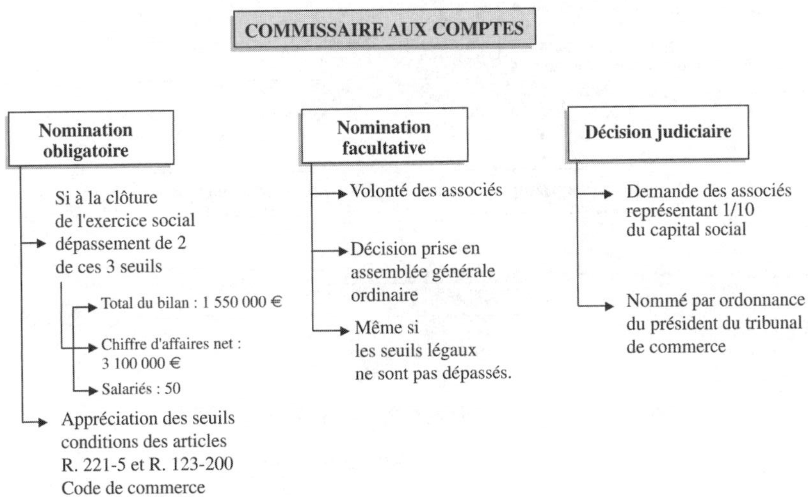

Schéma 2

Contrôle de la gérance

B

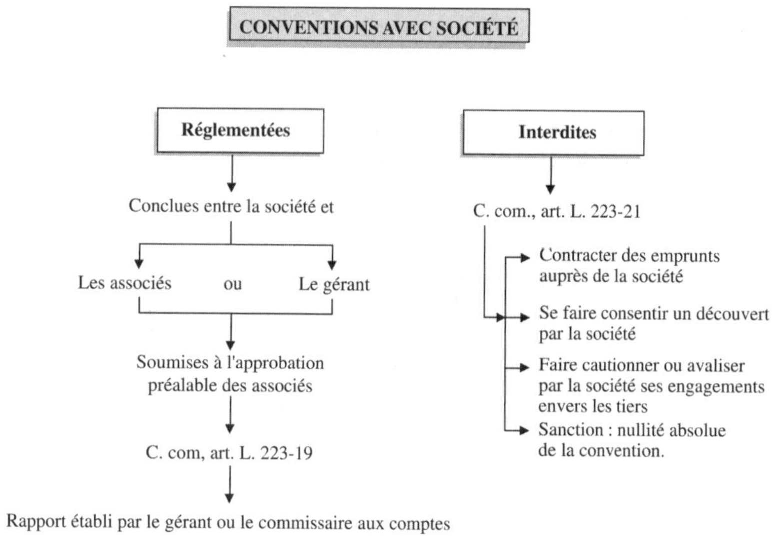

Fiche 31 Fonctionnement de la SARL (III) : associés et décisions collectives

Les associés d'une société à responsabilité limitée bénéficient d'un certain nombre de droits aussi bien pécuniaires que politiques (**I**). En contrepartie de ces droits, les associés sont tenus à un certain nombre d'obligations telles que le paiement des dettes sociales ou la répartition des pertes (**II**). Enfin, ils participent à la prise de décisions nécessaires pour le fonctionnement de la société lors de la réunion de l'assemblée générale (**III**).

I - DROITS DES ASSOCIÉS[1]

Les droits reconnus aux associés de la société à responsabilité limitée peuvent être classés en deux grandes catégories : droits pécuniaires (**A**) et droits leur permettant de participer à la vie sociale (**B**). Enfin, ils ont également la possibilité de céder leurs titres (**C**).

A - Droits pécuniaires

Les associés de la SARL participent à la **répartition des bénéfices**, conformément aux dispositions statutaires. Cette répartition est soumise aux disposition des articles L. 232-10 à L. 232-17 du Code de commerce – dispositions communes pour SARL et sociétés par actions.

Les **dividendes** sont mis en paiement au plus tard neuf mois après la clôture de l'exercice social, sauf prorogation par décision de justice sur demande de la gérance (C. com., art. L. 232-13).

La SARL est tenue de constituer une **réserve légale** (C. com., art. L. 232-10 al. 1er). Le prélèvement pour la constitution de cette réserve est, au moins, de 5 % des bénéfices. Ce montant peut être diminué des pertes antérieures. Si la réserve atteint un dixième du capital social souscrit, la réserve cesse d'être obligatoire (C. com., art. L. 232-10 al. 2).

Les **clauses d'attribution** d'un dividende fixe, même en l'absence de bénéfices, sont interdites (C. com., art. L. 232-15).

Les associés ont droit, lors de la liquidation de la société, **au remboursement de leurs apports** et **au boni de liquidation**[2].

---

1. *V.* schéma 1

2. *V. supra* fiche 13.

B - Droits de participation dans la vie sociale

■ Le **droit d'information** sur les affaires sociales dont bénéficient les associés de la société à responsabilité limitée a une portée très étendue.

Tout d'abord, à tout moment, les associés peuvent **prendre connaissance**, au siège social, des documents suivants : bilan, comptes de résultat, annexes, inventaires, rapports soumis aux assemblées et procès-verbaux de ces assemblées. Ce droit d'information couvre les trois derniers exercices comptables (C. com., art. R. 223-15 al. 1er). L'associé exerce ce droit personnellement ; il ne peut pas se faire représenter. Un expert inscrit sur les listes des tribunaux et des cours peut assister les associés lors de la consultation des documents ci-dessus visés (C. com., art. R. 223-15 al. 2).

Ensuite, dès la communication du rapport de gestion, de l'inventaire, des comptes annuels et, le cas échéant, du rapport du commissaire aux comptes, des comptes consolidés et du rapport sur la gestion du groupe, les associés ont la faculté de poser **par écrit** des **questions** auxquelles le gérant doit répondre au cours de l'assemblée générale (C. com., art. L. 223-26, al. 1er à 3). Par ailleurs, tout associé non gérant peut, deux fois par an, poser des questions écrites au gérant sur « *tout fait de nature à compromettre la continuité de l'exploitation* » (C. com., art. L. 223-36).

Enfin, dans l'exercice de ce droit à l'information permanente, les associés peuvent, à tout moment, obtenir une **copie** certifiée conforme des statuts ainsi que de la liste des gérants et des commissaires aux comptes en fonctions (C. com., art. R. 223-14).

En outre, un ou plusieurs associés représentant au moins le dixième du capital social peuvent demander en justice la désignation d'*« un expert chargé de présenter un rapport sur une ou plusieurs opérations de gestion »* (C. com., art. L. 223-37 al. 1er).

■ Les associés de la SARL ont également le droit de **participer aux assemblées** et **d'exercer leur droit de vote**[3].

C - Droits de cession des parts sociales

La société à responsabilité limitée est une société fermée, car les parts sociales ne peuvent être cédées à des tiers qu'avec le consentement de la majorité des associés représentant au moins la moitié des parts sociales. De plus, les statuts peuvent prévoir une majorité plus importante pour la cession des titres (C. com., art. L. 223-14).

3. *V. infra* décisions collectives.

Toutefois, et dans le silence des statuts, les parts sociales **peuvent être cédées librement** :

- entre les associés (C. com., art. L. 223-16),
- entre conjoints et entre ascendants et descendants (C. com., art. L. 223-13, al. 1er).

L'article L. 223-14 du Code de commerce organise la **procédure d'agrément**. Premièrement, le projet de cession est notifié aux autres associés et à la société. Cette dernière dispose d'un délai de trois mois pour faire connaître sa réponse ; à défaut de notification, l'accord pour la cession est réputé acquis. Si la société refuse la cession, les associés disposent d'un délai de trois mois pour acquérir ou faire acquérir les parts à un prix fixé selon les dispositions de l'article 1843-4 du Code civil.

La société peut également, avec le consentement de l'associé cédant, réduire son capital social « *du montant de la valeur nominale des parts de cet associé et de racheter ces parts* » (C. com., art. L. 223-14 al. 3).

Enfin, si aucune des deux possibilités précédentes n'est retenue, l'associé peut, à l'expiration du délai imparti, réaliser la cession initialement prévue (C. com., art. L. 223-14 al. 4).

II - OBLIGATIONS DES ASSOCIÉS[4]

Les associés s'engagent à **apporter** ou à verser les biens et les sommes d'argent prévus lors de la constitution de la société. Les associés sont tenu de libérer les apports souscrits. Dans le cas des apports en numéraire : lors de leur souscription, ils peuvent en être libérés que du cinquième de leur valeur. Le surplus doit être versé, à la diligence de la gérance, dans un délai qui ne peut excéder cinq ans à compter de l'immatriculation au RCS (C. com. art. L. 223-7, al. 1er).

Ils sont **tenus**, à l'égard des tiers, du **passif social** dans la limite du montant de leurs apports (C. com., art. L. 223-1 al. 1er). La responsabilité des associés fondateurs est solidaire à l'égard des tiers durant cinq ans, lorsque la SARL est constituée avec des apports en nature et que l'intervention d'un commissaire aux apports n'a pas été prévue. Cette même règle s'applique si la valeur retenue pour les apports en nature est différente de celle proposée par le commissaire aux apports (C. com., art. L. 223-9 al. 3 et 4).

À défaut de clauses statutaires, en principe l'associé de la société à responsabilité limitée n'est pas tenu d'une obligation de **non-concurrence**. Néanmoins, lorsque l'associé fait un apport en industrie, ou s'il a apporté un fonds de commerce ou même lorsqu'il participe effectivement à l'activité sociale il doit s'abstenir de toute concurrence.

4. *V.* schéma 2.

III - LES DÉCISIONS COLLECTIVES

Les décisions affectant la vie de la société sont prises en assemblée (C. com., art. L. 223-27 al. 1er).

La **réunion** de l'assemblée générale est **obligatoire** dans les cas suivants :

- pour l'approbation annuelle des comptes (C. com., art. L. 223-27 al. 1er) ;
- lorsqu'elle est demandée par un ou plusieurs associés « *détenant la moitié des parts sociales ou s'ils représentent au moins le quart des associés, le quart des parts sociales* » (C. com., art. R. 223-27 al. 4) ;
- lorsqu'elle est demandée en justice, à la requête de tout associé demandant la désignation d'un mandataire chargé de convoquer l'assemblée des associés et de fixer l'ordre du jour (C. com., art. L. 223-20 al. 3).
- pour décider de l'émission d'obligations ;
- pour l'approbation d'une modification du capital social prévue par un projet de plan de sauvegarde ou de redressement (C. com., art. L. 626-3, al. 1, L. 627-3, al. 3 et L 638-9-1).

A - Convocation et tenue des assemblées

Le gérant adresse aux associés, par lettre recommandée et au moins quinze jours avant la réunion, la convocation à l'assemblée (C. com., art. L. 223-20). À défaut de gérant, le droit de convoquer l'assemblée revient soit au commissaire aux comptes, soit au mandataire désigné par le président du tribunal statuant sur requête des associés (C. com., art. L. 223-27, al. 2).

La lettre de convocation doit contenir l'ordre du jour (C. com., art. R. 2230-20 al. 1er).

Aux termes de l'article L. 223-26 al. 2 du Code de commerce, le gérant doit communiquer aux associés avant la date de réunion les documents suivants : l'inventaire, les comptes annuels, le rapport de gestion, les textes des résolutions proposées et, le cas échéant, le rapport du commissaire aux comptes ainsi que les comptes consolidés et le rapport sur la gestion du groupe. Les associés ont le droit de poser des questions par écrit au gérant à propos de ces documents ; ce dernier répond à ces questions lors de l'assemblée.

Si l'assemblée est convoquée irrégulièrement, elle peut-être annulée. L'action en nullité ne sera recevable si tous les associés étaient présents ou représentés (C. com., art. L. 223-27 al. 5).

Les assemblées ont lieu soit au siège social, soit dans tout autre lieu déterminé dans les statuts. Ce lieu doit clairement apparaître dans la convocation des associés. L'assemblée est présidée soit par le gérant unique ou l'un des gérants lorsqu'ils sont associés, soit par l'associé présent représentant le plus grand nombre de parts sociales.

Les associés ont un nombre de voix égal au nombre de parts sociales qu'ils détiennent (C. com., art. L. 223-28). Toute clause contraire est réputée non écrite (alinéa 4). Le droit de vote peut être exercé soit par l'associé, soit par son mandataire et lorsque les parts sociales sont grevées d'usufruit, le droit de vote appartient au nu propriétaire, sauf pour les décisions concernent l'affectation des bénéfices. Dans ce cas, le droit de vote est réservé à l'usufruitier (C. civ., art. 1844, al. 3).

Les délibérations sont constatées dans un procès-verbal signé par le ou les gérants ou, le cas échéant, par le président de l'assemblée (C. com., art. R. 223-24).

B - Assemblées ordinaires et extraordinaires

■ Les **assemblées ordinaires** ont pour objet la prise de décisions collectives qui n'entraînent pas une modification des statuts ou l'agréement de nouveaux associés. Elles statuent sur les comptes annuels, sur la nomination du gérant et du commissaire aux comptes, sur les conventions entre la société et les associés ou le gérant, etc.

Les décisions sont adoptées en première convocation par un total de voix représentant plus de la moitié des parts sociales – majorité absolue – (C. com., art. L. 223-29) et, en seconde convocation, par la majorité de voix émises quel que soit le nombre de votants – majorité relative – (C. com., art. L. 223-29 al. 2).

■ Les **assemblées extraordinaires** interviennent pour statuer sur la modification des statuts. Parmi les principales décisions prises par l'assemblée générale extraordinaire figurent le transfert du siège social, l'augmentation et la réduction du capital ainsi que la transformation et la dissolution de la société.

En principe, la modification du contrat de société est décidée par les associés représentant au moins les trois quarts des parts sociales (C. com., art. L. 223-30 al. 2). Les clauses exigeant une majorité plus importante sont réputées non écrites.

Ces règles s'appliquent aux SARL constituées avant la publication de la loi en faveur des petites et moyennes entreprises du 2 août 2005. En ce qui concerne les sociétés créées après la promulgation de cette loi, l'assemblée nécessite, en première convocation, le quart des parts sociales pour délibérer valablement. Sur deuxième convocation, les associés présents ou représentés doivent posséder au moins un cinquième des parts sociales « *À défaut de ce quorum, la deuxième assemblée peut être prorogée à une date postérieure de deux mois au plus à celle à laquelle elle avait été convoquée* » (C. com., art. L. 223-30 al. 3). Dans les deux cas, les modifications sont décidées à la majorité de deux tiers des parts détenues par les associés présents ou représentés. Les statuts peuvent prévoir un quorum et une majorité plus élevés. Toutefois, il ne sera pas possible d'exiger l'unanimité.

En outre, l'unanimité est requise pour le changement de nationalité de la société (C. com., art. L. 223-30 al. 1er) ou pour l'augmentation des engagements des associés ou lorsque la SARL adopte la forme d'une société à risque illimité, par exemple (C. com., art. L. 223-30 al. 5)

Schéma 1

Associés et décisions collectives

A

DROITS DES ASSOCIÉS

- **Droits pécuniaires**
  - Répartition des dividendes (C. com., art. L. 232-10 à L. 232-17)
  - Interdiction des clauses d'attribution d'un dividende fixe
  - Remboursement des apports
  - Boni de liquidation
- **Participation à la vie sociale**
  - Droit d'information
    - Consultation des documents au siège social
    - Questions par écrit
    - Copies des statuts
    - Désignation d'un expert
  - Droit de participation dans les assemblées
  - Droit d'exercer le droit de vote
- **Cession des parts sociales**
  - À des tiers
    - Consentement des associés (au moins la moitié des parts sociales ou majorité plus élevée)
    - Procédure d'agrément
  - Entre associés, conjoints, ascendants et descendants
    - Librement
    - Sauf mention statutaire contraire

Schéma 2

Associés et décisions collectives

A

Obligations des associés

- Réalisation de l'apport
  - Verser le bien ou la somme d'argent promis
  - Libération de l'apport en numéraire: 1/5 à la souscription et le surplus dans le délai de cinq ans.
- Passif social
  - Associés tenus du passif social dans la limite de l'apport
  - C. com., art. L. 223-1, al. 1
- Non-concurrence
  - Obligation de non-concurrence si clause statutaire dans ce sens.
  - Également en cas d'apport en industrie ou de fonds de commerce
  - Et si l'associé participe effectivement à l'activité sociale

B

Décisions collectives

- Assemblée générale ordinaire
  - Décisions n'entraînant pas modification des statuts
  - Statuent sur les comptes annuels, nomination gérance, conventions réglementées…
  - Première convocation: majorité absolue
  - Seconde convocation: majorité relative
- Assemblée générale extraordinaire
  - Modification des statuts
  - Transfert siège social, augmentation et réduction du capital social.
  - Sociétés constituées avant le 4 août 2005:
    - Majorité de 3/4 des parts sociales, pas de quorum
  - Sociétés constituées après le 4 août 2005:
    - 1ere convocation: 1/4 des parts sociales
    - 2nd convocation: 1/5 des parts sociales
    - Majorité des 2/3 des parts sociales

Fiche 32 Transformation et dissolution de la SARL

Différentes raisons peuvent amener les associés à changer la forme de la société. Dans ce sens, une société à responsabilité limitée peut se transformer en une société d'un autre type sans perdre sa personnalité morale (**I**). Dans certains cas, la transformation de la société est imposée par les dispositions législatives sous peine de dissolution. Toutefois, la dissolution de la SARL peut intervenir pour d'autres motifs (**II**).

I - LA TRANSFORMATION DE LA SARL

Aux termes de l'article L. 210-6 du Code de commerce, « *la transformation régulière d'une société n'entraîne pas la création d'une personne morale nouvelle* »[1].

La SARL **peut se transformer** en société en nom collectif, en commandite simple ou en commandite par actions avec l'accord unanime des associés (C. com., art. L. 223-43 al. 1er). La majorité requise pour la modification des statuts est nécessaire pour la transformation en société anonyme, sauf si elle est décidée par des associés « *représentant la majorité des parts sociales si les capitaux propres figurant au dernier bilan excèdent 750 000 €* » (C. com., art. L. 223-43, al. 2).

La transformation de la société à responsabilité limitée en société anonyme nécessite que le nombre minimum de sept associés soit respecté, de même que le montant minimal du capital social (37 000 €). Si le capital de la SARL est inférieur à ce minimum légal, il faudra le porter à ce montant avant de décider la transformation.

Le législateur impose l'établissement d'un rapport du commissaire aux comptes sur la situation de la société avant la transformation. L'intervention du **commissaire à la transformation** est nécessaire dès que la SARL qui n'a pas de commissaire aux comptes se transforme en société par actions (C. com., art. L. 224-3). Il est chargé d'apprécier la valeur des biens composant l'actif social et les avantages particuliers.

Étant donné que la transformation implique une modification des statuts de la SARL, elle entraîne l'accomplissement des obligations de publicité.

1. Dans ce sens, *v. supra* fiches 18 et 19.

II - LA DISSOLUTION DE LA SARL

La société à responsabilité limitée est soumise aux causes de dissolution communes à tous les types de sociétés prévues par les dispositions de l'article 1844-7 du Code civil[2]. Pourtant, le Code de commerce a prévu d'autres causes de dissolution propres à la SARL.

Tout d'abord, la société à responsabilité limitée ne peut comprendre plus de cent associés. Le dépassement de cette limite entraîne la dissolution de la société de plein droit au terme d'un délai d'un an si :

- la société ne se transforme pas en société anonyme ;
- elle ne porte pas le nombre d'associés au-dessous de ce seuil.

Ensuite, si dans le délai de deux ans, les associés ne décident pas la régularisation du capital social, réduit à plus de la moitié comme conséquence des pertes, la société peut être également dissoute.

En revanche, contrairement à la société en nom collectif, le décès d'un associé n'induit pas la dissolution de la société, sauf stipulation contraire des statuts (C. com., art. L. 223-41 al. 2). La société n'est pas dissoute non plus en cas de mise en liquidation judiciaire, de faillite personnelle ou d'incapacité prononcée à l'égard d'un des associés (C. com., art. L. 223-41 al. 1er).

Enfin, la réunion de toutes les parts sociales dans une même main n'est pas une cause de nullité de la société (C. com., art. L. 223-4). Dans ce cas, la société à responsabilité limitée se transforme automatiquement en EURL.

La dissolution de la société à responsabilité limitée fait l'objet des mesures de publicités déjà exposées.

2. Dans ce sens, *v. supra* fiche 20.

Fiche 33

L'entreprise unipersonnelle à responsabilité limitée

L'entreprise unipersonnelle à responsabilité limitée a été créée par la loi du 11 juillet 1985. L'EURL est constituée par un associé unique, personne physique ou morale, qui, par un acte unilatéral de volonté, crée une société dans laquelle la responsabilité est limitée aux apports. La constitution (**I**) et le fonctionnement (**II**) de l'EURL obéissent, pour l'essentiel, aux mêmes règles que la société à responsabilité limitée. L'associé unique jouit de certains droits et il est tenu par des obligations assez proches de celles des associés de la SARL (**III**). Les causes de dissolution de la société à responsabilité limitée sont également applicables à l'EURL (**IV**).

I - CONSTITUTION DE L'EURL[1]

La constitution d'une EURL peut résulter de :

- la création, par une personne physique ou morale, d'une société unipersonnelle ;
- la réunion en une seule main de toutes les parts sociales d'une SARL ;
- la transformation d'une société.

De manière générale, la création de cette entreprise obéit aux règles de constitution de la société à responsabilité limitée : conditions de fond (**A**) et conditions de forme (**B**).

A - Conditions de fond

■ **L'associé unique** n'a pas la qualité de commerçant. Les conditions relatives au consentement, à la capacité ainsi que le régime des incompatibilités lui sont applicables. Il peut être une personne physique ou morale, mais une EURL ne peut avoir pour associé une autre EURL (C. com., art. L. 223-5) ; le nom-respect de cette disposition légale n'entraîne pas la nullité de la société. Toutefois, tout intéressé peut demander au tribunal de commerce de prononcer sa dissolution. Le tribunal peut accorder à l'associé unique un délai de six mois pour régulariser. En revanche, l'associé peut être une SARL.

1. *V.* schéma 1.

■ **Les apports** peuvent être en numéraire, en nature ou en industrie. Toutefois, ces derniers ne concourent pas à la formation du capital social et l'associé unique doit en plus apporter des espèces ou des biens en nature à hauteur du capital social.

■ **Le capital social** est librement fixé par les statuts, car depuis la loi du 1er août 2003 aucun capital minimum n'est imposé par le législateur. Le capital est divisé en parts sociales égales et il doit être indiqué dans tous les documents de l'EURL.

■ L'EURL est désignée par une **dénomination sociale** librement choisie par l'associé mais toujours précédée ou suivie de la mention «*société à responsabilité limitée* » ou « *SARL* ». Le nom de l'associé unique peut y figurer. Aucune disposition légale n'impose à l'entreprise unipersonnelle d'être désignée par l'appellation « EURL ».

■ L'entreprise unipersonnelle doit avoir un **siège social** qui peut être fixé au domicile du gérant[2], qu'il soit ou non l'associé unique de l'EURL.

B - Conditions de forme

■ Les statuts de l'EURL doivent être établis par écrit, soit par acte sous seing privé, soit par acte notarié. L'acte authentique est nécessaire en cas d'apport de biens immeubles ou d'un droit au bail conclu pour une durée supérieure à douze ans. L'associé unique signe les statuts de même que le gérant non associé nommé dans les statuts.

■ Les formalités de constitution sont accomplies par l'associé unique ou par son mandataire. L'insertion de l'avis de constitution de l'entreprise unipersonnelle dans un journal d'annonces légales ainsi que le dépôt du dossier d'immatriculation au CFE compétent sont des conditions nécessaires pour que l'EURL jouisse de la personnalité morale.

II - FONCTIONNEMENT DE L'EURL[3]

L'entreprise unipersonnelle à responsabilité limitée est administrée et représentée par un gérant (**A**). Dans l'EURL, les décisions sont adoptées par l'associé unique (**B**).

A - La gérance

L'associé unique peut confier la gérance à un tiers ou se désigner lui-même comme gérant, soit dans les statuts, soit dans un acte postérieur. La gérance peut également être confiée à plusieurs personnes. Un tiers doit obligatoirement être nommé gérant lorsque l'associé unique est une personne morale, car l'article

2. *V. supra* fiche 29.

3. *V.* schéma 2.

L. 223-18 alinéa 1 du Code de commerce exige que le gérant soit une personne physique.

La **rémunération** du gérant est déterminée dans les statuts ou dans l'acte postérieur de nomination. Le traitement peut être fixe, proportionnel ou à la fois fixe et proportionnel.

Le gérant, à l'égard des tiers, est investi des **pouvoir**s les plus étendus pour agir au nom de l'entreprise unipersonnelle. Lorsque le gérant n'est pas associé de l'EURL et, en ce qui concerne les rapports avec l'associé unique, ses pouvoirs sont déterminés par les statuts (C. com., art. L. 223-18).

L'entreprise unipersonnelle est engagée vis-à-vis des tiers par les actes du gérant, même pour ceux qui dépassent l'objet social, sauf si les tiers avaient connaissance de ce dépassement. Si la gérance est assurée par l'associé unique, celui-ci doit veiller à respecter la séparation de patrimoines afin d'éviter des poursuites sur ses biens propres de la part des créanciers sociaux.

À la clôture de chaque exercice social, le gérant établit l'inventaire, les comptes annuels et le rapport de gestion (C. com., art. L. 223-25). L'EURL est tenue de désigner un commissaire aux comptes titulaire et un suppléant si à la clôture de l'exercice comptable, elle dépasse deux au moins des trois seuils prévus par le législateur (C. com., art. L. 223-35 et R. 221-5 ; V. *supra* fiche n° 16).

Le gérant de l'EURL engage sa **responsabilité** civile en cas de violation des dispositions législatives, réglementaires ou statutaires (C. com., art. L. 223-22). Sur le plan pénal, il est responsable des infractions sanctionnées par l'article L. 241-3 du Code de commerce – abus de biens sociaux, présentation de comptes annuels ne donnant pas une image fidèle et distribution de dividendes fictifs.

B - Décisions sociales

Dans l'entreprise unipersonnelle à responsabilité limitée, l'associé unique exerce « *les pouvoirs dévolus à l'assemblée des associés* » (C. com., art. L. 223-1 al. 2). Il ne peut déléguer ses pouvoirs à un tiers (C. com., art. L. 223-31 al. 3).

Les décisions prises par l'associé unique sont consignées dans un registre tenu au siège social. Le registre est côté et paraphé (C. com., art. L. 223-31 et R. 223-26). Il approuve les comptes dans les six mois suivant la clôture de l'exercice social. L'EURL doit constituer une réserve légale d'au moins 5 % du bénéfice social. Cette obligation cesse lorsque la réserve atteint le dixième du capital social.

Lorsque la gérance est assurée par un tiers, il adresse, au moins un mois à l'avance, les comptes annuels, le rapport de gestion et, le cas échéant, le rapport du commissaire aux comptes, à l'associé unique.

Les bénéfices de l'exercice sont attribués à l'associé unique.

III - DROITS ET OBLIGATIONS DE L'ASSOCIÉ

L'associé unique non gérant peut prendre **communication**, à tout moment, comme les associés de la SARL, du bilan, du compte de résultat, des annexes, des inventaires et des rapports du gérant relatifs aux trois derniers exercices (C. com., art. L. 223-26). Il peut également, deux fois par an, **poser des questions** par écrit au gérant sur tout acte compromettant la continuité de l'activité. L'associé peut demander en justice la désignation d'un expert.

Les règles applicables aux conventions conclues entre les associés et la société à responsabilité limitée sont également applicables à l'EURL[4].

L'associé unique peut **céder** librement ses part sociales, car la procédure prévue par les dispositions de l'article L. 223-14 du Code de commerce ne sont pas applicables. La cession doit être constatée par acte sous seing privé ou par acte notarié.

En outre, l'associé unique n'est **tenu** des dettes de l'entreprise unipersonnelle que dans la limite de ses apports, sauf s'il a contracté une caution personnelle pour les dettes de la société.

IV - DISSOLUTION DE L'EURL

Les causes de dissolution communes à toutes les sociétés commerciales et à la SARL sont applicables à l'entreprise unipersonnelle à responsabilité limitée, à l'exception de celles prévues en cas de pluralité d'associés.

Par ailleurs, le décès de l'associé unique n'entraîne pas la dissolution de l'EURL, sauf disposition contraire des statuts (C. com., art. L. 223-41 al. 2). L'associé peut décider la dissolution de l'entreprise à tout moment.

La dissolution de l'EURL dans laquelle l'associé unique est une personne physique entraîne la liquidation de la société. La personnalité morale de celle-ci subsiste uniquement pour les besoins de la liquidation. En revanche, si l'associé unique est une personne morale, la dissolution de l'entreprise unipersonnelle n'est pas suivie de sa liquidation. Cette opération entraîne l'appropriation par la personne morale associé unique de l'ensemble du patrimoine de l'EURL dissoute. Néanmoins, les créanciers peuvent faire opposition à la dissolution dans les trente jours de la publication de celle-ci.

4. *V. supra* fiche 31.

Schéma 1

L'EURL

A

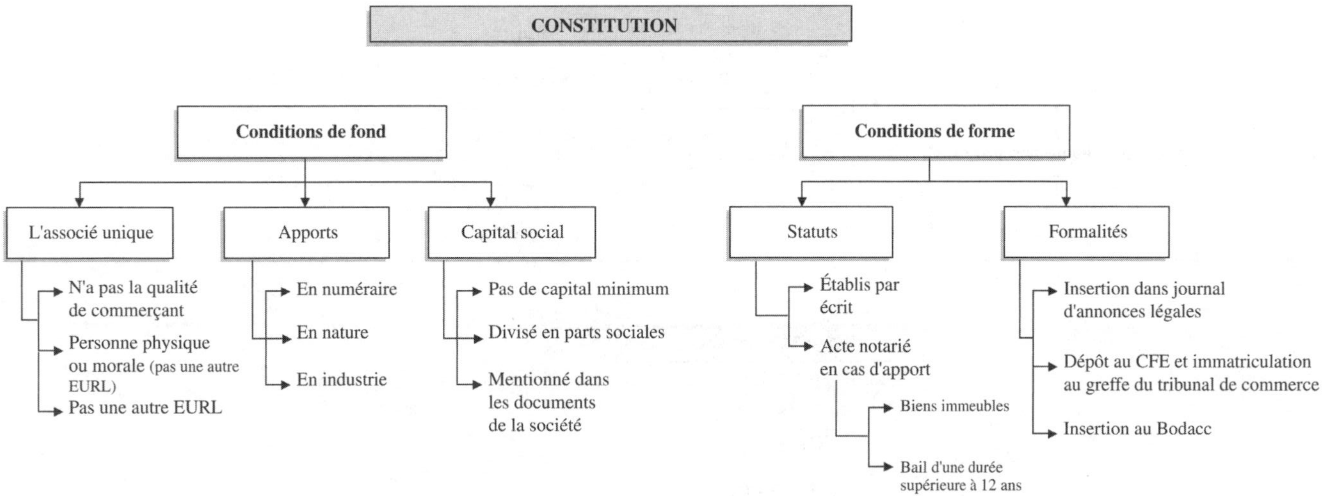

Schéma 2

L'EURL

B

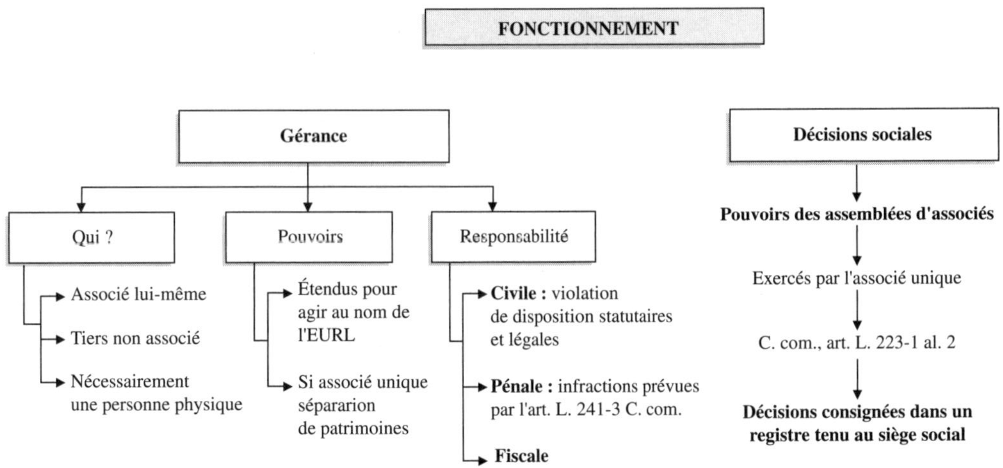

Fiche 34 Régime fiscal de l'EURL et de l'associé

I - ASSOCIÉ UNIQUE PERSONNE PHYSIQUE

L'EURL dont l'associé unique est une personne physique est assujettie à l'impôt sur le revenu. Les bénéfices sociaux sont ainsi soumis à la taxation des bénéfices industriels et commerciaux et donc imposables au nom de l'associé.

Dans ce cas, l'EURL est soumise de plein droit au régime simplifié d'imposition si le chiffre d'affaires est inférieur à 763 000 € si elle exerce une activité de vente ou à 230 000 € si l'objet social est la prestation de services. La société relève du régime normal si elle a opté pour ce régime ou si elle dépasse ces seuils.

Par ailleurs, le législateur laisse à l'associé personne physique la possibilité d'opter pour l'imposition sur les sociétés, que ce soit à la constitution de la société ou en cours de vie sociale (loi 30 décembre 1985, loi de finances pour 1986, art. 5 I).

L'EURL est soumise de plein droit à l'impôt sur les sociétés dès qu'elle devient une société à responsabilité limitée pluripersonnelle comme conséquence de la cession de parts sociales à un tiers ou à l'occasion d'une augmentation du capital avec la participation de tiers, sauf si la SARL opte immédiatement pour le régime fiscal des sociétés de personnes.

II - ASSOCIÉ UNIQUE PERSONNE MORALE

Lorsque l'associé unique est une personne morale, l'entreprise unipersonnelle à responsabilité limitée est nécessairement soumise à l'impôt sur les sociétés.

L'entreprise unipersonnelle soumise à l'impôt sur le revenu peut être amenée à modifier son régime fiscal en cas de cession de toutes les parts sociales à une personne morale. La société est ainsi assujettie à l'IS.

Si l'EURL a opté pour l'impôt sur les sociétés et que l'associé unique est une personne physique, ce dernier est imposable seulement pour les bénéfices réalisés et distribués. Ces bénéfices entrent ainsi dans la catégorie des revenus mobiliers.

TITRE III

LES SOCIÉTÉS PAR ACTIONS

TITRE III

LES SOCIÉTÉS PAR ACTIONS

Contrairement aux sociétés de personnes que nous venons d'analyser, les sociétés par actions, ou sociétés de capitaux, n'accordent qu'une importance minime à la personne des associés. Leur but principal est de rassembler une quantité importante de capitaux afin de financer l'activité sociale.

Dans ce type de sociétés, les actionnaires ne sont tenus des dettes sociales que dans la limite de leurs apports, sauf les associés commandités de la société en commandite par actions, dont la responsabilité est solidaire et indéfinie.

Seule la société anonyme a besoin d'un capital minimum de 37 000 € pour sa constitution. La loi LME du 4 août 2008 a supprimé cette obligation pour la société par actions simplifiée.

Les titres sont en principe librement négociables et le retrait ou le décès d'un actionnaire n'entraîne pas la dissolution de la société.

Les sociétés par actions les plus « anciennes » sont la société anonyme (**chapitre 1, fiches 35** à **43**) et la société en commandite par actions (**chapitre 2, fiche 44**).

La loi du 3 janvier 1994 a créé la société par actions simplifiée (**chapitre 3, fiche 45**), dont le régime a été modifié par la loi du 12 juillet 1999, et par les lois du 15 mai 2001, du 1er août 2003. La loi de 1999 a également créé la société par actions simplifiée unipersonnelle (SASU) (**chapitre 3, fiche 46**).

Le capital de ces sociétés est divisé en actions, mais elles ont également la possibilité d'émettre des obligations (**chapitre 4, fiches 47** à **49**).

Fiche 35 La constitution de la société anonyme

DÉFINITION : la société anonyme est une société « *dont le capital est divisé en actions* ». Elle est constituée d'au moins sept associés qui ne supportent les pertes qu'à concurrence de leurs apports (C. com., art. L. 225-1).

TEXTES APPLICABLES : la SA est régie par les articles L. 225-1 à L. 225-270 et R. 225-1 à R. 225-170 du Code de commerce.

En outre, elle est soumise aux dispositions de droit commun applicables à toutes les sociétés (C. civ., art. 1832 à 1844-17) et à celles prévues par le Code de commerce pour toutes les sociétés commerciales (art. L. 210-1 à L. 210-9, L. 232-1 à L. 239-1 et L. 247-1 à L. 247-8).

CARACTÉRISTIQUES : la société anonyme est toujours **commerciale**, à raison de sa forme, quel que soit son objet (C. com., art. L. 210-1).
La SA est une société de capitaux dont le capital est divisé en **actions** librement cessibles aussi bien entre actionnaires qu'à des tiers.

Les associés ne sont pas des commerçants et leur **responsabilité** est, en principe, limitée au montant de leurs apports.

La société anonyme est **gérée** soit par un conseil d'administration qui désigne un président général et des directeurs généraux, soit par un directoire et un conseil de surveillance.

I - CONDITIONS DE FOND[1]

Les conditions de fond relatives à la constitution de la société anonyme concernent les associés (**A**) – nombre, capacité, fondateurs –, le capital social – dont le minimum est déterminé par la loi – et les apports (**B**) ainsi que l'objet social (**C**) et la dénomination sociale (**D**).

1. *V.* schéma 1.

A - Les associés

L'article L. 225-1 du Code de commerce fixe à sept le **nombre minimum** d'associés pour la constitution de la société anonyme. La violation de cette disposition n'entraîne pas la nullité de la société. L'action en régularisation ainsi que l'action en dommage-intérêts peuvent néanmoins, être intentées par tout intéressé (C. com., art. L. 210-7 et L. 210-8). Aucun maximum n'est déterminé par le législateur.

Si au cours de la vie sociale, le nombre d'actionnaires devient inférieur à ce minimum et ceci pendant plus d'un an, tout intéressé peut demander au tribunal de commerce de prononcer la dissolution de la société. Le tribunal peut accordée un délai maximal de six mois pour régulariser la situation (C. com., art. L. 225-247).

La **capacité** pour être commerçant n'est pas requise pour être associé dans une société anonyme. C'est ainsi que le mineur émancipé, le majeur sous sauvegarde de justice, en tutelle ou en curatelle peuvent faire partie d'une société anonyme. Il en est de même pour l'étranger, qui n'est pas tenu, dans ce cas, d'être titulaire d'une carte de résident ou d'une carte de séjour.

B - Capital social et apports

Le **capital social** de la société anonyme est fixé à 37 000 €. (C. com., art. L. 224-2, al. 1 modifié par l'ordonnance n° 2009-80 du 22 janvier 2009).

Toutefois, ce principe connaît quelques exceptions. Ainsi, par exemple, le capital minimum des sociétés de rédacteurs de presse est de 300 € (C. com., art. L. 224-2, al. 3), celui des sociétés coopératives est de 18 500 € (loi n° 47-1775 du 10 septembre 1947, art. 27) ou celui des sociétés émettrices de titres de créances négociables autres que les établissements de crédit est de 225 000 € (C. com. fin, art. D. 213-8).

Ce capital doit être entièrement souscrit (C. com., art. L. 225-3). Le montant correspondant aux actions en numéraire doit être également libéré de la moitié au moins lors de la souscription. Le restant, quant à lui, doit être libéré dans un délai n'excédant pas cinq ans à compter de l'immatriculation de la société, sur décision du conseil d'administration ou du directoire. Si les actions correspondent à des apports en nature, elles doivent être intégralement libérées dès leur émission (C. com., art. L. 225-3 al. 2 et 3).

Les sociétés anonymes autres que les coopératives et les sociétés d'investissement à capital variable (Sicav) ne peuvent pas contenir dans leurs statuts des clauses de variabilité du capital social.

Les **apports** sont effectués soit en numéraire, soit en nature. Les apports en industrie ne peuvent pas être représentés par des actions (C. com., art. L. 225-3 al. 4).

L'intervention d'un commissaire aux apports est nécessaire lorsque des apports en nature concourent à la formation du capital social. Le rapport, établi sous sa responsabilité, est annexé aux statuts (C. com., art. L. 225-14).

C - Objet social

La société anonyme est toujours commerciale, quel que soit son objet. Celui-ci doit être déterminé, licite et possible[2].

Ces règles générales connaissent quelques aménagements lorsqu'il s'agit de sociétés anonymes.

▪ Tout d'abord, certaines activités sont **réservées** à cette forme de société. C'est le cas des sociétés d'économie mixte (Code général des collectivités territoriales, art. L. 1522-1), des sociétés d'investissement (art. 7 ordonnance du 2 novembre 1945), des compagnies d'assurance, à l'exception des mutuelles (Code des assurances, art. 322-1), ainsi que des sociétés de crédit différé (loi 24 mars 1952, art. 7).

▪ Ensuite, d'autres activités sont **interdites** aux sociétés anonymes, comme le placement des artistes du spectacle (C. trav., art. L. 7121-10).

▪ Enfin, certaines activités sont soumises à une **réglementation** spéciale et le législateur exige que les représentants légaux des sociétés exploitant ces activités justifient d'une qualification professionnelle. Tel est le cas des sociétés d'experts-comptables (ordonnance du 19 septembre 1945), des gérants de portefeuilles (loi du 21 décembre 1972) ou des sociétés d'exercice libéral (loi du 31 décembre 1990).

D - Dénomination sociale

« *La société anonyme est désignée par une dénomination sociale.* » Cette dénomination doit nécessairement être précédée ou suivie de « *la mention de la forme de la société et du montant du capital social* » (C. com., art. L. 224-1). Elle peut être de fantaisie ou être constituée par le nom d'un ou de plusieurs actionnaires (C. com., art. L. 224-1).

Les actes et documents de la société destinés aux tiers doivent indiquer la dénomination de la société. Elle est précédée ou suivie de la mention « *société anonyme* » ou du sigle « *SA* » (C. com., art. R. 123-238 4° al.).

2. *V. supra* fiche 4.

II - CONDITIONS DE FORME ET DE PUBLICITÉ

La constitution d'une société anonyme ne répond pas aux mêmes conditions de forme selon qu'elle soit constituée avec ou sans offre au public.[3]

A - Constitution d'une société anonyme sans offre au public[4]

La société anonyme constituée sans offre au public d'instruments financiers nécessite un capital minimum de 37 000 €. Ce capital est constitué par les apports en numéraire ou en nature effectués par les actionnaires[4].

Les **statuts** de la société anonyme comportent les six **mentions** obligatoires prévues pour toutes les sociétés commerciales par l'article L. 210-2 du Code de commerce. En outre, l'article R. 224-2 du Code dispose que le contrat de société des sociétés par actions contient également les mentions suivantes :

- le nombre d'actions émises ainsi que la part du capital que chaque catégorie d'actions représente,
- la forme des actions – nominatives ou au porteur,
- la procédure d'agrément lorsqu'il existe des restrictions à la cession des titres,
- l'identité des associés ayant effectué des apports en nature ainsi que la valeur et de l'apport et le nombre d'actions remises en contrepartie,
- les bénéficiaires d'avantages particuliers,
- les stipulations relatives aux organes sociaux,
- les dispositions concernant la répartition des résultats,
- l'identité des personnes ayant signé les statuts.

Les statuts indiquent également dans leurs dispositions :

- l'identité des premiers administrateurs ou des membres du conseil de surveillance,
- les conditions de convocation et de délibération du conseil d'administration (C. com., art. L. 225-36-1) et du directoire (C. com., art. L. 225-64 al. 4),
- le nombre d'actions que les administrateurs ou les membres du conseil de surveillance doivent détenir (C. com., art. L. 225-25 et L.225-72),
- les dispositions relatives au fonctionnement des organes sociaux (C. com., art. L. 225-17 et L. 225-69).

3. L'ordonnance n° 2009-80 du 22 janvier 2009 a remplacé l'expression « appel public à l'épargne » par la notion d'offre au public d'instruments financiers.

4. *V.* schéma 2.

5. *V. supra* le capital social.

D'autres mentions, dites facultatives, peuvent être stipulées dans les statuts, telles que le lieu de réunion des assemblées, les limites aux pouvoirs des dirigeants ou les dispositions qui renforcent la majorité requise pour les délibérations.

Les statuts sont établis par acte sous seing privé ou par acte notarié. Ils sont signés par tous les associés personnellement ou par mandataire justifiant d'un pouvoir spécial à cet effet (C. com., art. L. 225-15).

Un avis de constitution précède l'enregistrement des statuts, l'immatriculation de la société au registre du commerce et des sociétés ainsi que la publicité au *BODACC* faite à la diligence du greffier[6].

B - Constitution d'une société anonyme avec offre au public[7]

La constitution d'une société anonyme avec offre au public obéit, de manière générale, aux mêmes conditions que si elle était constituée sans cette offre. Toutefois, quelques aspects sont à souligner dans le premier cas.

Le montant minimum du capital social d'une société constituée avec offre au public est de 37 000 € depuis l'ordonnance du 2 janvier 2009 qui a supprimé l'obligation de 225 000 € (C. com., art. L. 224-2, al. 1).

Dans ce cas, les fondateurs doivent établir et signer un projet de statuts (C. com. art. L. 225-2 et R. 224-2). Un exemplaire de ce projet est déposé au greffe du tribunal de commerce du lieu où les fondateurs ont prévu d'installer le siège social. Les tiers peuvent consulter ce projet et en obtenir copie à leur frais (C. com., art. R. 225-2).

Les fondateurs signent et publient dans le *Bulletin d'annonces légales obligatoires* une notice déterminant les caractéristiques de la société (C. com., art. L. 225-2 al. 2). Le contenu de cette notice est détaillé par les dispositions de l'article R. 225-3 du Code de commerce. La dénomination sociale, le montant du capital social, le lieu de dépôt des statuts et l'adresse du siège social font partie de ces mentions contenues dans la notice, dont la finalité est de permettre à tout souscripteur de connaître les principales caractéristiques de la société.

L'Autorité des marchés financiers est avertie de la note d'information à l'attention du public. Elle donne son visa préalablement à l'émission des bulletins de souscription au capital. En contrepartie de la souscription au capital, un certificat de dépôt de fonds est remis aux futurs associés. Ils doivent libérer la fraction du montant nominal des actions à verser immédiatement, qui ne peut être inférieur à la moitié (C. com., art. L. 225-3, al. 2)

6. *V. supra* fiche 7.

7. *V.* schéma 3.

Lors de la constitution d'une société avec offre au public, une assemblée générale constitutive est tenue. L'assemblée est convoquée par les fondateurs (C. com., art. L. 225-7) avec un avis de convocation inséré dans un journal d'annonces légales, publié au moins huit jours avant la date de l'assemblée. Tout souscripteur peut participer à l'assemblée qui constate que « *le capital est entièrement souscrit et que les actions sont libérées du montant exigible* » (C. com., art. L. 225-7 al. 2).

Les conditions de quorum et de majorité sont celles des assemblées extraordinaires (C. com., art. L. 225-9, al. 2).

L'assemblée se prononce également sur le contenu des statuts et nomme les premiers administrateurs ou membres du conseil de surveillance. Elle désigne les commissaires aux comptes (C. com., art. L. 225-7 al. 2).

La société est valablement constituée après la tenue de l'assemblée générale constitutive. Elle fait l'objet des formalités de publicité identiques à celles de la société anonyme constituée avec offre au public.

Lorsque la société n'est pas constituée dans un délai de six mois après le dépôt des statuts au greffe du tribunal de commerce « *tout souscripteur peut demander en justice la nomination d'un mandataire chargé de retirer les fonds pour les restituer aux souscripteurs* » (C. com., art. L. 225-11 al. 2 et R. 225-12, al. 2)).

Les sociétés anonymes constituées avec offre au public sont extrêmement rares en pratique.

Schéma 1

La constitution de la société anonyme

A

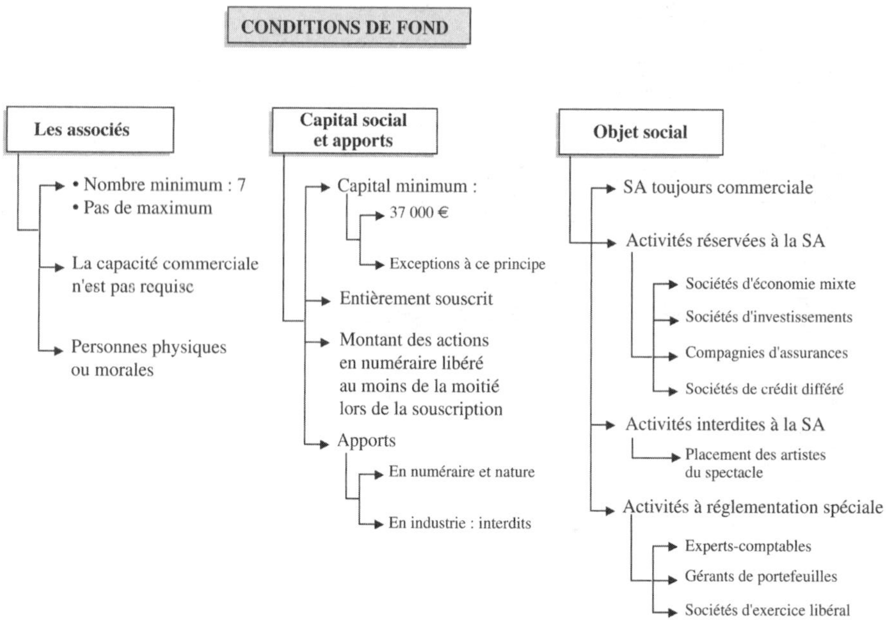

Schéma 2

La constitution de la société anonyme

A

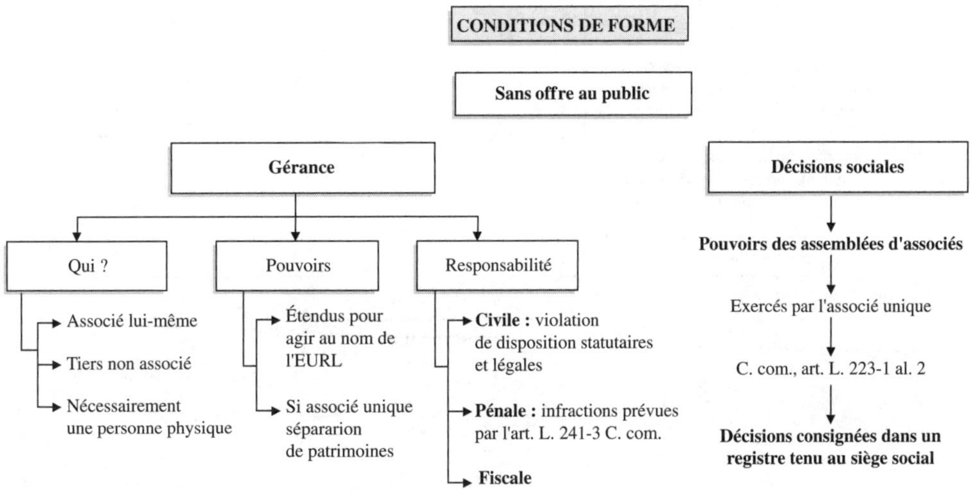

Schéma 3

La constitution de la société anonyme

C

CONDITIONS DE FORME

Avec offre au public

- Mentions dans statuts et publicité
  - Obligatoires et facultatives
    - Idem SA sans offre au public
    - *V.* schéma précédent
  - Formalités de publicité
    - Idem SA sans offre au public
    - *V.* schéma précédent

- Rôle des fondateurs et procédure
  - 1. Établir un projet de statuts : le déposer au greffe du tribunal de commerce du lieu du siège social
  - 2. Publier une notice au *Bulletin d'annonces légales obligatoires* (BALO) (C. com., art. L. 225-2 al. 2)
  - 3. L'AMF avertie de cette publicité donne son visa pour l'émission de bulletins de souscription du capital
  - 4. Formation du capital social
    - certificat dépositaire
  - 5. Assemblée générale constitutive : C. com., art. L. 225-7
    - Société valablement constituée à la suite de l'assemblée

Fiche 36

Administration et direction de la SA (I) société anonyme avec conseil d'administration (A)

Les administrateurs et le directeur général

L'administration de la société anonyme peut être confiée à un conseil d'administration et à son président (**fiches 36 et 37**) – régime traditionnel – ou à un directoire contrôlé par le conseil de surveillance (**fiches 38 et 39**) – régime dualiste inspiré du droit allemand.

Le conseil d'administration est un organe collégial composé d'administrateurs (**I**). En pratique et dans la plupart des cas, son président assure également la direction générale de la société. Toutefois, cette fonction peut également être assurée par une tierce personne nommée par le conseil d'administration : le directeur général (**II**).

I - LES ADMINISTRATEURS[1]

Le législateur confie aux statuts le soin de déterminer le nombre d'administrateurs. Toutefois, il fixe le nombre minimum et maximum de membres du conseil d'administration. Cet organe est composé au moins de trois membres sans qu'il puisse en comprendre plus de dix-huit (C. com., art. L. 225-17). Dans ces limites légales, les statuts fixent librement le nombre d'administrateurs.

Si le nombre d'administrateurs devient inférieur au minimum légal, les administrateurs restants doivent convoquer une assemblée générale ordinaire afin de compléter l'effectif du conseil d'administration (C. com., art. L. 225-24 al. 2).

A - Nomination des administrateurs

Les administrateurs ne sont pas des commerçants. Donc, leur capacité est examinée au regard des critères de la **capacité** de **droit commun**. C'est ainsi qu'un mineur émancipé peut être nommé administrateur d'une société anonyme, de même qu'un étranger.

L'administrateur peut être une personne physique ou une personne morale. Dans ce dernier cas, la personne morale doit désigner un représentant permanent soumis aux mêmes conditions et responsabilités que s'il était administrateur en son nom propre.

1. *V.* schémas 1 et 2.

Par ailleurs, la loi de modernisation de l'économie (loi 2008-776 du 4 août 2008) a supprimé l'obligation faite aux administrateurs d'être actionnaires de la société depuis le 1er janvier 2009. Les sociétés constituées avant cette date qui souhaitent supprimer cette obligation sont tenues de modifier leurs statuts. Toutefois, le contrat des sociétés peut imposer que chaque administrateur soit propriétaire d'un nombre d'actions déterminée (C. com., art. L. 225-25).

L'administrateur ne peut **cumuler** simultanément plus de cinq **mandats** d'administrateur ou de membre du conseil de surveillance de sociétés anonymes ayant leur siège social en France (C. com., art. L. 225-21 et art. L. 225-77 al. 1er). Néanmoins, ne sont pas pris en compte les mandats d'administrateur dans les sociétés non cotées contrôlées par la société dans laquelle l'administrateur exerce son mandat (C. com., art. L. 225-21 al. 3).

Les statuts déterminent une **limite d'âge** pour l'exercice des fonctions d'administrateur. Cette limite peut s'appliquer à l'ensemble des administrateurs ou à un pourcentage déterminé d'entre eux (C. com., art. L. 225-19). Dans le silence des statuts, le nombre d'administrateurs âgés de plus de soixante-dix ans ne peut dépasser un tiers des administrateurs en fonctions (C. com., art. L. 225-19 al. 2). Toute clause contraire à cette règle serait nulle (alinéa 3).

Le législateur a prévu un certain nombre d'**incompatibilités** avec l'exercice des fonctions d'administrateur. C'est ainsi que les fonctionnaires, les parlementaires, les membres du gouvernement, certains officiers ministériels ou les auxiliaires de justice ne peuvent exercer des fonctions d'administrateur des sociétés anonymes.

En outre, la loi de sauvegarde des entreprises du 26 juillet 2005 dispose que les personnes dont la faillite personnelle a été prononcée (C. com., art. L. 653-2) ou contre lesquelles une interdiction de gérer a également été prononcée (C. com., art. L. 653-8) ne peuvent être administrateurs d'une société anonyme.

Les administrateurs sont **nommés** soit par l'assemblée générale constitutive si la société est constituée avec offre au public, soit dans les statuts dans le cas contraire (C. com., art. L. 225-18 al. 1er). En cours de vie sociale, et quel que soit le mode de constitution de la société, les administrateurs sont nommés par l'assemblée générale ordinaire (C. com., art. L. 225-18).

La nomination des administrateurs fait l'objet d'une **publicité** dans un journal d'annonces légales et le procès-verbal de l'assemblée qui les nomme est déposé au greffe du tribunal de commerce.

B - Statut des administrateurs

Les dispositions statutaires déterminent la **durée** du **mandat** des administrateurs. Toutefois, les premiers administrateurs des SA dont les titres financiers ne sont pas offerts au public sont nommés pour trois ans. S'ils sont nommés en cours de vie sociale ou lors de l'assemblée générale constitutive d'une société anonyme constituée avec offre au public, cette limite est de six ans (C. com., art. L. 225-18 al. 1er). La nomination pour une durée supérieure est nulle (alinéa 3).

Sauf disposition contraire des statuts, le **renouvellement** de leur mandat est possible (alinéa 2).

Un administrateur ne peut pas **cumuler** un **contrat de travail** avec son mandat (C. com., art. L. 225-44). En revanche, un salarié de la société peut devenir administrateur de celle-ci et conserver son contrat de travail à condition de respecter les conditions imposées par l'article L. 225-22 du Code de commerce, à savoir :

- le nombre d'administrateurs liés à la société par un contrat de travail ne peut dépasser le tiers des administrateurs en fonction ;
- le contrat de travail doit correspondre à un travail effectif.

Les fonctions d'administrateur sont **rétribuées** soit avec l'octroi de jetons de présence au titre de son activité dans le conseil d'administration (C. com., art. L. 225-45) soit avec des rémunérations exceptionnelles pour missions ou mandats confiés (C. com., art. L. 225-46).

Le remboursement des frais de voyage et de déplacement ainsi que les dépenses engagées par les administrateurs dans l'intérêt de la société, peut-être autorisé par le conseil d'administration (C. com., art. L. 225-33 al. 2).

C - Cessation des fonctions des administrateurs

Les fonctions des administrateurs peuvent cesser :

- par l'arrivée du terme prévu lors de leur nomination ;
- par incapacité, incompatibilité ou limite d'âge ;
- par le décès de l'administrateur ;
- par démission ou révocation.
- par transformation ou dissolution de la société

La révocation d'un administrateur peut intervenir à tout moment par l'assemblée générale des actionnaires (C. com., art. L. 225-18 al. 2), même sans juste motif « *ad nutun* » et sans indemnité – à l'exception de dommages-intérêts prévus si la mesure de révocation était abusive – par l'article 1382 du Code civil.

Seule l'assemblée générale a le pouvoir de révoquer les administrateurs (C. com., art. L. 225-105 al. 3) dans les conditions de quorum et de majoritée fixées par la loi pour celle-ci.

D - Responsabilité des administrateurs

Les administrateurs engagent leur **responsabilité civile**, individuellement ou solidairement, envers la société ou envers les tiers en cas d'infraction aux dispositions légales ou réglementaires. Ils sont responsables également en cas de violation des dispositions statutaires et en cas de fautes commises dans la gestion (C. com., art. L. 225-251). Cette responsabilité peut être individuelle ou solidaire (alinéa 1). Dans le premier cas, la faute est imputée à un seul dirigeant et dans le second, plusieurs administrateurs sont condamnés pour les mêmes faits.

L'action en responsabilité contre les actes des administrateurs peut être individuelle ou sociale (C. com., art. L. 225-252). La première est exercée par l'actionnaire ayant subi personnellement le préjudice et au profit duquel se fera le versement de dommages-intérêts. L'action sociale tend à la réparation du préjudice subi par la société et, en principe, appartient aux représentants légaux de la société. Toutefois, elle peut également être exercée par un actionnaire ou un groupe d'actionnaires représentant au moins 5 % du capital social (C. com., art. L. 225-252). Toutefois, lorsque le capital de la société est supérieur à 750 000 € ce seuil est réduit (C. com., art. R. 225-169). L'action se prescrit après trois ans (ou exceptionnellement après 10 ans s'il y a eu crime (C. com., art. L. 225-254) à compter du fait dommageable ou de la révélation du fait.

La **responsabilité pénale** des administrateurs est engagée en cas d'infraction commise dans l'administration de la société, notamment en cas de distribution de dividendes fictifs, de publication ou de présentation des comptes annuels ne donnant pas une image fidèle de l'activité de la société, en cas d'absence d'inventaire, d'établissement des comptes annuels ou d'abus de biens sociaux (C. com., art. L. 242-6 et 242-8).

II - LE DIRECTEUR GÉNÉRAL[2]

La direction générale de la société peut être **assurée** soit par le président du conseil d'administration, soit par une tierce personne nommée par le conseil d'administration et que le législateur appelle le directeur général (C. com., art. L. 225-51-1). Il peut être assisté d'un ou de plusieurs directeurs généraux délégués.

Depuis la loi NRE du 15 mai 2001 la nomination du directeur général est obligatoire.

2. *V.* schéma 3.

A - Statut du directeur général

Le directeur général doit obligatoirement être une **personne physique**, actionnaire ou pas. Les dispositions statutaires fixent la limite d'âge pour l'exercice des fonctions de directeur général ; à défaut, l'âge limite est identique à celui déterminé pour le président du conseil d'administration, c'est-à-dire soixante-cinq ans (C.com., art. L. 225-54 al.1). Le directeur peut être choisi en dehors des administrateurs de la société.

Le conseil d'administration **nomme** le directeur général (C. com., art. L. 225-51-1 al. 1er) et détermine la durée de ses fonctions – qui n'a pas été prévue par le législateur. Il établit également la rémunération qui peut être fixe ou variable en fonction des résultats (C. com., art. L. 225-53).

Le **cumul de mandats** dans différentes sociétés anonymes dont le siège est implanté en France n'est pas possible (C.com., art. L. 225-54-1). En revanche, le directeur général qui n'est pas administrateur peut cumuler les fonctions de direction avec un contrat de travail dès lors que ce dernier correspond à un emploi effectif.

La décision de **révocation** du directeur est prise par le conseil d'administration (C. com., art. L. 225-54-1 al. 1er) et peut intervenir à tout moment. Si la révocation est décidée sans juste motif, elle peut donner lieu à des dommages-intérêts (C. com., art. L. 225-55 al. 1er). Étant donné qu'il s'agit d'un mandataire, le directeur général peut **démissionner** dans les conditions prévues à l'article 2007 du Code civil.

B - Pouvoirs et responsabilité

Le directeur général est « *investi des pouvoirs les plus étendus pour agir en toute circonstance au nom de la société* » (C.com., art. L. 225-56 I al. 1er). Il représente la société dans ses rapports avec les tiers (al. 2).

Les actes du directeur général **engagent** la société même s'ils ne relèvent pas de l'objet social, sauf si elle prouve que le tiers avait connaissance de ce dépassement (C. com., art. L. 225-56 I al. 2).

Le conseil d'administration ou les dispositions statutaires ne peuvent **limiter** les pouvoirs du directeur général (C. com., art. L. 225-56 I al. 3).

Le régime de la **responsabilité** prévu pour les administrateurs s'applique au directeur général – responsabilité civile (C. com., art. L. 225-251 et s.) et pénale (C. com., art. L. 242-1 à L. 247-7).

C - Les directeurs généraux délégués

Le directeur général peut se faire assister par des directeurs généraux délégués. Ils sont nommés par le conseil d'administration sur proposition du directeur général (C. com., art. L. 225-53 al. 1er). Ils sont choisis parmi les membres du Conseil d'administration ou en dehors d'eux.

Il s'agit nécessairement de personnes physiques, dont le **nombre** est fixé par les statuts dans la limite de cinq (al. 2). À défaut de clause statutaire, la limite d'âge du directeur général s'applique, soit soixante-cinq ans.

Le conseil d'administration, en accord avec le directeur général, détermine leur **rémunération**, ainsi que l'étendue et la durée de leurs **fonctions**. À l'égard des tiers, les directeurs délégués disposent des mêmes pouvoirs que le directeur général (C. com., art. L. 225-56 II al. 2).

Les directeurs généraux délégués sont **révocables** à tout moment et seule la révocation décidée sans juste motif donne lieu à des dommages-intérêts (C. com., art. L. 225-55).

Le législateur n'a pas statué sur la **responsabilité** civile des directeurs délégués. Ils engagent leur responsabilité civile dans les mêmes conditions que les autres administrateurs et les sanctions pénales prévues pour le directeur général sont applicables aux directeurs généraux délégués.

Schéma 1

Les administrateurs et le directeur général

A

LES ADMINISTRATEURS

Nomination

- Pas de commerçants
  - Capacité de droit commun
- Personnes physiques ou morales
- Pas nécessairement actionnaires
- Limite : 5 mandats d'administrateur de SA ayant leur siège en France
- Limite d'âge prévue par les statuts ou par la loi
- Nommés
  - AG constitutive si offre au public
  - Statuts
  - AGO en cours de vie sociale
- Publicité de la nomination

Statut

- Durée mandat
  - Société constituée sans offre au public 1ers administrateurs : 3 ans
  - Société constituée avec offre au public : 6 ans
  - Dans les deux cas, si nommés en cours de vie sociale : 6 ans
- Renouvellement de mandat possible
- Cumul avec contrat de travail
  - Impossible : contrat de travail avec mandat d'administrateur
  - Possible : être salarié de la société et devenir administrateur (respect conditions art. L. 225-22 C. com)

Schéma 2

Les administrateurs et le directeur général

A

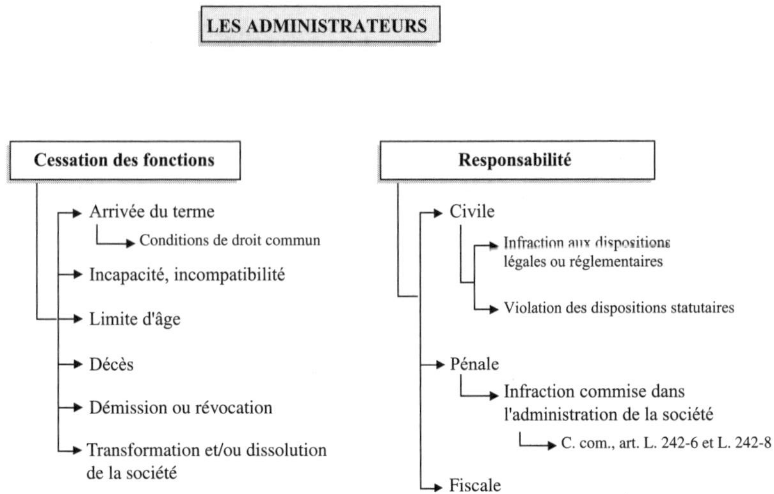

Schéma 3

Les administrateurs et le directeur général

B

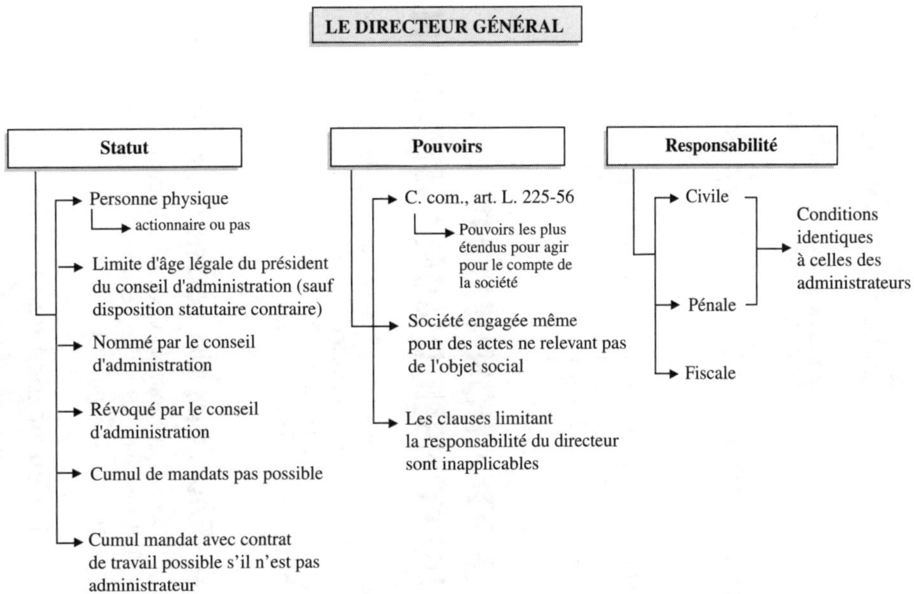

Fiche 37

Administration et direction de la SA (II) Société anonyme avec conseil d'administration (B)

Le conseil d'administration et son président

Le pouvoir de gérer la société est attribué uniquement au conseil d'administration et non séparément aux membres qui le composent (**I**). Le conseil d'administration est présidé par un administrateur personne physique (**II**).

I - LE FONCTIONNEMENT DU CONSEIL D'ADMINISTRATION[1]

Aux termes de l'article L. 225-17 du Code de commerce, « *la société anonyme est administrée par un conseil d'administration* ». Le conseil est un organe collégial dans lequel les administrateurs exercent collectivement les missions attribuées par la loi et les statuts.

A - Réunions du conseil d'administration

Les dispositions du Code de commerce laissent aux statuts la liberté de déterminer les règles relatives à la convocation et aux délibérations du conseil (C. com., art. L. 225-36-1).

1. Convocation du conseil

De manière générale, le conseil d'administration est **convoqué** par son président qui fixe l'ordre du jour. Toutefois, si le conseil ne se réunit pas depuis plus de deux mois, les administrateurs représentant au moins un tiers des membres du conseil peuvent demander la convocation de la réunion du conseil sur un ordre du jour fixé (C. com., art. L. 225-36-1 al. 2). Cette convocation peut également être demandée par le directeur général (alinéa 3).

1. *V.* schéma 1.

Tous les administrateurs sont convoqués et **assistent** aux réunions du conseil d'administration. La participation des administrateurs aux réunions par visioconférence ou par un autre moyen de télécommunication a été prévue par les dispositions de la loi NRE du 15 mai 2001 (C. com., art. L. 225-37 al. 3, R. 225-21 et R. 225-48). Toutefois, les statuts peuvent écarter cette possibilité. De même, ce procédé ne saura être utilisé pour l'établissement des comptes annuels et du rapport de gestion ainsi que pour l'établissement des comptes consolidés et du rapport sur la gestion de groupe. (C. com., art. L. 225-37 al. 3).

Un administrateur peut se faire **représenter**, mais seulement par un autre administrateur, personne physique ou morale, sauf si les statuts ont prévu une clause contraire. Le mandat doit être donné par écrit (C. com., art. R. 225-19 al. 1er).

La convocation des **commissaires aux comptes** titulaires est nécessaire lorsque dans l'ordre du jour figure l'examen ou l'arrêt des comptes annuels ou intermédiaires (C. com., art. L. 225-238). Sont convoqués également deux membres du comité d'entreprise (C. trav., art. 2323-62 al. 1) à qui on remet les mêmes documents que ceux adressés aux membres du conseil d'administration.

2. Réunions du conseil

Les réunions sont **présidées** par le président du conseil d'administration. Un registre de présence doit être tenu et signé par les administrateurs participant à la réunion (C. com., art. L. 225-20).

Le conseil d'administration ne **délibère** valablement que si la moitié au moins des administrateurs sont présents à la réunion (C. com., art. L. 225-37). Toute clause contraire est réputée non écrite.

Les décisions sont **prises** « *à la majorité des membres présents ou représentés* », sauf disposition des statuts prévoyant une majorité plus importante (C. com., art. L. 225-37 al. 2). Les administrateurs votent toutes les questions figurant à l'ordre du jour de la réunion, même s'ils ont un intérêt personnel dans un des points discutés[2].

Les délibérations du conseil d'administration sont consignées dans un **procès-verbal** établi sur un registre spécial coté et paraphé « *soit par un juge du tribunal de commerce, soit par un juge du tribunal d'instance, soit par le maire de la commune* » (C. com., art. R. 225-22).

A défaut d'établissement du procès verbal, les délibérations sont nulles (C. com., art. L. 235-14- al. 1). L'action en nullité est ouverte à tout administrateur et peut être exercée jusqu'à l'approbation de la deuxième réunion du conseil qui suit celle dont les délibérations sont susceptibles d'annulation (alinéa 2 et 3).

2. Cass. com., 24 février 1975, *Rev. sociétés* 1976, p. 92 note Oppetit.

B - Pouvoirs du conseil

L'article L. 225-35 du Code de commerce précise les **attributions** du conseil d'administration. Ainsi, le conseil « *détermine les orientations de l'activité de la société et veille à leur mise en œuvre* ». Par ailleurs, « *il se saisit de toute question intéressant la bonne marche de la société et règle par ses délibérations les affaires qui la concernent* ».

Un rôle de **contrôle** et de surveillance lui est également attribué. Il se concrétise par la possibilité que chaque administrateur a de recevoir « *toutes les informations nécessaires à l'accomplissement de sa mission* » ainsi que « *tous les documents qu'il estime utiles* » (C. com., art. L. 225-35 al. 3).

Toutefois, les pouvoirs du conseil d'administration sont **limités** non seulement par l'objet social « *la société est engagée même par les actes qui ne relèvent pas de l'objet social* » (C. com., art. L. 225-35 al. 2) – mais encore par le principe de hiérarchie des organes consacré par l'article L. 225-35 du Code de commerce. En effet, aux termes de cette disposition, le conseil agit « *sous réserve des pouvoirs expressément attribués aux assemblées d'actionnaires* ».

En outre, le conseil d'administration **nomme** et **révoque** le président. Il détermine sa rémunération (C. com. art. L. 225-47). Le conseil est seul compétent pour nommer, sur proposition du président, les directeurs généraux et pour fixer leur rémunération ainsi que l'étendue et la durée de leurs pouvoirs (C. com., art. L. 225-53 et L. 225-56).

Le conseil **convoque** les assemblées d'actionnaires, **fixe** l'ordre du jour et assure la publication de l'avis de convocation dans les journaux[3]. Il est également **tenu d'établir** l'inventaire, les comptes annuels ainsi que le rapport de gestion (C. com., art. L. 232-1). Par ailleurs, il est chargé de déterminer les modalités de paiement des dividendes (C. com., art. L. 232-13 al. 1er) et d'arrêter le projet de fusion ou de scission de la société (C. com. art. L. 236-6).

II - LE PRÉSIDENT DU CONSEIL D'ADMINISTRATION[4]

Le président du conseil d'administration est nécessairement un administrateur actionnaire de la société, personne physique qui n'a pas vocation à assurer la direction de la société, car cette mission revient au directeur général.

3. *V. infra* fiche 40 sur les assemblées d'actionnaires.

4. *V.* schéma 2.

A - Statut du président

À défaut de disposition expresse des statuts, le président ne peut être âgé de plus de soixante-cinq ans (C. com., art. L. 225-48). Toute nomination faite en violation de ces dépositions est nulle (alinéa 2). Lorsqu'il atteint l'âge de cinquante cinq ans – ou l'âge fixé par les statuts– il est réputé démissionnaire d'office (alinéa 3).

Le président est **élu** parmi les membres du conseil d'administration (C. com., art. L. 225-47-1). Il est nommé par le conseil d'administration pour une durée qui ne peut excéder celle de son mandat d'administrateur. Nonobstant, il est rééligible (al. 2), mais il peut être **révoqué** à tout instant par le conseil. Toute clause contraire est réputée non écrite (al. 3).

La **rémunération** du président du conseil d'administration peut comprendre des jetons de présence qu'il perçoit en tant qu'administrateur ainsi qu'une rémunération spéciale fixée par le conseil (C. com. art. L. 225-47 al.1). Cette dernière peut être soit fixe, soit proportionnelle aux bénéficies ou au chiffre d'affaires.

Le président ne peut **cumuler** son mandat avec un contrat de travail que dans la mesure où les conditions prévues par l'article L. 225-22 du Code de commerce sont respectées (contrat de travail antérieur à la nomination, distinct et indépendant du mandat social et correspondant à un travail effectif).

B - Pouvoirs du président

Aux termes de l'article L. 225-51 du Code de commerce, le président du conseil d'administration représente ce dernier et « *organise et dirige les travaux de celui-ci, dont il rend compte à l'assemblée générale* ». De manière générale, « *il veille au bon fonctionnement des organes de la société* ».

Il peut cumuler ses fonctions de président du conseil d'administration avec celles de directeur général dans le respect des conditions prévues par les statuts et sur décision du conseil d'administration.

Le président engage sa **responsabilité** civile et pénale dans les mêmes conditions que les autres administrateurs de la société.

Schéma 1

Le conseil d'administration et son président

A

LE FONCTIONNEMENT DU CONSEIL D'ADMINISTRATION

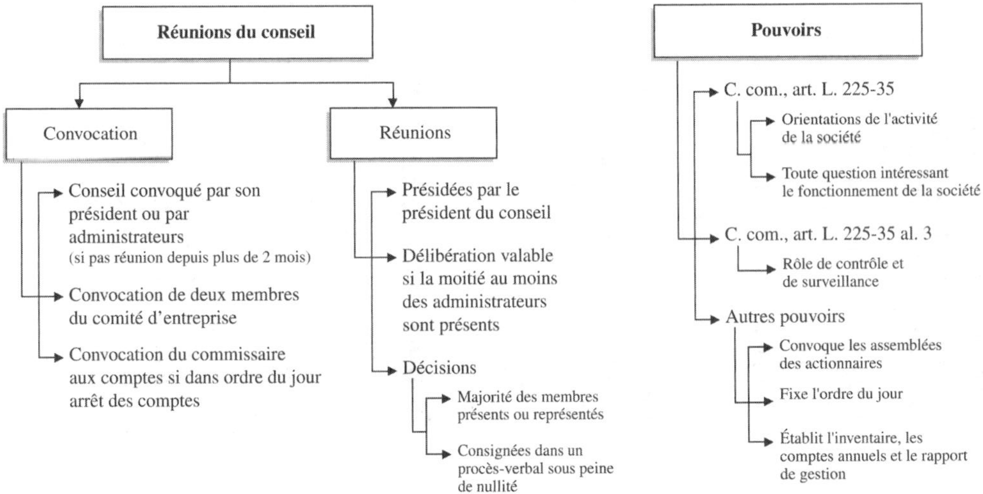

Schéma 2

Le conseil d'administration et son président

B

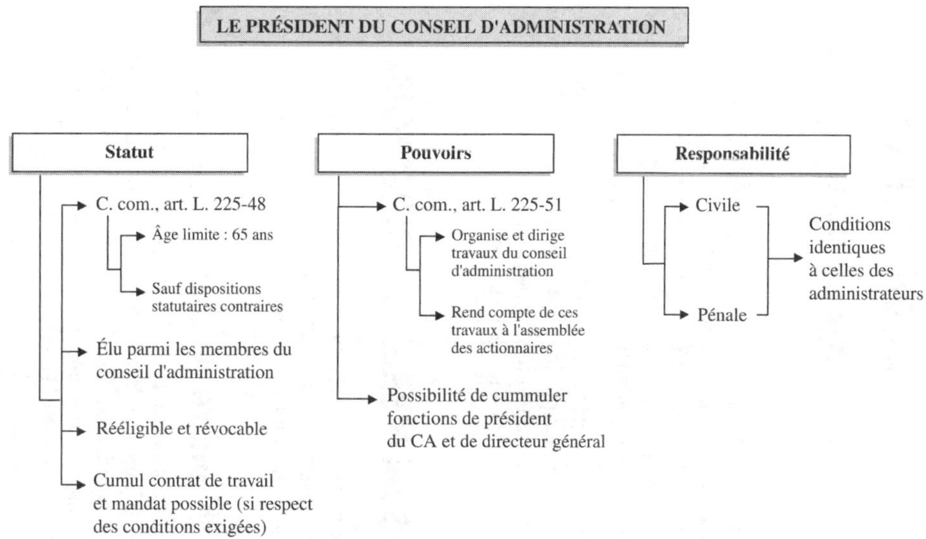

Fiche 38 Administration et direction de la SA (III) société anonyme et conseil de surveillance (A) : Le directoire

L'organisation de la société anonyme avec directoire et conseil de surveillance a été introduite dans la législation française avec la loi de 1966 empruntée au droit allemand. Cette modalité d'organisation repose sur la distinction entre les fonctions de direction de l'activité, assurées par le directoire, et les fonctions de contrôle et de surveillance de la gestion, attribuées au conseil de surveillance.

Aux termes de l'article L. 225-59 du Code de commerce, les membres du directoire sont nommés par le conseil de surveillance (**I**). Par ailleurs, ils sont investis des pouvoirs les plus étendus pour diriger la société (**II**). Responsables des fautes commises dans l'exercice de leur mandat (**III**).

I - LES MEMBRES DU DIRECTOIRE[1]

Les membres du directoire sont obligatoirement des **personnes physiques**, qui peuvent ne pas être actionnaires (C. com., art. L. 225-59 al. 3). La nomination d'une personne morale entraîne la nullité de la nomination.

A - Nombre de membres et durée de leur mandat

Le **nombre** de membres du directoire est déterminé par les statuts ou, à défaut, par le conseil de surveillance. Ce nombre ne saurait être supérieur à cinq. Dans le cas où la société est admise aux négociations sur un marché réglementé, les statuts peuvent le porter à sept (C. com., art. L. 225-58). Toutefois, dans les sociétés dont le capital est inférieur à 150 000 € « *les fonctions dévolues au directoire peuvent être exercées par une seule personne* », le directeur général unique (C. com., art. L. 225-58 al. 2 et L. 225-59 al. 2).

La **limite** d'âge pour intégrer le directoire est déterminée par les statuts. À défaut de mention statutaire, la limite est de soixante-cinq ans (C. com., art. L. 225-60). En effet, les membres du directoire sont soumis au même régime que les administrateurs des SA « classiques »

1. *V.* schéma 1.

Les membres sont nommés par le conseil de surveillance pour la **durée** prévue par les statuts, dans les limites comprises entre deux et six ans. Dans le silence des statuts, cette durée est de quatre ans (C. com., art. L. 225-62). Sauf si les statuts en disposant autrement, les membres du diectoire sont rééligibles, les dispositions législatives étant muettes sur ce point.

Le conseil de surveillance fixe, dans l'acte de nomination, le mode et le montant de la **rémunération** des membres du directoire (C. com, art. L. 225-63).

Les membres du directoire peuvent être **révoqués** soit par l'assemblée générale, soit par le conseil de surveillance si des dispositions statutaires l'ont prévu (C. com., art. L. 225-61). Dans le seul cas où la révocation intervient sans juste motif, elle peut donner lieu à dommages-intérêts.

B - Cumul du mandat social

Un membre du directoire peut **cumuler** son mandat social avec un contrat de travail si ce dernier correspond à un emploi effectif et qu'il place l'intéressé dans un état de subordination à l'égard de la société. Contrairement à l'administrateur, il peut être nommé membre du directoire alors qu'il est déjà salarié ou même devenir salarié une fois qu'il fait partie du directoire. En revanche, il ne peut cumuler plus d'un mandat de membre du directoire (C. com., art. L. 225-67). Néanmoins, ce principe connaît deux exceptions :

- tout d'abord, le cumul est possible si le deuxième mandat est exercé dans une société contrôlée – au sens de l'article L. 233-16 du Code de commerce – par la société où le membre du directoire exerce ses fonctions ;
- le cumul est également possible si les titres de cette deuxième société ne sont pas admis aux négociations sur un marché réglementé (C. com., art. L. 225-67 al. 2).

Par ailleurs, le législateur a prévu une **interdiction** totale de faire partie du directoire et du conseil de surveillance en même temps (C. com., art. L. 225-74).

C - Le président du directoire et le directeur général unique

Le conseil de surveillance nomme les membres du directoire et désigne, parmi eux, le président (C. com., art. L. 225-59). Le président du directoire est obligatoirement une personne physique, à peine de nullité de la nomination. Il est chargé de représenter la société à l'égard des tiers.

Lorsque le capital social de la société anonyme est inférieur à 150 000 €, le directoire peut comprendre une seule personne (C. com., art. L. 225-58 al. 2). Cette personne est alors dénommée directeur général unique (C. com., art. L. 225-59 al. 2).

II - POUVOIRS DU DIRECTOIRE

Le directoire est chargé de gérer et d'administrer la société. Il est investi des *« pouvoirs les plus étendus pour agir en toute circonstance au nom de la société »* (C. com., art. L. 225-64 al. 1er). Ces pouvoirs sont exercés sous le contrôle permanent du conseil de surveillance (C. com., art. L. 225-68), auquel le directoire remet un rapport trimestriel (alinéa 4).

Le directoire est chargé de convoquer les assemblées générales (C. com., art. L. 225-103), de la décision d'augmentation du capital social – sur délégation de l'AGE – (C. Com., art. L. 225-129) et également de la réalisation d'une réduction de capital – sur délégation de l'AGE – (C. com., art. L. 225-204).

Dans les rapports avec les tiers, le directoire engage la responsabilité de la société-même pour les actes qui n'entrent pas dans l'objet social, sauf si le tiers avait connaissance de ce dépassement (C. com., art. L. 225-64 al. 2).

Les réunions du directoire, ainsi que les délibérations et les prises de décisions sont organisées par les statuts (C. com., art. L. 225-64 al. 4).

III - RESPONSABILITÉ DU DIRECTOIRE

Le régime de la responsabilité civile et de la responsabilité pénale des membres du directoire est identique à celui des administrateurs et du directeur général de la société anonyme de type classique[2].

2. Dans ce sens, *v. supra*. fiche 34.

Schéma

Le directoire

LE DIRECTOIRE

Statut des membres

- Nombre
  - Déterminé par les statuts
  - À défaut, par le conseil de surveillance
- Limite légale (art. L. 225-58 C. com.)
  - Maximum 5
  - Ou 7 si société admise aux négociations
- Cumul mandat et contrat de travail
  - Emploi effectif
  - État de subordination avec société
  - Possible même s'il est déjà salarié
- Interdit : membre de conseil de surveillance et du directoire en même temps

Pouvoirs

- Gérer et administrer la société
- C. com., art. L. 225-64 al. 1er
  - Pouvoirs les plus étendus pour agir pour le compte de la société
- Sous le contrôle du conseil de surveillance
  - Rapport trimestriel (C. com., art. L. 225-68 al. 4)

Responsabilité

- Conditions identiques à celles des administrateurs et du directeur général

Fiche 39

Administration et direction de la SA (IV) société anonyme avec directoire et conseil de surveillance (B) :

Le conseil de surveillance

Le conseil de surveillance contrôle, de manière permanente, la gestion de la société réalisée par le directoire (C. com., art. L. 225-68).

I - NOMINATION DU CONSEIL[1]

Les premiers **membres** du conseil de surveillance sont nommés par les statuts ou, si la société offre au public ses titres financiers, par l'assemblée générale constitutive. Lorsqu'ils sont désignés au cours de la vie sociale, leur nomination est de la compétence de l'assemblée générale ordinaire.

A - Composition du conseil

Le conseil est **composé** de trois membres au moins et de dix-huit au plus (C. com., art. L. 225-69). Dans ces limites, leur nombre est déterminé par les statuts.

Les **personnes morales** peuvent être nommées membres du conseil de surveillance d'une société anonyme (C. com., art. L. 225-76). Toutefois, la **qualité d'actionnaire** n'est une condition nécessaire pour intégrer le conseil de surveillance de la société anonyme que si les statuts l'exigent. Dans ce cas, les statuts déterminent le nombre d'actions que chaque membre doit détenir afin de participer au conseil (C. com., art. L. 225-72). Lorsque les salariés détiennent au moins 3 % du capital social, la société est tenue de nommer au conseil de surveillance un ou plusieurs représentants des salariés actionnaires (C. com., art. L. 225-71 al. 1er).

Une **limite d'âge** pour l'exercice des fonctions de membre du conseil de surveillance doit être fixée par les statuts. À défaut, le nombre de membres atteignant l'âge de soixante-dix ans ne peut être supérieur au tiers des membres du conseil en fonctions (C. com., art. L. 225-70 al. 2). En effet, ils sont soumis au même régime que les administrateurs.

1. *V.* schéma 1.

B - Durée des fonctions et révocation

La **durée des fonctions** des membres du conseil de surveillance est déterminée par les statuts dans la limite de six ans pour les membres nommés par les assemblées générales et de trois ans pour les membres statutaires désignés lors de la constitution d'une société sans offre au public (C. com., art. L. 225-75). Les nominations pour une durée supérieure seraient nulles (al. 3). Sauf disposition contraire des statuts, les membres du conseil de surveillance sont rééligibles (al. 2).

La **révocation** des membres du conseil peut intervenir à tout moment (al. 2) par décision de l'assemblée générale.

II - LE PRÉSIDENT DU CONSEIL

Le président et le vice-président sont **élus** parmi les membres du conseil de surveillance (C. com., art. L. 225-81). À peine de nullité, président et vice-président sont des personnes physiques (al. 2). Leur rémunération est fixée par le conseil.

Ils sont chargés de convoquer les réunions du conseil de surveillance et de gérer les débats. Le président dirige les assemblées d'actionnaires de la société anonyme (C. com., art. R. 225-100).

III - CUMUL DE MANDATS ET CONTRATS DE TRAVAIL

Le cumul d'un **contrat de travail** avec le mandat social n'est possible que pour un tiers des membres du conseil de surveillance en fonctions (C. com., art. L. 225-85 al. 2). Ce contrat doit correspondre à un travail effectif et placer les membres du conseil dans un état de subordination à l'égard de la société.

Les conditions de **cumul de mandats** des membres du conseil de surveillance sont identiques à celles prévues pour les administrateurs des sociétés anonymes de type classique. En effet, le législateur limite à cinq le nombre de mandats exercés par une personne physique au sein des conseils de surveillance (C. com., art. L. 225-77).

IV - POUVOIRS DU CONSEIL[2]

Le conseil de surveillance **contrôle** la gestion réalisée par le directoire à tout moment (C. com. art. L. 225-68 al. 1). Il peut se faire communiquer les documents qu'il considère nécessaires pour sa mission et reçoit, après la clôture de chaque exercice social, les comptes annuels et, le cas échéant, les comptes

2. *V.* schéma 2.

consolidés (C. com., art. L. 225-68 al. 5). De plus, une fois par trimestre au moins le directoire doit présenter un rapport au conseil de surveillance (C. com. art. L. 225-68 al. 4).

Le conseil présente à l'assemblée générale ses observations sur le rapport remis par le directoire ainsi que sur les comptes annuels (al. 6).

En outre, le conseil de surveillance nomme les membres du directoire ou du conseil, procède à la répartition des jetons de présence, nomme les membres des commissions...

V - RÉUNIONS ET DÉLIBÉRATIONS DU CONSEIL

Les réunions sont **convoquées** par le président ou le vice-président du conseil de surveillance. Les délibérations ne sont valables qu'en présence de la moitié au moins des membres du conseil (C. com., art. L. 225-82 al. 1er).

Les **décisions** sont prises à la majorité des membres présents ou représentés, sauf disposition contraire des statuts prévoyant une majorité plus importante (al. 2). En cas de partage, la voix du président de séance est prépondérante (al. 4).

Aux termes de l'article R. 225-47 du Code de commerce, un **registre** de présence signé par les membres du conseil doit être tenu, de même qu'un **procès-verbal** des délibérations.

VI - RESPONSABILITÉ DES MEMBRES DU CONSEIL[3]

Les membres du conseil de surveillance **répondent** des fautes commises dans l'exécution de leur mandat social (C. com., art. L. 225-257).

Ils ne sont **pas tenus** des actes de gestion et des résultats de celle-ci. En revanche, ils peuvent être responsables civilement des délits commis par les membres du directoire si, en en ayant eu connaissance, ils ne les ont pas communiqués à l'assemblée générale (alinéa 2).

La responsabilité des membres du conseil de surveillance est **sanctionnée** par l'action sociale.

3. *V.* schéma 2.

Schéma 1

Le conseil de surveillance

A

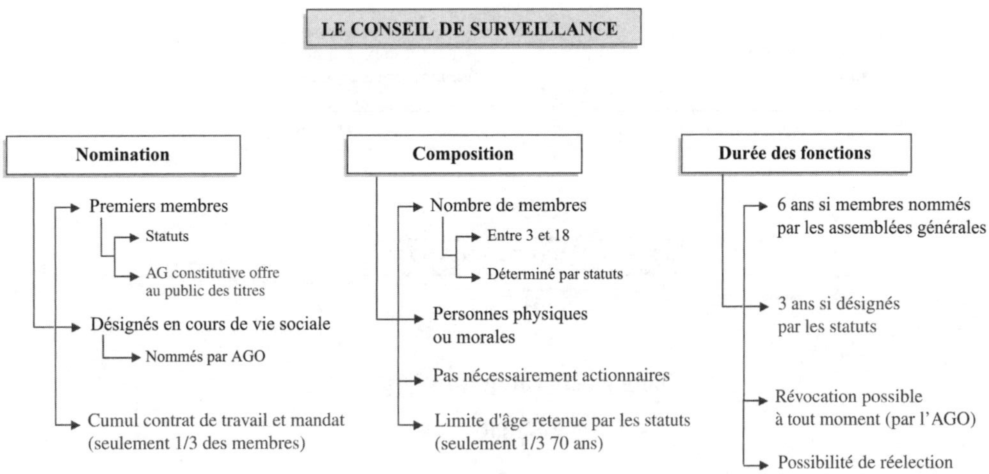

Schéma 2

Le conseil de surveillance

B

LE CONSEIL DE SURVEILLANCE

Pouvoirs

- Contrôler, à tout moment, la gestion réalisée par le directoire
- Présenter à l'assemblée ses observations sur le rapport remis par le directoire et sur les comptes annuels
- Nommer les membres du directoire, autoriser les convention conclues avec la société

Responsabilité

- Fautes commises dans l'exécution du mandat social
- Pas tenus des actes de gestion
- Action sociale

Fiche 40 Les assemblées générales d'actionnaires

L'assemblée générale des actionnaires joue un rôle fondamental dans la société anonyme. Elle nomme et révoque les membres du conseil d'administration ou du conseil de surveillance, désigne les commissaires aux comptes, détermine la répartition des bénéficies et modifie les statuts de la société.

Le législateur reconnaît à tout actionnaire le droit de participer à l'assemblée générale ordinaire. Il restreint le droit d'assister aux assemblées spéciales aux titulaires d'actions d'une catégorie déterminée. Toute clause contraire est réputée non écrite (C. com., art. L. 225-113).

L'assemblée générale ordinaire se réunit nécessairement au moins une fois par an afin d'approuver les comptes annuels (**I**). L'assemblée générale extraordinaire est convoquée afin de modifier les dispositions statutaires (**II**). Enfin, les assemblées spéciales réunissent seulement les titulaires d'actions d'une catégorie déterminée dont la société souhaite modifier leurs droits.

I - L'ASSEMBLÉE GÉNÉRALE ORDINAIRE

La réunion de l'assemblée générale obéit à un certain nombre de formalités relatives aussi bien à la convocation (**A**) qu'au droit d'information des actionnaires (**B**). Ses compétences ont été déterminées par la loi (**C**) et ses décisions ne sont valables que si elles ont été prises conformément aux dispositions légales (**D**).

A - Convocation de l'assemblée[1]

Aux termes de l'article L. 225-103 du Code de commerce, l'assemblée générale est **convoquée** par le conseil d'administration ou par le directoire. À défaut, elle peut être convoquée soit par le commissaire aux comptes, soit par un mandataire désigné, soit par le liquidateur. Après une offre publique d'achat ou d'échange, ou après une cession, les actionnaires majoritaires en capital ou en droit de vote peuvent également convoquer l'assemblée. Le cas échéant, le conseil de surveillance est compétent pour la convocation de la réunion des actionnaires.

1. *V.* schéma 1.

Un **avis de réunion** précède la convocation de la réunion. Lorsque la société anonyme n'offre pas au public ses titres ou lorsque tous les titres sont nominatifs, la société n'a l'obligation d'adresser cet avis qu'aux actionnaires qui l'ont demandé (C. com., art. R. 225-72 C. com., modifiée par le décret du 19 mai 2009). Cet avis doit être publié dans un journal d'annonces légales du département du siège social. Si la société est constituée avec offre au public, l'avis de réunion est publié au *BALO* (C. com., art. R. 225-731).

Indépendamment de cet avis, la convocation doit être adressée par **lettre recommandée** ou par courrier électronique (C. com., art. R. 225-63). Le décret du 19 mai 2009 a supprimé le délai d'un mois prévu auparavant pour les actionnaires titulaires de titres nominatifs. Elle est également adressée aux commissaires aux comptes.

Aux termes de l'article R. 225-66 du Code de commerce, l'avis de convocation doit **contenir** :

– les éléments permettant l'identification de la société (dénomination sociale, forme sociale, montant du capital social, siège…) ;

– le jour, l'heure et le lieu de l'assemblée ;

– la nature de l'assemblée ordinaire, extraordinaire)

– l'ordre du jour ;

– les conditions dans lesquelles les actionnaires peuvent voter par correspondance.

L'ordre du jour est établi par celui qui convoque l'assemblée. Toutefois, les actionnaires représentant au moins 5 % du capital social ont le droit de requérir l'inscription à l'ordre du jour de projets de résolutions (C. com., art. L. 225-105 al. 2). L'assemblée ne peut délibérer que sur les question figurant à l'ordre du jour (alinéa 3).

Le **délai** entre la date soit d'insertion de l'avis de réunion soit de l'envoi de lettres de convocation et la date de l'assemblée doit être au moins de quinze jours en première convocation et de six jours en deuxième convocation (C. com., art. R. 225-69).

L'assemblée irrégulièrement convoquée peut-être annulée (C. com., art. L. 225-104 al. 2). Toutefois, la nullité n'est pas possible lorsque tous les actionnaires étaient présents ou représentés.

B - Information des actionnaires[2]

Avant la réunion de l'assemblée et pendant les quinze jours qui précèdent la réunion, les actionnaires peuvent consulter au siège social un certain nombre de **documents** parmi lesquels figurent :

2. *V.* schéma 1.

– l'inventaire, les comptes annuels et, le cas échéant, les comptes consolidés (C. com., art. L. 225-115) ;

– les résultats des cinq derniers exercices (C. com., art. R. 225-83-6° b) ;

– les rapports (du conseil d'administration ou du directoire) ;

– les rapports des commissaires aux comptes ;

– les textes des projets de résolutions.

Les actionnaires consultent personnellement ou par leurs mandataires ces documents au moins pendant les quinze jours qui précèdent la réunion de l'assemblée (C. com., art. R. 225-89). L'actionnaire a le droit de se faire assister par un expert (C. com., art. R. 225-94).

Outre ce droit de consultation au siège social, les actionnaires peuvent demander à la société de leur adresser certains documents sociaux, tels l'inventaire, les comptes annuels, les rapports des commissaires aux comptes ou les textes des projets de résolutions (C. com., art. R. 225-81 et R. 225-83).

C - Compétences de l'assemblée[3]

De manière générale, l'assemblée générale ordinaire est compétente pour prendre toutes les décisions que le législateur n'a pas expressément réservées à l'assemblée extraordinaire (C. com., art. L. 225-98).

Les **compétences** de cette assemblée peuvent se résumer ainsi :

– elle est seule habilitée à approuver les comptes annuels et, le cas échéant, les comptes consolidés (C. com., art. L. 225-100) ;

– elle désigne et révoque les membres du conseil d'administration et du conseil de surveillance (C. com., art. L. 225-18, L. 225-75 et L. 225-78) ;

– elle nomme les commissaires aux comptes titulaires et suppléants (C. com., art. 823-1).

Outre ces compétences, l'assemblée ordinaire **se prononce** sur :

– les **conventions** conclues entre la société et les administrateurs, directeurs généraux, membres du conseil de surveillance ou du directoire ;

– l'émission d'obligations ordinaires ;

– le paiement des dividendes.

D - Tenue de l'assemblée

En principe, tout associé a le **droit de participer** aux assemblées (C. civ., art. 1844 al. 1er) dès qu'il peut justifier de la qualité d'actionnaire. Toute clause contraire est réputée non écrite.

3. *V.* schéma 2.

L'actionnaire peut se faire **représenter** soit par un autre actionnaire, soit par son conjoint (C. com., art. L. 225-106). Il peut participer à l'assemblée et voter par visioconférence ou par d'autres moyens de télécommunication (C. com., art. L. 225-107 II).

L'assemblée doit constituer un **bureau** composé d'un président, deux scrutateurs et un secrétaire (C. com., art. R. 225-100 et R. 225-101). Elle est **présidée** soit par le président du conseil d'administration ou par le président du conseil de surveillance selon les cas, soit par la personne prévue dans les statuts, soit enfin par la personne élue par l'assemblée (C. com., art. R. 225-100).

Sur première convocation, l'assemblée ne **délibère** valablement que « *si les actionnaires présents ou représentés possèdent au moins le cinquième des actions ayant le droit de vote* ». Dans les sociétés dont les actions ne sont pas admises aux négociations sur un marché réglementé, les statuts peuvent prévoir un quorum plus élevé. Sur deuxième convocation aucun quorum n'est requis (C. com.,art. L. 225-98 al. 2 modifiée par l'ord. du 22 janvier 2009.)

L'assemblée **statue** à la majorité des voix dont disposent les actionnaires présents ou représentés (alinéa 3).

Les délibérations de l'assemblée sont consignées dans un **procès-verbal** indiquant outre la date, le lieu, le mode de convocation et la composition du bureau, le nombre d'actions participant au vote ainsi que les documents soumis à l'assemblée et le résultat des votes (C. com., R. 225-106). Les procès-verbaux sont établis sur un registre spécial tenu au siège de la société (alinéa 2). Le non-respect de cette obligation d'établissement du procès-verbal est sanctionné par une amende de 3750 € (C. com., art. L. 242-15).

II - L'ASSEMBLÉE GÉNÉRALE EXTRAORDINAIRE[4]

Les dispositions légales relatives à l'assemblée générale extraordinaire déterminent non seulement ses compétences et les limites à celles-ci (**A**) mais encore les règles applicables aux délibérations (**B**).

4. *V.* schéma 3.

A - Compétences de l'assemblée

L'assemblée générale extraordinaire est « *seule habilitée à modifier les statuts dans toutes leurs dispositions* » (C. com., art. L. 225-96). Ces modifications sont importantes, car elles peuvent affecter aussi bien le capital social que l'objet social ou la nationalité de la société. Dans ce sens, l'article L. 225-97 dispose que le changement de nationalité ne peut intervenir que si le pays d'accueil a conclu avec la France une convention spéciale permettant à la société « *d'acquérir sa nationalité et de transférer le siège social sur son territoire* » tout en conservant sa personnalité juridique.

En outre, l'assemblée générale extraordinaire décide également de la transformation ou de la dissolution de la société anonyme.

Enfin, cette assemblée ne peut pas augmenter les engagements des actionnaires sans leur accord unanime (Cass. com., 26 mars 1996, *RJDA* 8-9/1996, n°1066). Et elle ne peut pas non plus porter atteinte aux droits individuels des actionnaires.

B - Délibérations de l'assemblée

Tous les actionnaires ont le droit de participer à l'assemblée générale extraordinaire. La règle est d'ordre public et ne pourrait donc être écartée par une clause statutaire contraire (C. com., art. L. 225-113)

Les **règles de convocation** de l'assemblée générale ordinaire sont applicables à l'assemblée extraordinaire. S'appliquent également les règles relatives à la composition de l'assemblée et au droit d'assistance et de vote.

L'assemblée extraordinaire **délibère** valablement si les actions présentes ou représentées sont, sur première convocation, le quart des titres ayant droit de vote et, sur seconde convocation, le cinquième de ces titres. À défaut, « *la deuxième assemblée peut être prorogée à une date de deux mois au plus à celle à laquelle elle avait été convoquée* » (C. com., art. L. 225-96 al. 2). Les sociétés dont les actions ne sont pas admises aux négociations sur un marché réglementé ont la possibilité de prévoir dans leurs statuts des quorums plus élevés.

Cette assemblée **statue** « *à la majorité des deux tiers des voix dont disposent les actionnaires présents ou représentés* » (alinéa 3).

Les décisions prises en assemblée générale extraordianire qui entraînent la modification du contrat de société font l'objet d'une publicité. Cette condition est requise afin que la modification soit opposable aux tiers.

Schéma 1

Les assemblées générales d'actionnaires

A

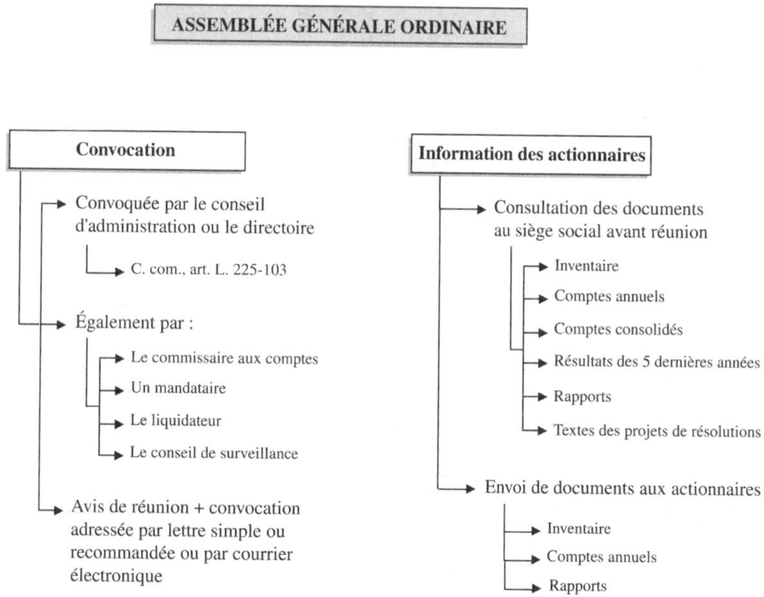

Schéma 2

Les assemblées générales d'actionnaires

A

ASSEMBLÉE GÉNÉRALE ORDINAIRE

Compétences de l'assemblée

- Toutes décisions non réservées à l'assemblée générale extraordinaire
  - C. com., art. L. 225-98
- Approbation des comptes annuels
- Révocation et désignation des membres des conseils d'administration et de surveillance
- Nomination des commissaires aux comptes
- Conventions conclues avec la société
- Émissions d'obligations
- Paiement des dividendes

Tenue de l'assemblée

- Tout actionnaire a le droit de participer
  - C. civ., art. L. 1844 al. 1er
- Représentation possible par autre actionnaire ou conjoint
- Bureau présidé par le président du conseil d'administration ou du conseil de surveillance, personne prévue dans les statuts, personne élue par l'assemblée
- Délibérations consignées dans un procès-verbal
- Statue à la majorité des voix dont disposent les actionnaires présents ou représentés

Schéma 3

Les assemblées générales d'actionnaires

B

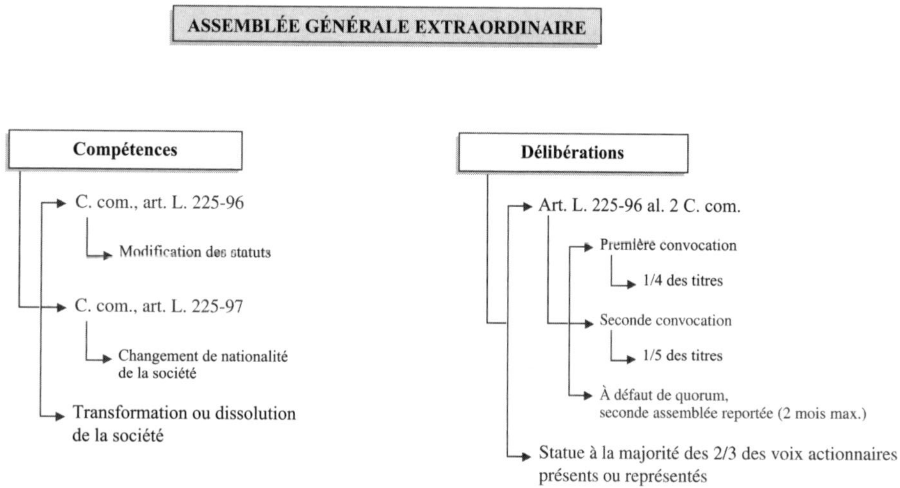

Fiche 41 Les conventions passées avec la société anonyme

Les conventions conclues entre la société et les administrateurs ou les membres du conseil de surveillance peuvent être de trois sortes[1] :

- conventions interdites (**I**),
- conventions réglementées (**II**),
- conventions libres (**III**).

I - LES CONVENTIONS INTERDITES

L'article L. 225-43 du Code de commerce énumère les différentes conventions que les administrateurs ne peuvent pas conclure avec la société dans laquelle ils exercent leurs fonctions. C'est ainsi que le législateur **interdit** à l'administrateur de :

- contracter auprès de la société des emprunts ;
- se faire consentir par la société un découvert en compte courant ou autre ;
- faire cautionner ou avaliser par la société ses engagements envers les tiers.

A - Étendue des interdictions

Les interdictions ci-dessus mentionnées s'appliquent également au directeur général, aux directeurs généraux délégués ainsi qu'aux représentants permanents des personnes morales administrateurs (C. com., art. L. 225-43 al. 3).

Les conjoints, ascendants, descendants des administrateurs ou des directeurs généraux sont également visés par ces interdictions. De manière générale, elles s'appliquent à toute personne interposée.

Toutefois les dispositions de l'alinéa 1er de l'article L. 225-43 ne sont pas applicables aux opérations courantes « *conclues à des conditions normales* » (C. com., art. L. 225-39) lorsque la société exploite un établissement bancaire ou financier (C. com., art. L. 225-43 al. 2). Elles ne le sont pas non plus lorsque l'administrateur est une personne morale (alinéa 1er).

1. *V.* schéma.

B - Sanctions

La convention conclue au mépris de ces dispositions est nulle (C. com., art. L. 225-43 al. 1er). Il s'agit d'une nullité absolue (Cass. com., 25 avr. 2006, *RJDA* 8-9107, n°858). Elle peut également être sanctionnée par l'article L. 242-6-3° du Code de commerce – abus de biens sociaux.

L'action en nullité se prescrit par cinq ans (C. civ., art 2224).

II - CONVENTIONS RÉGLEMENTÉES

Les conventions réglementées sont soumises à l'autorisation préalable du conseil d'administration. Il s'agit des **conventions** conclues directement ou par personne interposée entre la société et :

- le directeur général,
- les directeurs généraux délégués,
- les administrateurs,
- les actionnaires disposant d'« *une fraction des droits de vote supérieure à 10 %* » (C. com., art. L. 225-38 al. 1er).

Une autorisation est également nécessaire pour les conventions conclues entre la société et une entreprise si l'un des représentants de la société est « *propriétaire, associé indéfiniment responsable, gérant, administrateur, membre du conseil de surveillance ou, de façon générale, dirigeant de cette entreprise* » (alinéa 3).

A - Procédure

L'intéressé doit informer le conseil d'administration, qui statue sur l'autorisation demandée (C. com., art. L. 225-38). Il ne peut pas prendre part au vote (C. com., art. L. 225-40).

Dans le délai d'un mois à compter de ses conclusions, le président du conseil d'administration doit informer les commissaires aux comptes des conventions autorisées (alinéa 2). Ces derniers sont tenus de rédiger un rapport qu'ils présentent à l'assemblée générale (alinéa 3), qui statue sur les comptes de l'exercice social au cours duquel la convention est intervenue. Les dispositions de l'article R. 225-31 du Code de commerce précisent les indications que ce rapport doit nécessairement contenir. L'assemblée est seule compétente pour approuver ou désapprouver ces conventions.

B - Sanctions

Les conventions conclues sans l'autorisation du conseil d'administration ou sans que celui-ci soit consulté peuvent être annulées, mais seulement si elles ont eu des conséquences dommageables pour la société (C. com., art. L. 225-42).

L'action en nullité se prescrit « *par trois ans à compter de la date de la convention* » (alinéa 2).

Le vote de l'assemblée générale sur le rapport spécial des commissaires aux comptes peut éviter la nullité de la convention (alinéa 3).

III - LES CONVENTIONS LIBRES

Les conventions libres sont celles qui portent sur des « *opérations courantes conclues à des conditions normales* » (C. com., art. L. 225-39). Il s'agit de conventions qui rentrent dans l'activité habituelle de la société (Cass. com. 1er oct. 1996 *RJDA* 1/97 n°65).

L'intéressé doit communiquer au conseil d'administration les conclusions de ces conventions, sauf « *lorsqu'en raison de leur objet ou de leurs implications financières elles ne sont significatives pour aucune des deux parties* » (C. com., art. L. 225-39 al. 2).

Le président du conseil d'administration communique aux administrateurs et aux commissaires aux comptes la liste et l'objet de ces conventions (alinéa 2 *in fine*).

Schéma

Les conventions passées avec la société anonyme

A

Interdites

- C. com., art. L. 225-43
  - Contracter des emprunts auprès de la société
  - Se faire consentir un découvert en compte courant ou autre par la société
  - Faire cautionner par la société les engagements envers les tiers
- Concernés par ces interdictions
  - Administrateurs, directeur général, directeur général délégué
  - Conjoints, ascendants, descendants de ces dirigeants
- Sanction : nullité absolue de la convention

B

Réglementées

- Soumises à l'autorisation du conseil d'administration
- Nécessité d'informer le commissaire aux comptes
  - Rédige un rapport pour l'assemblée
- Assemblée seule compétente pour approuver ces conventions
- Sanction : nullité de la convention

C

Libres

- C. com., art. L. 225-39
- Opérations courantes conclues à des conditions normales
- Communication des conclusions au conseil d'administration, sauf si elles ne sont pas significatives

Fiche 42 Les modifications du capital social

Le capital social peut varier au cours de la vie sociale afin de s'adapter à l'évolution de l'activité économique[1].

Les variations du capital social de la société anonyme, qui se traduisent soit par une augmentation (**I**), soit par une diminution (**II**) ou, enfin par l'amortissement du capital, sont réglementées par les articles L. 225-127 à L. 225-217 du Code de commerce.

I - AUGMENTATION DU CAPITAL SOCIAL

Aux termes de l'article L. 225-127 du Code de commerce, l'augmentation du capital social peut être réalisée « *soit par émission d'actions ordinaires ou d'actions de préférence, soit par majoration du montant minimal titres de capital existants* ».

A - Compétence en matière d'augmentation du capital

Seule l'assemblée générale extraordinaire est **compétente** pour décider de l'augmentation du capital (C. com., art. L. 225-129 al. 1er).

Elle peut déléguer cette compétence au conseil d'administration ou au directoire (alinéa 1er). Dans ce cas, elle doit déterminer la durée de cette délégation, qui ne peut être supérieure à vingt-six mois, ainsi que le plafond global de l'augmentation (C. com., art. L. 225-129-2).

Le conseil d'administration, ou, le cas échéant, le directoire, est tenu d'établir un rapport complémentaire pour l'assemblée générale ordinaire (C. com., art. L. 225-129-5).

1. Les rapports

L'assemblée générale extraordinaire décide l'augmentation du capital social au vu d'un **rapport** établi par le conseil d'administration ou par le directoire, selon les cas. Ce rapport contient les motifs justifiant l'augmentation ainsi que des indications concernant la marche des affaires sociales depuis le début de l'exercice en cours (C. com., art. R. 225-113).

1. Dans ce sens,*v. supra* fiche 17.

En cas de suppression du droit préférentiel de souscription, le commissaire aux comptes établit un rapport qui est remis à l'assemblée (C. com., art. L. 225-135).

2. Conditions de quorum et majorité

Les conditions de quorum et de majorité sont différentes selon que l'augmentation du capital se réalise avec des **apports** en numéraire ou en nature ou par l'incorporation de réserves. Dans le premier cas, ces conditions sont celles prévues pour les assemblées extraordinaires, c'est-à-dire (C. com., art. L. 225-96 al. 2) :

- quorum, sur première convocation, de 1/4 des actions avec droit de vote et 1/5 sur seconde convocation, sauf quorum plus important prévu par les statuts des sociétés dont les titres ne sont pas admis aux négociations sur un marché réglementé.
- majorité de deux tiers des voix des actionnaires présents ou représentés.

Lorsqu'il s'agit d'une augmentation réalisée par l'**incorporation** de réserves, bénéfices ou primes d'émission, les conditions de décision sont celles prévues pour les assemblées générales ordinaires, à savoir :

- quorum, sur première convocation, d'un cinquième des actions ayant droit de vote sauf quorum plus important prévu par les statuts des sociétés dont les titres ne sont pas admis aux négociations sur un marché réglementé et aucune condition de quorum n'est requise sur seconde convocation ;
- majorité simple des voix des actionnaires présents ou représentés (C. com., art. L. 225-130).

B - Augmentation du capital par apports en numéraire

L'émission d'actions nouvelles à libérer en numéraire ne peut être valable que si le capital social est intégralement **libéré** avant l'augmentation (C. com., art. L. 225-131 al. 1er). Le défaut de libéraion du capital avant l'émission de nouveaux titres entraîne la nullité de l'augmentation de capital (C. com. art. L. 225-149-3 alinéa 3).

Les actions nouvelles sont émises « *soit à leur montant nominal, soit à ce montant majoré d'une prime d'émission* » (C. com., art. L. 225-128).

2. Memento Francis Lefebvre, Sociétés Commerciales, 2010, n°11623.

1. La prime d'émission

Cette prime **permet** « *d'égaliser les droits des actionnaires anciens et nouveaux lorsqu'il existe des réserves ou des plus-values d'actif apparentes ou occultes. Elle est la contrepartie des droits que les actionnaires nouveaux acquièrent sur ces réserves ou plus-values* »[2].

La prime d'émission doit être intégralement **libérée** lors de la souscription des titres (C. com., art. L. 225-144).

2. Droit préférentiel de souscription

Lors de l'augmentation du capital social par apports en numéraire, les actionnaires ont, proportionnellement au montant de leurs actions, un **droit de préférence** pour la souscription des nouvelles actions émises (C. com., art. L. 225-132 al. 2). Pour l'exercice de ce droit préférentiel de souscription, les actionnaires disposent d'un délai qui ne peut pas être inférieur à cinq jours de bourse (C. com. , art. L. 225-141) à peine de nullité de l'augmentation de capital (C. com., art. L. 225-149-3).

Toutefois, l'assemblée générale extraordinaire qui décide l'augmentation du capital peut **supprimer** ce droit préférentiel pour la totalité ou pour une partie de l'augmentation (C. com., art. L. 225-135).

Les actionnaires peuvent **renoncer** individuellement à ce droit préférentiel de souscription des titres (C. com., art. L. 225-132 al. 4).

3. Publicité de l'opération

La souscription des actions nouvelles est précédée d'une publicité afin de porter à la connaissance des actionnaires la décision d'augmentation du capital (C. com. art. L. 225-142).

Lorsque la société ne procède pas par offre au public, les actionnaires sont informés par lettre recommandée avec demande d'avis de réception adressée quatorze jours au moins avant la date prévue pour la clôture de la souscription (C. com. art. R. 225-120). En revanche, lorsque la société procède par offre au public ou lorsque ses actions ne sont pas toutes nominatives, elle est tenue de publier une notice au BALO dans le même délai (C. com., art. R. 225-120 al. 17).

C - Augmentation du capital par apports en nature

L'augmentation du capital par apports en nature implique l'intervention du commissaire aux apports[3] désigné par décision de justice du président du tribunal de commerce. L'apport peut se faire en usufruit, en pleine propriété ou en jouissance.

3. Sur le commissaire aux apports *v. supra*. fiche 17.

Contrairement à l'augmentation du capital par apports en numéraire, la libération totale préalable du capital n'est pas une condition nécessaire pour la validité de l'opération d'augmentation avec apports en nature. Néanmoins, les actions doivent être intégralement libérées dès leur émission (C. com., art. L. 225-147 al. 5).

D - Augmentation du capital par incorporation de réserves

Lorsque l'augmentation du capital est réalisée par l'incorporation de réserves ou de bénéfices, elle n'entraîne pas l'entrée de nouveaux associés dans la société anonyme. Elle se matérialise par un jeu d'écritures et par un virement du compte réserves au compte capital.

Dans ce cas, l'augmentation du capital se réalise soit par l'élévation du montant nominal des titres, soit par l'attribution d'actions gratuites.

II - RÉDUCTION DU CAPITAL SOCIAL

La réduction peut être motivée par des pertes importantes au cours du dernier exercice social ou par la volonté des actionnaires si le capital s'avère trop important compte tenu des besoins de l'activité de la société. Dans tous les cas, la réduction du capital ne peut porter atteinte à l'égalité des actionnaires (C. com., art. L. 225-204 al. 1er).

L'assemblée générale extraordinaire est seule **compétente** pour décider une réduction du capital social. Toutefois, elle peut déléguer au conseil d'administration ou au directoire les pouvoirs nécessaires pour réaliser cette opération (C. com., art. L. 225-204 al. 1er).

Le commissaire aux comptes établit un **rapport** sur l'opération envisagée, qui doit être adressé aux actionnaires quinze jours avant la réunion de l'assemblée (C. com., art. L. 225-204 al. 2 et R. 225-150).

La réduction du capital **se traduit** soit par la réduction de la valeur nominale des titres, soit par la diminution du nombre d'actions.

La réduction du capital social fait l'objet d'une **publicité** identique à celle prévue pour la constitution de la société (insertion d'avis dans un journal d'annonces légales, dépôt au greffe du tribunal de commerce de la décision de l'assemblée, inscription modificative au registre du commerce et des sociétés et, enfin, insertion au *BODACC* à la diligence du greffier).

Fiche 43 La transformation et la dissolution de la société anonyme

La société anonyme peut se « *transformer en société d'une autre forme* » (C. com., art. L. 225-243) (**I**). Elle peut également être dissoute, outre les causes prévues par le législateur, par décision de l'assemblée générale extraordinaire (**II**).

I - TRANSFORMATION DE LA SOCIÉTÉ ANONYME

La transformation de la société anonyme en société d'une autre forme **implique** que :

- la société existe au moins depuis deux ans ;
- que le bilan de ses deux premières années a été approuvé par les actionnaires (C. com., art. L. 225-243).

La décision de la transformation est prise par l'assemblée générale au vu du **rapport** présenté par le commissaire aux comptes, qui atteste que les capitaux propres sont au moins égaux au capital social (C. com., art. L. 225-244).

A - Transformation en société en nom collectif

Lorsque la société anonyme se transforme en société en nom collectif, les règles que nous venons d'exposer ci-dessus ne sont pas applicables. Cette transformation nécessite l'accord unanime de tous les associés (C. com., art. L. 225-245 al. 1er). Les conditions prévues à l'article L. 225-243 du Code de commerce ne sont pas exigées.

B - Transformation en société à responsabilité limitée

Le législateur a prévu, pour la transformation de la SA en SARL, les mêmes conditions que « *pour la modification des statuts des sociétés de cette forme* » (C. com., art. L. 225-245 al. 3). C'est ainsi que la transformation suppose l'accord des associés représentant au moins les trois quarts des actions. Toute clause exigeant une majorité plus importante est réputée non écrite (C. com., art. L. 223-30). En outre, les conditions requises pour la constitution de la SARL doivent être respectées (nombre d'associés inférieur à cent, activité exercée par la SA permise également à la SARL…).

C - Transformation en société en commandite

Cette transformation est décidée dans les mêmes conditions que la modification des statuts (C. com., art. L. 225-245 al. 2). En outre, l'accord de tous les associés qui acceptent d'être commandités est nécessaire.

D - Transformation en société par actions simplifiée

La transformation de la société anonyme en SAS nécessite l'accord unanime de tous les actionnaires (C. com., art. L. 227-3). L'intervention du commissaire à la transformation n'est plus nécessaire depuis la loi NRE.

II - DISSOLUTION DE LA SOCIÉTÉ ANONYME

Les **causes de dissolution** communes à toutes les sociétés commerciales – prévues par les dispositions de l'article 1844-7 du Code civil – sont applicables à la société anonyme[1]. Ainsi, l'arrivée du terme, la réalisation ou l'extinction de l'objet social, l'annulation du contrat de société ou la liquidation judiciaire entraînent la dissolution de la société.

De plus, le législateur a prévu trois autres causes de dissolution propres à la société anonyme :

- Tout d'abord, la société anonyme peut être dissoute si le **nombre d'associés** est inférieur à sept depuis plus d'un an. Tout intéressé peut demander au tribunal de commerce de prononcer la dissolution de la société. Par ailleurs, le tribunal peut accorder un délai maximal de six mois pour régulariser la situation (C. com., art. L. 225-247).
- Ensuite, si les **capitaux propres** de la société deviennent inférieurs à la moitié du capital social, le conseil d'administration ou le directoire sont tenus de convoquer, dans un délai de quatre mois, l'assemblée générale extraordinaire afin de statuer sur la continuation ou la dissolution de la société (C. com., art. L. 225-248 al. 1er).
- Enfin, la décision de **réduction du capital** social à un montant inférieur au minimum légal qui n'est pas suivie d'une régularisation permet à tout intéressé de demander en justice la dissolution de la société (C. com., art. L. 224-2 al. 2).

1. Dans ce sens, *v. supra*. fiche 20.

Fiche 44

La société en commandite par actions
Constitution, fonctionnement et dissolution

Définition : aux termes de l'article L. 226-1 du Code de commerce, dans la société en commandite par actions, le capital, qui est divisé en actions, est détenu par des associés commandités – qui répondent indéfiniment et solidairement des dettes sociales – et par des associés commanditaires – qui ont la qualité d'actionnaires et dont la responsabilité est limitée aux apports.

Textes applicables : la SCA est régie par les articles L. 226-1 à L. 226-14 et R. 226-1 à R. 226-3 du Code de commerce et, dans la mesure où elles sont compatibles avec les dispositions des articles ci-dessus mentionnées, par les règles concernant les sociétés en commandite simple et les sociétés anonymes (C. com., art. L. 226-1 al. 2). Elle est également soumise aux dispositions de droit commun applicables à toutes les sociétés (C. civ., art. 1832 à 1844-17) et à celles prévues par le Code de commerce pour les sociétés commerciales (art. L. 210-1 à L. 210-9, L. 232-1 à L. 239-1 et L. 247-1 à L. 247-8).

Caractéristiques : la société en commandite par actions est toujours **commerciale**, à raison de sa forme, quel que soit son objet (C. com., art. L. 210-1).
Deux types d'associés existent au sein de la SCA :

- les associés commandités, qui ont tous la capacité requise pour être commerçants et dont la responsabilité pour les dettes sociales est indéfinie et solidaire ;
- les associés commanditaires, qui ne supportent les pertes qu'à concurrence de leurs apports.

La société est administrée et représentée par un ou plusieurs **gérants**, personnes physiques ou morales, choisis parmi les associés commandités ou des tiers à la société.

I - CONSTITUTION DE LA SCA[1]

Les **conditions** de validité du **contrat** de l'article 1108 du Code civil s'appliquent à la société en commandite par actions.

1. *V.* schéma.

La société se constitue avec au moins quatre **associés**, dont un associé commandité et trois associés commanditaires (C. com., art. L. 226-1). Les règles de capacité de ces associés sont identiques à celles de la société en commandite simple[2].

Le montant du **capital** social est fixé à 37 000 € que la société offre ou non au public ses titres financiers (C. com. art. L. 224-2). Les **apports** peuvent être en nature et en numéraire ; sont également admis les apports en industrie mais seulement de la part des associés commandités. Cet apport est expressément interdit aux actionnaires commanditaires (C. com., art. L. 222-1). Leur souscription et leur libération sont régies par les règles prévues pour les sociétés anonymes.

Le capital social est divisé en actions. Les **actions**, en ce qui concerne leur valeur nominale et leur souscription, obéissent au même régime que les actions des sociétés anonymes.

La société en commandite par actions est désignée par une **dénomination sociale** dans laquelle peuvent figurer le nom d'un ou de plusieurs associés commandités. En revanche, elle ne comprend pas le nom des associés commanditaires (C. com., art. L. 224-2 al. 2).

La société ne peut pas être constituée pour une durée supérieure à 99 ans (C. com., art. L. 210-2).

Les **conditions de publicité** de cette société sont analogues à celles de la société anonyme.

II - FONCTIONNEMENT DE LA SCA[3]

Concernant le fonctionnement de la société en commandite par actions, il convient de s'intéresser tout d'abord à la gérance (**A**) afin d'analyser ensuite le rôle du conseil de surveillance (**B**) et des associés réunis lors des assemblées (**C**).

A - La gérance

La SCA est administrée par un ou plusieurs gérants, personnes physiques ou morales, associés commandités ou tiers à la société. Les associés commanditaires ne peuvent s'immiscer dans la gestion de la société.

Les **premiers gérants** sont désignés dans les statuts. Au cours de la vie sociale, sauf clause contraire insérée dans le contrat de société, ils sont nommés par l'assemblée générale ordinaire avec l'accord de tous les associés commandités (C. com., art. L. 226-2 al. 1er).

Aux termes de l'article L. 226-3 du Code de commerce, « *les statuts doivent prévoir, pour l'exercice des fonctions de gérant, une limite d'âge* ». Dans le silence des statuts, elle est fixée à soixante-cinq ans.

2. *V. infra* fiche 27 consacrée à la société en commandite simple.

3. *V.* schéma.

Les conditions de **rémunération**, de **révocation** et de **démission** des gérants sont prévues par les statuts.

Le gérant est investi des **pouvoirs** les plus étendus pour agir en toute circonstance au nom de la société (C. com., art. L. 226-7). Les clauses statutaires ne peuvent pas limiter ses pouvoirs (al. 3). Vis-à-vis des tiers, il engage la société même par les actes qui ne relèvent pas de l'objet social, sauf si le tiers savait que l'acte dépassait cet objet (alinéa 2).

La **responsabilité** civile et pénale des gérants de la société en commandite par actions est identique à celle des administrateurs de la société anonyme[4].

Le **contrôle** de la **gestion** de la société est assuré par un ou plusieurs commissaires aux comptes nommés par l'assemblée générale ordinaire (C. com., art. L. 226-6) et soumis aux mêmes règles que les commissaires des sociétés anonymes.

B - Le conseil de surveillance

Le conseil de surveillance des sociétés en commandite par actions est soumis aux **dispositions** des articles L. 226-4, L. 226-9, L. 226-10, L. 226-12 et L. 226-13 du Code de commerce. Les règles prévues pour le conseil de surveillance des sociétés anonymes ne lui sont pas applicables (C. com., art. L. 226-1).

Ce conseil est **composé** par au moins trois associés obligatoirement commanditaires. Le législateur n'a pas prévu un nombre maximum de membres. À défaut de clause statutaire, ils sont nommés pour six ans.

Les statuts déterminent librement les conditions à remplir pour pouvoir être désigné come membre du conseil de surveillance. Les premiers membres du conseil de surveillance. Les premiers membres sont nommés dans les statuts lors de la constitution de la société ou, si les titres de la société sont offerts au public, lors de l'assemblée constitutive.

Le conseil est **chargé** d'assurer le contrôle permanent de la gestion sociale (C. com., art. L. 226-9) et présente à l'assemblée générale un rapport dans lequel il constate les « *irrégularités et inexactitudes relevées dans les comptes annuels* » (alinéa 2). Il est investi également du pouvoir de convoquer les assemblées générales.

Les membres du conseil de surveillance ne sont pas **responsables** des actes de gestion et du résultat (C. com., art. L. 226-13).

4. *V. supra*. fiche 36.

C - Les associés

Les associés de la société en commandite par actions sont tous actionnaires. Les associés commandités sont indéfiniment et solidairement **responsables** des dettes sociales, tandis que la responsabilité des commanditaires est limitée au montant de leurs apports.

Lorsqu'ils ne sont pas gérants, les associés ont **droit**, deux fois par an, d'obtenir communication des livres et des documents sociaux ainsi que de poser des questions par écrit.

La réunion des **assemblées** des associés commanditaires obéit aux règles prévues pour les réunions des sociétés anonymes. Celle des associés commandités répond aux règles des assemblées de la société en nom collectif. Ces actionnaires peuvent également être consultés par correspondance.

Les conditions de quorum et de majorité prévues pour les assemblées d'actionnaires s'appliquent aux assemblées des associés commanditaires. En ce qui concerne les commandités, ils statuent à l'unanimité, sauf sauf clause contraire insérée dans les statuts. C'est ainsi pour la désignation des gérants (C. com., art. L. 226-2 al. 2), la détermination de leur rémunération (C. com., art. L. 226-8) et pour toute modification de statuts (C. com., art. L. 226-11 al. 1).

Les comptes annuels sont approuvés par les commandités et également par l'assemblée générale ordinaire des commanditaires (C. com., art. L. 226-1 al. 2).

III - DISSOLUTION DE LA SOCIÉTÉ

Les causes de dissolution des sociétés anonymes et des sociétés en nom collectif s'appliquent à la société en commandite par actions.

Schéma

La société en commandite par actions

A — CONSTITUTION

Constitution

- C. com., art. L. 226-1 4 associés
  - 1 commandité : responsabilité indéfinie et solidaire
  - 3 commanditaires : responsabilité limitée aux apports
- Capital
  - 37 000 €
  - Divisé en actions
- Dénomination sociale
  - Ne peut comprendre le nom des associés commanditaires

B — FONCTIONNEMENT

Gérance

- 1 ou plusieurs gérants
- Personnes physiques ou morales
- Pouvoirs très étendus (C. com., art. L. 226-7)
- Responsabilité
  - Civile, pénale et fiscale
  - Identique à celle des administrateurs de la société anonyme
- Contrôle
  - Un ou plusieurs commissaires aux comptes

Conseil de surveillance

- Au moins 3 associés commanditaires
- Nommés pour 6 ans, sauf clause statutaire contraire
- Contrôle permanent de la gestion sociale
- Pas de responsabilité dans les actes de gestion et le résultat : C. com., art. L. 226-13

Fiche 45 La société par actions simplifiée

Définition : aux termes de l'article L. 227-1 du Code de commerce, la société par actions simplifiée est constituée par un ou plusieurs associés dont la responsabilité est limitée aux apports. Elle a été créée par la loi du 3 janvier 1994, modifiée par les lois du 12 juillet 1999, du 15 mai 2001 – loi NRE – du 1er août 2003 – loi de sécurité financière, et du 4 août 2008 – dite loi LME.

Textes applicables : la SAS est régie par les articles L. 227-1 à L. 227-20 du Code de commerce et, dans la mesure où elles sont compatibles avec les dispositions des articles ci-dessus mentionnés, par les règles concernant les sociétés anonymes, à l'exception des articles L. 225-17 à L. 225-126 du Code de commerce (C. com., art. L. 227-1 al. 2). Elle est également soumise aux dispositions de droit commun applicables à toutes les sociétés (C. civ., art. 1832 à 1844-17), à celles prévues par le Code de commerce pour les sociétés commerciales (art. L. 210-1 à L. 210-9, L. 232-1 à L. 239-1 et L. 247-1 à L. 247-8) et enfin, aux règles communes à toutes les sociétés par actions (C. com., art. 224-1 à L. 224-3 et L. 228-1 à 228-97)

Caractéristiques : la société par actions simplifiée est toujours **commerciale**, à raison de sa forme, quel que soit son objet (C. com., art. L. 210-1). Les **actionnaires**, personnes physiques ou morales, sont tenus des dettes sociales à concurrence de leurs apports. La **gestion** de la société est librement déterminée par les statuts, car le seul organe obligatoire est le président (C. com., art. L. 227-6).

I - CONSTITUTION DE LA SOCIÉTÉ[1]

La société par actions simplifiée peut être créée soit selon une opération classique de constitution d'une société commerciale, soit par transformation d'une société préexistante en SAS. Dans ce dernier cas, la décision appartient à l'assemblée générale et doit être prise à l'unanimité des associés (C. com., art. L. 227-3). L'intervention d'un commissaire à la transformation est nécessaire pour la validité de la transformation.

Les **conditions** et les **formalités** de constitution de la société par actions simplifiée sont identiques à celles de la société anonyme ne faisant pas une offre au public de ses titres. Toutefois, quelques règles particulières sont à signaler.

1. *V.* schéma 1.

A - Les associés

La SAS peut être constituée par des personnes physiques ou morales. La loi du 12 juillet 1999 a rendu caduque l'exigence pour chaque personne morale actionnaire de la SAS d'avoir un capital social de 225 000 € au moins.

Le législateur ne limite pas le nombre d'actionnaires de la société par actions simplifiée. Elle peut également être instituée par un seul actionnaire (société par actions simplifiée unipersonnelle)[2].

B - Capital social et apports

La loi n° 2008-776 du 4 août 2008 – art. 59, II –, a supprimé le montant minimal de 37 000 € exige auparavant pour la constitution de la SAS. Depuis le 1er janvier 2009, la société par action simplifiée n'a plus besoin d'un capital minimum pour être valablement constituée.

La SAS ne peut procéder à une offre au public de titres financiers (C. com., art. L. 227-2). Le non-respect de cette règle entraîne l'application de sanctions pénales (C. com., art. L. 244-3). Cependant la SAS peut être constituée avec un capital variable. Dans ce cas, les dispositions des articles L. 231-1 et s sont applicables à cette forme sociale.

Les associés peuvent réaliser des **apports** en numéraire et des apports en nature. Ces derniers sont évalués par un commissaire aux apports. Depuis le 1er janvier 2009, les apports en industrie sont également possibles dans la SAS. Les statuts déterminent les conditions dans lesquelles les actions résultant de ces apports sont souscrites et réparties (C. com., art. L. 227-1 al. 4).

Les **actions** qui représentent le capital social sont des actions ordinaires ou des actions de préférence.

C - Conditions de forme et de publicité

Les statuts doivent être établis par écrit, par acte notarié ou sous seing privé. Les dispositions des articles L. 210-2, L. 225-14, L. 227-5, L. 227-9 et R. 224-2 du Code du commerce précisent les mentions obligatoires des statuts de la SAS (identité des associés, durée et dénomination de la société, objet social, montant du capital social, forme et conditions des décisions prises par les actionnaires, forme des actions, etc.).

La constitution de la SAS nécessite l'insertion d'une annonce dans un journal d'annonces légales, le dépôt du dossier d'immatriculation au CFE compétent, et l'insertion, à la diligence du greffier, au BODACC.

2. *V. infra* fiche 46.

3. *V.* schéma 2.

II - FONCTIONNEMENT DE LA SOCIÉTÉ[3]

L'organisation interne de la société par actions simplifiée est librement déterminée par les statuts. C'est ainsi que la direction et la représentation de la société sont marquées par la grande latitude dont disposent les actionnaires pour son organisation (**A**). Toutefois, le contrôle de la gestion de la société est confié aux commissaires aux comptes (**B**). Les associés jouent également un rôle fondamental dans la vie de la société (**C**).

A - Direction et représentation de la société

La composition de l'organe de direction de la SAS est librement déterminée par les dispositions statutaires (C. com., art. L. 227-5). La direction de la société peut ainsi être confiée à un ou plusieurs organes collégiaux, voire à une seule personne. Le ou les dirigeants peuvent être actionnaires ou tiers à la société, personnes physiques ou personnes morales.

Les conditions de nomination, de révocation, de rémunération ainsi que la durée du mandat social sont déterminées par les statuts.

Les associés sont seulement tenus de nommer un **président unique** (C. com., art. L. 227-6) – personne physique ou morale (C. com., art. L. 227-7) – chargé de représenter la société à l'égard des tiers. Il est investi des pouvoirs les plus étendus pour agir au nom de la société dans la limite de l'objet social (C. com., art. L 227-6 al. 1er). Dans les rapports avec les tiers, le président engage la **responsabilité** de la **société** même pour les actes dépassant l'objet social, « *à moins qu'elle ne prouve que le tiers savait que l'acte dépassait cet objet ou qu'il ne pouvait l'ignorer compte tenu des circonstances* » (alinéa 2).

Le président et les autres dirigeants de la SAS (s'ils sont désignés) peuvent cumuler leurs fonctions avec un contrat de travail. Les conditions de travail effectif et d'existence d'un lien de subordination doivent être respectées.

Par ailleurs, étant donné qu'aucun texte n'interdit le cumul de mandats dans la SAS, le dirigeant de cette forme sociale peut cumuler librement son mandat avec d'autres exercés dans ce type de société.

La **responsabilité** du **président** unique est identique à celle des administrateurs ou des membres du directoire des sociétés anonymes (C. com., art. L. 227-8).

B - Le contrôle de la société

La société par actions simplifiée est soumise au contrôle du **commissaire aux comptes** désigné par une décision collectives des actionnaires (C. com., art. L. 227-9). Ses pouvoirs et ses responsabilités sont similaires à ceux des commissaires des sociétés anonymes.

Depuis le 1er janvier 2009 seules sont tenues de désigner un commissaire aux comptes les SAS (C. com., art. L. 227-9-1) – dépassant à la clôture d'un exercice social deux des trois seuils suivants :

– 1000 000 € de total de bilan

– 2 000 000 € HT de chiffre d'affaires

– 20 salariés employés au cours de l'exercice (C. com., art. R. 2271).

– ou qui contrôlent une ou plusieurs sociétés au sens de l'article L. 233-16 II et III du Code de commerce.

Le commissaire aux comptes ou, s'il n'est pas désigné, le président de la société, est chargé de présenter un rapport aux associés sur les **conventions** intervenues entre la société et son président, les dirigeants ou l'actionnaire représentant une fraction des droits de vote supérieure à 10 % (C. com., art. L. 227-10). Ces conventions sont soumises à l'approbation des associés dans les conditions prévues par les statuts. Celles qui ne sont pas approuvées produisent des effets à l'égard des tiers ; les conséquences sont à la charge de la personne intéressée (alinéa 2).

C - Les associés

Les associés de la société par actions simplifiée ont les mêmes **droits** pécuniaires que les actionnaires de la société anonyme. En revanche, ils ne disposent pas du droit d'information permanente – prévu par l'article L. 225-117 du Code de commerce –, ni du droit d'information préalable aux assemblées – régi par les articles L. 225-115 et 225-116 de ce même code. Le droit d'information est, dans ce type de société, organisé librement par les statuts.

Le **mode de consultation** des associés est également déterminé par les statuts – réunion en assemblée générale, vote par correspondance, recours à la visioconférence ou autres moyens de communication… – ainsi que les décisions qui doivent être prises collectivement par les actionnaires (C. com., art. L. 227-9 al. 1er). Toutefois, certaines décisions – telles l'augmentation ou la réduction du capital, la fusion ou la dissolution – doivent nécessairement être prises par la collectivité des associés (alinéa 2).

Les statuts de la SAS peuvent contenir des **clauses** limitant soit la cession de titres des actionnaires, soit l'entrée de nouveaux associés dans la société. Il est également possible de stipuler une clause obligeant l'associé à céder ses titres.

■ Les clauses d'**inaliénabilité** empêchent les actionnaires de céder librement leurs titres. La durée de cette inaliénabilité ne peut être supérieure à dix ans (C. com., art. L. 227-13). Toute cession effectuée en violation de ces clauses est nulle (C. com., art. L. 227-15).

■ Les clauses d'**agrément** peuvent s'appliquer même aux cessions d'actions réalisées entre actionnaires. Toute cession de titres doit être préalablement soumise à l'agrément de la société (C. com., art. L. 227-14). La violation de ces clauses est également sanctionnée par la nullité de la cession.

■ Les clauses d'**exclusion** obligent les associés à céder leurs actions et à quitter la société. Les conditions d'exclusion sont déterminées par les statuts (C. com., art. L. 227-16).

L'adoption ou la modification de ces clauses nécessite l'accord unanime des associés (C. com., art. L. 227-19).

III - TRANSFORMATION ET DISSOLUTION DE LA SOCIÉTÉ

La société par actions simplifiée peut être **transformée** en société d'une autre forme avec l'accord collectif des associés (C. com., art. L. 227-9). Elle doit être décidée à l'unanimité si elle augmente les engagements des actionnaires ou si les statuts contiennent des clauses dont la modification nécessite l'unanimité (C. com., art. L. 227-19).

La **dissolution** de la SAS obéit aux conditions de l'article 1844-7 du Code civil communes à toutes les sociétés. La dissolution anticipée de la société exige une décision collective des associés dont les modalités sont déterminées par les statuts.

Elle fait l'objet d'une publicité dans les mêmes conditions que les autres types de sociétés (insertion dans un journal d'annonces légales, inscription modificative au RCS et insertion au BODACC.

Schéma 1

La société par actions simplifiée

A

CONSTITUTION

Associés

- Personnes physiques et morales
  - Plus d'exigence de capital minimum pour personnes morales depuis la loi du 12 juillet 1999
- Pas de nombre maximal
- 2 associés minimum, sauf si SASU

Capital et apports

- Pas de capital minimum
- Entièrement souscrit et libéré de la moitié d'un montant
- Pas d'offre au public de ses titres (C. com., art. L. 227-1)
- Apports :
  - En numéraire
  - En nature : évaluation par le commissaire aux apports
  - En industrie : permis depuis 1/1/09

Schéma 2

La société par actions simplifiée

B

FONCTIONNEMENT

Direction

- C. com, art. L. 227-5 Librement déterminée par les statuts
- Mentions obligatoires dans les statuts
  - Nomination
  - Révocation
  - Rémunération
  - Durée des fonctions
- Obligation légale : nommer un président unique (C. com., art. L. 227-6)
  - Il engage la société même pour les actes dépassant objet social
  - Sa responsabilité est identique à celle des administrateurs ou des membres du directoire des SA

Contrôle

- Depuis 1/1/09 obligatoire si :
- dépassement de 2 des 3 seuils
  - 1000 000 bilan
  - 2000 000 CA
  - 20 salariés
- Société contrôlée ou qui contrôle au sens de l'art. L. 233-16 C. com.
- Commissaire aux comptes
  - Pouvoirs et responsabilités identiques à ceux des commissaires des SA
- Présente un rapport aux associés sur les conventions passées entre la société et le président, les dirigeants et actionnaires (10 % des droits de vote)

Associés

- Droits pécuniaires
- Droit à l'information
- Mode de consultation et décisions : librement déterminés par les statuts
- Clauses statutaires :
  - Inaliénabilité des titres
  - Agrément des actionnaires
  - Exclusion des actionnaires

Fiche 46 La société par actions simplifiée unipersonnelle

La loi du 12 juillet 1999 a créé la société par actions simplifiée unipersonnelle, dans laquelle l'associé unique peut être une personne physique ou une personne morale. (C. com., art. L. 227-1 al. 1). À la différence de l'EURL, la SASU peut avoir comme associé unique une autre SASU.

La société peut résulter d'un acte de volonté unilatérale de l'associé ou de la réunion dans une seule main de toutes les actions d'une SAS antérieure. Enfin, elle peut être le fruit d'une décision de transformation d'une EURL ou d'une société devenue unipersonnelle en SASU.

Depuis le 1er janvier 2009, aucun capital minimum n'est requis pour la constitution de la société et, tout comme la forme pluripersonnelle, les apports en industrie sont permis. Les formalités de constitution et de publicité sont identiques à celles de la SAS.

L'associé unique organise le **fonctionnement** de la société, qui doit être représentée par un président. Il peut être l'associé unique ou un tiers ; dans ce cas, les conditions de nomination, de rémunération et de révocation sont déterminées par les statuts. Ce président représente la société et est investi des pouvoirs les plus étendus pour agir au nom de celle-ci (C. com., art. L. 227-6). La désignation d'un commissaire aux comptes est nécessaire dans la SASU dans les mêmes conditions que pour la société par action simplifiée (V. *supra* fiche n°45).

Dans cette société, l'associé unique exerce les **pouvoirs** dévolus à la collectivité des associés dans la société pluripersonnelle (C. com., art. L. 227-1 al. 2). C'est ainsi qu'après la rédaction du rapport par le commissaire aux comptes, l'associé unique approuve les comptes arrêtés par le président. Il dispose d'un délai de six mois à compter de la clôture de l'exercice social (alinéa 3). Ses décisions sont consignées dans un registre (C. com., art. L. 227-9 al. 3).

La société par actions simplifiée unipersonnelle est dissoute soit suite à la décision de l'associé unique, soit par la survenance d'une des causes prévues à l'article 1844-7 du Code civil.

Fiche 47 Les actions

Les actions sont des titres négociables émis par les sociétés anonymes, les sociétés par actions simplifiées ainsi que par les sociétés en commandite par actions. Elles représentent un apport en capital et sont ainsi considérées comme « *le droit de l'associé dans une société lui permettant de participer aux assemblées et de se voir attribuer une fraction des bénéficies et du boni de liquidation* »[1].

Le montant minimal des actions est librement fixé par les statuts (C. com., art. L. 228-8).

Seules les sociétés anonymes, en commandite par actions, par actions simplifiées et européennes peuvent émettre des actions.

I - DIFFÉRENTS TYPES D'ACTIONS

Les différents types d'actions peuvent être distingués en fonction :

- du type d'apport qu'elles représentent (**A**),
- des droits qu'elles attribuent à leurs titulaires (**B**),
- de leur forme (**C**).

A - Actions de numéraire et actions d'apport

Aux termes de l'article L. 228-7 du Code de commerce, les actions de **numéraire** sont celles dont le montant « *est libéré en espèces ou par compensation, celles qui sont émises par suite d'une incorporation au capital de réserves, bénéfices ou primes d'émission, et celles dont le montant résulte pour partie d'une incorporation de réserves, bénéfices ou primes d'émission et pour partie d'une libération en espèces* ».

Toutes les autres actions sont des actions **d'apport** (alinéa 2). Elles représentent des apports autres que de numéraire, comme des biens immeubles, des fonds de commerce, des brevets ou d'autres valeurs mobilières.

1. Memento pratique, Francis Lefebvre, Sociétés Commerciales, 2010, n° 18 000.

B - Actions privilégiées ou de préférence

Les **actions** privilégiées ou **de préférence** confèrent à leurs titulaires certains avantages par rapport aux actions ordinaires. Ces titres attribuent, de manière définitive ou temporaire, différents droits à leurs titulaires, par exemple, une participation plus importante dans les bénéfices ou dans le boni de liquidation, des dividendes cumulatifs, ou même un droit spécifique d'information.

Les actions de préférence, avec ou sans droit de vote, peuvent être créées lors de la constitution de la société ou au cours de son existence (C. com., art. L. 228-11). Dans ce dernier cas, seule l'assemblée générale extraordinaire est compétente pour l'émission, le rachat et la conversion de ces titres (C. com., art. L. 228-12). Cette assemblée est également compétente pour supprimer ou réduire les droits attachés aux actions de préférence.

Par ailleurs, des actions à **dividende prioritaire** sans droit de vote peuvent être créées, soit par augmentation du capital, soit par conversion d'actions ordinaires déjà émises (C. com., art. L. 228-35-3). Ce type d'actions ne peut représenter plus du quart du montant du capital social et leur valeur nominale doit être égale à celle des actions ordinaires (alinéa 2).

Les titulaires de ces actions bénéficient des droits reconnus aux autres actionnaires, sauf des droits de participer et de voter lors de la réunion des assemblées générales des actionnaires de la société (alinéa 3). De plus, ils ont droit à un dividende prioritaire qui est prélevé sur le bénéfice distribuable de l'exercice avant toute autre affectation (C. com., art. L. 228-35-4 al.1°).

En outre, l'article L. 225-123 du Code de commerce permet la création d'**actions à droit de vote double**. Elles peuvent être créées soit par une stipulation statutaire, soit par l'assemblée générale extraordinaire ultérieure. Toutefois, le législateur exige que les actions privilégiées soient entièrement libérées et inscrites, depuis deux ans au moins, au nom du même actionnaire.

C - Actions nominatives et au porteur

L'article L. 228-1 du Code de commerce dispose que « *les valeurs mobilières émises par les sociétés par actions revêtent la forme de titres au porteur ou de titres nominatifs, sauf pour les sociétés pour lesquelles la loi ou les statuts imposent la seule forme nominative* ». Ces sociétés sont celles non admises aux négociations sur un marché réglementé (C. mon. et fin., art. L. 212-3).

II - NÉGOCIABILITÉ DES ACTIONS : PRINCIPE ET EXCEPTIONS

En principe, les actions sont négociables après l'immatriculation de la société au registre du commerce et des sociétés et en cas d'augmentation du capital , les titres sont négociables à compter de celle-ci (C. com., art. L. 228-10).

Toutefois, ce principe connaît quelques **exceptions** :

- Tout d'abord, le législateur permet l'inaliénabilité des titres à condition que l'intérêt social le justifie et que l'interdiction soit limitée dans le temps (C. civ., art. 900-1).
- Ensuite, la négociabilité des actions peut également être limitée par des clauses statutaires, telles une clause d'agrément ou une clause de préemption. Ainsi, dans la société par actions simplifiée, les statuts peuvent contenir des clauses d'inaliénabilité des titres dont la durée ne peut être supérieure à dix ans (C. com., art. L. 227-13)
- Enfin, des clauses de préemption extrastatutaires peuvent être stipulées par les associés. Toutefois, leur portée est réduite, car elles ne sont pas opposables aux tiers et la violation de l'accord n'entraîne pas la nullité de la vente ; seuls des dommages-intérêts seront dus.

Fiche 48

Les obligations

Les obligations sont des « *titres négociables qui, dans une même émission, confèrent les mêmes droits de créance pour une même valeur nominale* » (C. mon. et fin., art. L. 213-5).

Les obligations émises par les sociétés non cotées doivent être impérativement nominatives (C. mon. et fin., art. L. 211-4). En revanche, dans les sociétés cotées et assimilées, ces titres peuvent être nominatifs ou au porteur.

Les obligations représentent une créance qui permet à son titulaire le remboursement de l'obligation contractée. Leur régime juridique est prévu par le Code de commerce aux articles L. 228-38 à L. 228-90.

Toutes les sociétés par actions peuvent émettre des obligations et, depuis l'ordonnance du 25 mars 2004, les SARL peuvent également émettre des obligations nominatives.

Dans cette étude des obligations, nous nous intéresserons tout d'abord à l'émission des obligations (**I**) pour analyser ensuite les droits et les engagements des obligataires (**II**). Enfin, nous étudierons la masse des obligataires (**III**).

I - ÉMISSIONS DES OBLIGATIONS

L'ordonnance n° 2004-604 du 24 juin 2004 a sensiblement modifié la compétence générale dans les sociétés par actions pour l'émission d'obligations. Le nouvel article L. 228-40 du Code de commerce donne le pouvoir de décider ou d'autoriser l'émission d'obligations au conseil d'administration, au directoire ou au gérant, sauf « *si les statuts réservent ce pouvoir à l'assemblée générale ou si celle-ci décide de l'exercer* ». Le conseil a la possibilité de déléguer « *à un ou plusieurs de ses membres, au directeur général ou, en accord avec ce dernier, à un ou à plusieurs directeurs généraux délégués* ». Le directoire peut également déléguer « *à son président et avec l'accord de celui-ci à un ou plusieurs de ses membres* » (alinéa 2 et 3).

Toutefois, deux conditions sont nécessaires pour l'émission de ces titres :

a) si la société n'a pas établi deux bilans régulièrement approuvés, l'émission des titres est subordonnée à la vérification par un commissaire aux comptes de l'actif et du passif de la société (C. com., art. L. 228-39) ;

b) le capital de la société doit être entièrement libéré, « *sauf si les actions non libérées ont été réservées aux salariés* » (C. com., art. L. 228-39 al. 2).

Les dispositions de l'article R. 228-77 du Code de commerce permettent à tout tiers intéressé d'obtenir de la société émettrice des titres l'indication du nombre d'obligations émises, et celui des titres non encore remboursés.

II - DROITS ET ENGAGEMENTS DES OBLIGATAIRES

L'obligataire, à la différence de l'actionnaire, est un créancier de la société. Il a donc droit au paiement des intérêts dont le taux a été fixé dans le contrat d'émission, et au remboursement du capital.

A - Paiement des intérêts

Le taux des intérêts est fixé dans le contrat, mais il peut être modifié, sur proposition de la société. Toutefois, l'accord de l'assemblée générale des obligataires est nécessaire (C. com., art. L. 228-65-5°).

Les intérêts peuvent être versés en une seule ou plusieurs fois au cours de la même année. La pratique a conduit à la création d'obligations indexées, dont l'indexation peut porter sur l'intérêt ou sur le montant du prêt obligataire.

B - Remboursement du capital

Les conditions de remboursement du capital sont déterminées dans le contrat d'émission des obligations. Le montant minimal de remboursement peut être augmenté, le cas échéant, de la prime de remboursement – prévue normalement en contrepartie de l'absence de paiement d'intérêts pendant la durée de l'emprunt.

Ce remboursement peut se faire en une seule fois, au terme du contrat, ou par voie d'amortissement annuel.

III - LA MASSE DES OBLIGATAIRES

En vue de la défense de leurs intérêts, « *les porteurs d'obligations d'une même émission sont groupés de plein droit en une masse qui jouit de la personnalité civile* » (C. Com., art. L. 228-46 al. 1er).

En principe, il peut y avoir, dans une même société, autant de masses que d'émissions d'obligations. Toutefois, il est possible de grouper en une masse unique les porteurs d'obligations ayant des droits identiques (alinéa 2).

La masse est représentée par un ou plusieurs mandataires personnes physiques ou morales, dans un nombre maximum de trois (C. com., art. L. 228-47). Ils sont nommés par l'assemblée générale des obligataires. Toutefois, ils peuvent être désignées dans le contrat d'émission, évitant ainsi la réunion de l'assemblée (C. com., art. L. 228-47).

Les représentants ont le pouvoir d'accomplir tous les actes de gestion pour la défense des intérêts communs des obligataires mais ils n'ont aucun droit de s'immiscer dans la gestion des affaires sociales (C. com., art. L. 228-53 et 228-55).

Ils peuvent assister aux assemblées générales des actionnaires mais n'ont pas de voix délibérative ; ils bénéficient du même droit d'information que les actionnaires.

Les obligataires d'une même masse se réunissent dans **l'assemblée générale** en vue de délibérer sur les mesures permettant d'assumer la défense des intérêts communs.

La réunion de l'assemblée est convoquée par le conseil d'administration, le directoire, le gérant des sociétés ou par les représentants (C. com., art. L. 228-58).

La convocation de l'assemblée générale des obligataires répond aux mêmes règles que celles prévues pour les assemblées d'actionnaires (C. com., art. L. 228-59 al. 1er).

Fiche 49 Les autres titres

Les certificats d'investissement (**I**), les titres participatifs (**II**), les titres de créance négociable (**III**) et les valeurs mobilières donnant droit à l'attribution de titres de capital ou de titre de créance sont les quatre types de titres émis par les sociétés commerciales que nous analyserons dans cette fiche.

I - LES CERTIFICATS D'INVESTISSEMENT

Les certificats d'investissement sont des valeurs mobilières résultant du fractionnement d'actions et représentant des droits pécuniaires et autres droits attachés aux actions (C. com., art. L. 228-30 alinéa 1er).

Ces titres sont créés par décision de l'assemblée générale extraordinaire, qui se prononce sur le rapport du conseil d'administration, du directoire ou du commissaire aux apports.

Ils sont créés au moyen d'une augmentation du capital (C. com., art. L. 228-30 alinéa 2) ou par fractionnement des actions (alinéa 3).

Les certificats d'investissement sont des titres négociables, dont la valeur nominale est égale à celle des actions (alinéa 5). Ils ne peuvent représenter plus du quart du capital social (alinéa 1er).

Les titulaires des certificats d'investissement bénéficient des mêmes droits pécuniaires que les actionnaires : dividendes, réserves et boni de liquidation. Ils peuvent obtenir communication des documents sociaux dans les mêmes conditions que les actionnaires (C. com., art. L. 228-32).

Les **certificats de vote** représentent des droits pécuniaires attachés aux actions. Ils sont émis en nombre égal aux certificats d'investissement, mais ils doivent revêtir obligatoirement la forme nominative (C. com., art. L. 228-30 alinéa 4). Leurs titulaires peuvent exercer tous les droits non pécuniaires attachés aux actions, notamment la participation et le vote lors des assemblées d'actionnaires.

II - LES TITRES PARTICIPATIFS

La loi n° 83-1 du 3 janvier 1983 a instauré les titres participatifs. Leur régime juridique est actuellement codifié aux articles L. 228-36 et L. 228-37 et R. 228-49 à R. 228-55 du Code de commerce.

Les titres participatifs sont émis exclusivement par « *les sociétés par actions appartenant au secteur public et les sociétés coopératives constituées sous la forme de sociétés anonymes ou de sociétés à responsabilité limitée* » (C. com., art. L. 228-36). Cette possibilité est accordée également aux EPIC, aux banques mutualistes ou coopératives et aux sociétés anonymes coopératives (C. mon. et fin., art. L. 213-32 et 213-35).

L'émission des titres est une décision prise par l'assemblée générale ordinaire. Ils sont remboursables seulement en cas de liquidation de la société ou à l'initiative de la société dans un délai qui ne peut être inférieur à 7 ans. Le contrat détermine les conditions de l'émission des titres.

Tout comme les titulaires d'obligations, les porteurs de titres participatifs sont groupés de plein droit dans une **masse** pour la défense de leurs intérêts. Cette masse est dotée de la personnalité morale (C. com., art. L. 228-37 al. 2). Elle se réunit au moins une fois par an afin d'entendre le rapport des dirigeants sociaux sur la situation de la société.

Les porteurs de titres participatifs jouissent de différents droits :

- obtenir communication des documents sociaux dans les mêmes conditions que les actionnaires (C. com., art. L. 228-37 al. 5) ;
- percevoir une rémunération comportant une partie fixe et une partie variable « *calculée en référence à des éléments relatifs à l'activité ou aux résultats de la société* » (C. com., art. L. 228-36 al. 2).

III - TITRES DE CRÉANCE NÉGOCIABLES

L'article L. 213-1 du Code monétaire et financier – *modifié par l'ordonnance du 8 juin en 2009* – définit les titres de créances négociables comme des « *titres financiers émis au gré de l'émetteur, négociables sur un marché réglementé ou de gré à gré, qui représentent chacun un droit de créance* ».

Cette catégorie regroupe les billets de trésorerie, les bons des sociétés financières, les certificats de dépôt et les bons du Trésor.

Seuls les établissements de crédit, les entreprises d'investissement, la Caisse des dépôts et consignations ainsi que certaines sociétés répondant à des conditions bien précises sont habilités à remettre des titres de créance négociables (C. mon. et fin., art. 213-3).

IV - VALEURS MOBILIÈRES DONNANT DROIT À L'ATTRIBUTION DE TITRES DE CAPITAL OU DE TITRES DE CRÉANCE

La loi du 3 janvier 1983 avait beaucoup contribué au développement des titres qui représentaient une qualité de capital. C'est ainsi que les obligations convertibles en actions, les obligations à bons de souscription d'actions ou les obligations échangeables en actions faisaient l'objet d'un régime juridique spécifique consacré dans quelques dispositions du Code de commerce. Les autres valeurs relevaient de l'article L. 228-91 al. 1er de ce même code.

Désormais, l'ordonnance du 24 juin 2004 a mis en place un régime unique pour les valeurs mobilières donnant accès au capital ou à l'attribution de titres de créance. Ce nouveau régime juridique est détaillé aux articles L. 228-91 à 228-106 du Code de commerce.

La première de ces dispositions précise que « *les sociétés par actions peuvent émettre des valeurs mobilières donnant accès au capital ou donnant droit à l'attribution de titres de créance* ».

Les actionnaires des sociétés émettant ces valeurs ont un droit de préférence (à la souscription) proportionnel au montant de leurs actions (C. com., art. L. 228-91 al. 2 et 3).

Les émissions de ces titres sont autorisées par l'assemblée générale extraordinaire (C. com., art. L. 228-92 al. 1).

TITRE IV

LES SOCIÉTÉS PARTICULIÈRES

TITRE IV

LES SOCIÉTÉS PARTICULIÈRES

Dans ce titre, nous analyserons les sociétés dites « particulières » soit à raison des caractéristiques de leur capital, soit du but poursuivi, soit enfin à raison de leurs associés.

■ Les sociétés à capital variable sont celles dont le capital est susceptible de varier à tout moment sans que la convocation d'une assemblée générale extraordinaire ne soit nécessaire. La société à responsabilité limitée, la société anonyme si elle est coopérative, la société en commandite par actions la société par actions simplifiée et la société en nom collectif peuvent insérer dans leurs statuts une clause prévoyant la variabilité de leur capital social. (**Chapitre 1, fiches 50** et **51.**)

■ Les sociétés coopératives ont pour but de réduire le prix ou d'améliorer la qualité de certains produits au bénéfice de leurs membres (art. 1er loi 10 septembre 1947). Elles sont constituées avec un capital minimum de 18 500 €, sauf si elles adoptent la forme de la SARL, et sont administrées par des mandataires ou des gérants. (**Chapitre 2, fiche 52.**)

■ Les sociétés de travailleurs permettent la participation de ceux-ci non seulement au capital social mais également à la gestion de l'entreprise. (**Chapitre 3, fiche 53.**)

■ Enfin, depuis 2001, il est possible de constituer une société européenne dont la constitution et le fonctionnement sont régis par les dispositions du règlement n° 2157/2001 du 8 octobre 2001. (**Chapitre 3, fiche 54.**)

Fiche 50

Les sociétés à capital variable
Règles communes

Définition : les sociétés à capital variable sont celles dont le capital social peut varier à tout moment – augmenter ou diminuer – en vertu d'une disposition insérée dans les statuts. Le capital peut être modifié en raison soit de l'arrivée de nouveaux associés, de l'augmentation de la participation des associés dans le capital social, soit enfin du retrait ou de l'exclusion d'un ou plusieurs associés.

Textes applicables : les sociétés à capital variable sont régies par les articles L. 231-1 à L. 231-8 et L. 247-10 du Code de commerce. Les règles prévues pour la forme choisie par la société à capital variable sont également applicables. Enfin, elles sont également soumises aux dispositions de droit commun applicables à toutes les sociétés (C. civ., art. 1832 à 1844-17) et à celles prévues par le Code de commerce pour toutes les sociétés commerciales (art. L. 210-1 à L. 210-9, L. 232-1 à L. 239-1 et L. 247-1 à L. 247-8).

Caractéristiques : l'adoption d'une clause de variabilité du capital présente l'avantage de faciliter les opérations sur celui-ci. En effet, les variations du capital de ces sociétés n'obéissent pas aux conditions que nous avons présentées pour les différents types de sociétés analysés précédemment. L'augmentation ou la réduction du capital social ne constitue pas une modification des statuts et la réunion de l'assemblée générale extraordinaire n'est pas nécessaire. Ces opérations ne sont pas assujetties aux formalités de dépôt et de publicité (C. com., art. L. 231-3).

I - CONSTITUTION

La constitution des sociétés à capital variable obéit aux **dispositions** de **droit commun** prévues pour la constitution de la société commerciale[1]. Les règles régissant le type de société qu'elles ont choisi sont également applicables[2]. Désormais, certaines dispositions du Code de commerce établissent des conditions particulières. C'est ainsi que l'article L. 231-5 dans son troisième alinéa exige, pour la constitution des sociétés coopératives, le versement du dixième du montant du capital social et pour les sociétés autres que les coopératives celui-ci ne peut être inférieur « *au montant minimal du capital exigé pour la forme considérée par les dispositions législatives la régissant* » (alinéa 2).

1. *V.*, dans ce sens, *supra* fiches 4 à 10.

2. *V. supra* fiches 23, 27, 28, 35, 44 et 45

En outre, lors de la **rédaction** des **statuts**, les associés insèrent la clause qui permet à la société d'être considérée comme à capital variable. Cette clause précise notamment le montant maximal et minimal du capital social – qui ne sera pas inférieur au minimum prévu par le législateur pour la forme sociale choisie.

En ce qui concerne les **formalités** de **publicité** de la société, deux aspects sont à signaler :

- tout d'abord, l'avis inséré dans le journal d'annonces légales indiquant la constitution de la société doit mentionner que la société est à capital variable et il doit indiquer « *le montant au-dessus duquel le capital ne peut être réduit* » – C. com., art. R. 210-4.
- ensuite, dans tous les documents émanant de la société, la dénomination sociale doit être accompagnée de la mention « *à capital variable* » (C. com., art. L. 231-2).

II - LA SITUATION DES ASSOCIÉS

Dans la société à capital variable, les associés ont un droit légal de retrait (C. com., art. L. 231-6) sauf convention contraire. Il est également possible que les statuts prévoient l'exclusion des associés ; elle est décidée par l'assemblée générale et les conditions de majorité sont identiques à celles fixées pour la modification des statuts (C. com., art. L. 231-6 al. 2).

L'associé retiré ou exclu de la société « *reste tenu, pendant cinq ans, envers les associés et envers les tiers, de toutes les obligations existant au moment de sa retraite* » (alinéa 3).

III - DISSOLUTION DE LA SOCIÉTÉ

Il est important de signaler qu'aux termes de l'article L. 231-8 du Code de commerce « *la société n'est dissoute ni par la mort ou par le retrait d'un associé ni par un jugement de liquidation, ou par une mesure d'interdiction d'exercer une profession commerciale, ou par une mesure d'incapacité prononcée à l'égard de l'un des associés ou la déconfiture de l'un d'entre eux. Elle continue de plein droit entre les autres associés* ».

Fiche 51

Règles particulières à chaque type de société

I - SOCIÉTÉ À RESPONSABILITÉ LIMITÉE À CAPITAL VARIABLE

La société à responsabilité limitée peut insérer dans ses statuts une clause de variabilité du capital. Cette possibilité a l'avantage de faciliter considérablement l'entrée et la sortie des associés sans que soient accomplies les mesures de publicité légale exigées lors d'une augmentation de capital nécessitant la convocation d'une assemblée générale extraordinaire.

Lors de la constitution de la société, le cinquième du capital souscrit doit être immédiatement libéré et le solde dans les cinq ans. En cas d'augmentation du capital social pour l'entrée de nouveaux associés dans la société, le nombre maximal de 100 ne doit être dépassé.

Si les capitaux propres de la société deviennent inférieurs à la moitié du capital social, la société doit régulariser la situation – application de la règle de droit commun, article L. 223-42 C. com.

De même, le capital social, par suite de retrait d'associés, ne peut être réduit pour devenir inférieur au dixième du capital fixé par les statuts (C. com., art. L. 231-5 al. 2).

II - SOCIÉTÉ ANONYME À CAPITAL VARIABLE

Depuis la loi du 30 décembre 1981, seules les sociétés anonymes coopératives (C. com., art. L. 231-1) et les sociétés d'investissement à capital variable (Sicav) peuvent contenir des clauses de variabilité du capital social.

III - SOCIÉTÉ EN COMMANDITE PAR ACTIONS À CAPITAL VARIABLE

Les actions de la SCS à capital variable sont nécessairement nominatives (C. com., art. L. 231-4 al. 1er). Leur négociation ne peut avoir lieu que par voie de transfert sur les registres de la société et nécessairement après la constitution de la société (alinéa 2). Les statuts peuvent donner, soit au conseil d'administration, soit à la gérance, le droit de s'opposer au transfert (alinéa 3).

IV - SOCIÉTÉ EN NOM COLLECTIF À CAPITAL VARIABLE

En cas d'augmentation du capital par l'entrée dans la société d'un nouvel associé, celui-ci nécessite l'agrément unanime des associés de la société.

Étant donné que les associés sont indéfiniment et solidairement responsables des dettes sociales, il faudra combiner ce principe de droit commun avec les dispositions de l'article L. 231-6 du Code de commerce en cas d'exclusion ou de retrait d'un associé, afin que l'obligation aux dettes ne s'applique que pendant 5 ans.

V - SOCIÉTÉ PAR ACTIONS SIMPLIFIÉE

La société par actions simplifiée peut être constituée avec un capital variable. Les dispositions des articles L. 231-1 et suivants du Code du commerce sont applicables à la SAS ainsi constituée.

Fiche 52 Les sociétés coopératives

Aux termes de l'article 1er de la loi du 10 septembre 1947, « *les coopératives sont des sociétés dont les objets essentiels sont :*

1. de réduire, au bénéfice de leurs membres et par l'effort commun de ceux-ci, le prix de revient et, le cas échéant, le prix de vente de certains produits ou de certains services, en assumant les fonctions des entrepreneurs ou intermédiaires dont la rémunération grèverait ce prix de revient ;

2. d'améliorer la qualité marchande des produits fournis à leurs membres ou de ceux produits par ces derniers et livrés aux consommateurs. Les coopératives exercent leur action dans toutes les branches de l'activité humaine ;

3. et plus généralement de contribuer à la satisfaction des besoins et à la promotion des activités économiques et sociales de leurs membres ainsi qu'à leur formation ».

I - CONSTITUTION DES SOCIÉTÉS COOPÉRATIVES[1]

En ce qui concerne la constitution de ce type de sociétés, deux aspects doivent être analysés : le premier considère les obligations des coopérateurs (**A**) et le second, le capital social (**B**).

A - Les coopérateurs

Deux conditions sont requises pour former la société coopérative. Tout d'abord, les associés, personnes physiques ou morales, doivent participer à la constitution du capital social et ils sont des coopérateurs, c'est-à-dire qu'ils prennent l'engagement d'utiliser les services de la coopérative.

Toutefois, l'article 3 *bis* de la loi du 10 septembre 1947 permet aux sociétés coopératives d'admettre comme associés des personnes physiques qui n'utilisent pas leurs services ; les conditions sont fixées dans les statuts. Ces associés ne peuvent représenter plus de 35 % du total des droits de vote.

1. *V.* schéma.

B - Capital social

Les sociétés coopératives organisées sous forme de sociétés par actions nécessitent, pour leur constitution, un capital minimum égal à la moitié de celui exigé pour les sociétés par actions (loi 10 septembre 1947, art. 27 al. 2). Elles sont définitivement constituées lors du versement du dixième du capital (loi 15 mai 2001, art. 124).

Pour la constitution d'une SARL, aucun capital minimum n'est requis, car toute exigence de capital minimum a été supprimée.

Le capital social est divisé en parts sociales libérées d'un quart au moins au moment de la souscription. Le surplus doit être libéré dans le délai fixé par les statuts, qui ne peut pas excéder cinq ans à compter de la date à laquelle la souscription est devenue définitive (loi 10 sept. 1947, art. 12, modifiée par la loi du 13 juillet 1992).

II - FONCTIONNEMENT[2]

Les sociétés coopératives sont **administrées** par des mandataires ou gérants (selon la forme juridique adoptée) nommés pour 6 ans au plus par l'assemblée générale et révoqués par elle (loi 10 septembre 1947, art. 7). Les statuts déterminent l'étendue de leurs pouvoirs et le droit commun régit leur responsabilité civile. Leur responsabilité pénale est identique à celle des administrateurs et gérants des sociétés anonymes et sociétés à responsabilité limitée.

Dans ce type de sociétés, les **assemblées générales** sont composées de tous les associés. Dans ce sens, l'article 4 de la loi de 1947 dispose que les associés bénéficient de droits égaux dans la gestion et qu'il ne peut être établi de discrimination suivant la date de leur adhésion. Ce principe s'applique aussi bien lors des assemblées ordinaires que lors des assemblées extraordinaires. Toutefois, il pourra être écarté par des lois particulières (loi 10 septembre 1947, art. 4 et 9).

L'assemblée générale se réunit au moins une fois par an (loi 10 septembre 1947, art. 8) pour prendre connaissance de l'activité sociale et approuver les comptes de l'exercice comptable.

Le **contrôle de la société** coopérative est organisé en fonction de la forme juridique adoptée (commissaire aux comptes, conseil de surveillance…).

III - SITUATION JURIDIQUE DES ASSOCIÉS[3]

Les associés ont le droit de se retirer de la société lorsqu'ils le désirent (loi 10 septembre 1947, art. 7, 13 et 18). Le recours à ce droit peut être retardé dans le but de respecter les règles de variation du capital social. Il peut être refusé ou

2. *V.* schéma.

3. *V.*schéma.

sanctionné s'il est exercé dans l'intention de nuire à la société. En contrepartie, le droit d'exclusion est reconnu à la société (loi 10 septembre 1947, art. 7 et 18).

IV - DISSOLUTION

La dissolution de la société coopérative obéit aux règles de droit dont elle a adopté la forme. La dissolution de la société entraîne sa liquidation.

V - DIFFÉRENTS TYPES DE SOCIÉTÉS COOPÉRATIVES

■ Les sociétés **coopératives de consommation** ont pour objet la vente à leurs associés des objets de consommation qu'elles achètent ou produisent elles-mêmes ou en association avec d'autres sociétés similaires. Elles sont régies par la loi du 7 mai 1017 modifiée plusieurs fois (en dernière date par les décrets du 22 juin 1960 et du 28 septembre 1982).

■ Les sociétés **coopératives ouvrières de production** sont des sociétés formées « *par des travailleurs de toutes catégories ou qualifications professionnelles associés pour exercer en commun leurs professions dans une entreprise qu'ils gèrent directement ou par l'intermédiaire de mandataires désignés par eux en leur sein* » (art. 1er loi 19 juillet 1978)[4].

■ Les sociétés **coopératives agricoles** « *ont pour objet l'utilisation en commun par des agriculteurs de tous moyens propres à faciliter ou à développer leur activité économique, à améliorer ou à accroître les résultats de cette activité* » (C. rural, art. L. 521-1 al.1er). Elles sont essentiellement composées d'associés coopérateurs, personnes physiques ou morales dont l'admission est décidée par le conseil d'administration. Les associés coopérateurs sont obligés d'utiliser les services de la société et l'inaccomplissement de cette obligation entraîne l'application des sanctions prévues par les statuts.

Ce type de société relève de la compétence des juridictions civiles et seules les contestations relatives aux actes de commerce qu'elles réalisent avec des tiers sont de la compétence des tribunaux de commerce.

■ Les sociétés **coopératives de commerçants détaillants** sont nécessairement des sociétés anonymes à capital variable (C. com., art. L. 124-3) dont les activités qui lui sont permises ont été énumérées par l'article L. 124-1 du Code de commerce : achats en commun, actions en matière de financement et de gestion de magasins collectifs.

Le capital minimum est égal à la moitié du capital nécessaire pour la constitution d'une société anonyme classique, soit 18 500 €.

La société est administrée par des administrateurs ou des membres du directoire, des personnes physiques (C. com., art. L. 124-6), condition qui n'est pas requise dans le droit commun des sociétés anonymes.

4. Sur cette société, *v. supra* fiche 49.

Schéma

Les sociétés coopératives

A

Constitution

- Associés
  - Participent à la constitution du capital social
  - S'engagent à utiliser les services de la coopérative
- Capital social
  - Sociétés par actions :
    - Capital minimum : 18 500 €
    - Versement du dixième pour constitution
  - Parts sociales

B

Fonctionnement

- Administration
  - Mandataires ou gérants
  - Nommés pour 6 ans au plus
  - Pouvoirs déterminés par statuts
- Assemblées
  - Tous les associés
  - AGO : réunion 1 fois par an au moins pour approuver comptes de l'exercice comptable

C

Associés

- Droit de retrait à tout moment
- Droit d'exclusion reconnu à la société

Fiche 53

Sociétés de travailleurs, groupements et sociétés à participation publique

Dans ce chapitre nous étudierons les sociétés dites particulières à raison de leurs associés qui sont des travailleurs. Il s'agit de la société anonyme à participation ouvrière et de la société coopérative ouvrière de production (**I**).

Nous nous intéresserons ensuite aux sociétés et groupements à participation publique et nous analyserons les principales caractéristiques des sociétés d'économie mixte et des groupements d'intérêt public (**II**).

I - LES SOCIÉTÉS DE TRAVAILLEURS

Ce type de sociétés permet la participation des travailleurs non seulement au capital de la société mais également à la gestion de l'entreprise.

A - Société anonyme à participation ouvrière (SAPO)

Définition : la société anonyme à participation ouvrière est celle dans laquelle les actions se composent d'actions ou coupures d'actions de capital et d'« actions de travail », propriété collective du personnel salarié constitué en société commerciale coopérative de main-d'œuvre (C. com., art. L. 225-260 et 225-261).

Textes applicables : la SAPO a été créée par la loi du 26 avril 1917. Actuellement, cette loi est codifiée dans le Code de commerce, articles L. 225-258 à 225-270. Les règles de la société anonyme et des sociétés commerciales sont également applicables à ce type de société.

Caractéristiques : deux types d'actions existent dans la SAPO, les actions de capital et les actions de travail (C. com., art. L. 225-260) . Les actions de travail sont attribuées au personnel salarié regroupé autour d'une société coopérative de main-d'œuvre.

Seuls les salariés travaillant dans l'entreprise depuis au moins un an et âgés de plus de 18 ans composent exclusivement et obligatoirement cette société (C. com., art. L. 225-261 al. 1er).

Ces actions sont nominatives et inaliénables pendant la durée de la société coopérative (C. com., art. L. 225-262). Leur nombre est fixé librement par les statuts.

Un ou plusieurs représentants de la société coopérative de main-d'œuvre participent au conseil d'administration de la société. Ils sont élus par l'assemblée générale des actionnaires et leur nombre est fixé en fonction du rapport existant entre actions de capital et actions de travail (C. com., art. L. 225-268).

Lors de la dissolution de la société, l'actif social est réparti entre les actionnaires seulement après l'amortissement intégral des actions de capital (C. com., art. L. 225-269).

B - Société coopérative ouvrière de production (SCOP)

Définition : les SCOP « *sont formées par des travailleurs de toutes catégories ou qualifications professionnelles, associés pour exercer en commun leurs professions dans une entreprise qu'ils gèrent directement ou par l'intermédiaire de mandataires désignés par eux ou en leur sein* » (loi 19 juillet 1978, art. 1er).

Textes applicables : la société coopérative ouvrière de production est régie par la loi n° 78-763 du 19 juillet 1978. Si les dispositions ne sont pas contraires à ce premier texte légal, la loi sur le statut de coopération n° 47-1775 du 10 septembre 1947 s'applique également. Les dispositions du livre II du Code de commerce – sur les sociétés commerciales – régissent également les SCOP.

Caractéristiques : il s'agit de sociétés à capital variable constituées sous forme de société anonyme ou de société à responsabilité limitée. Elles peuvent à tout moment passer de la forme de SA à celle de SARL ou réciproquement, sans que cette modification entraîne création à une nouvelle personne morale (loi 19 juillet 1978, art. 3).

L'inscription préalable sur une liste dressée par le ministère du Travail est une condition nécessaire pour l'utilisation de l'appellation « *société coopérative ouvrière de production* » de même que pour prétendre au bénéfice des dispositions prévues par les textes légaux (loi 19 juillet 1978, art. 54).

La SCOP peut à tout moment passer de la forme de SARL à celle de SA, et réciproquement (loi 19 juillet 1978, art. 3). Le capital minimal de ce type de sociétési elle adopte la forme d'une société anonyme est de 18 500 euros (loi 19 juillet 1978, art. 21).

Si la société adopte la forme d'une SARL, elle est tenue de désigner le gérant en assemblée – la durée du mandat est limitée à 4 ans – et de mettre en place un conseil de surveillance si la coopérative à plus de vingt membres (loi 19 juillet 1978, art. 16).

La société coopérative ouvrière de production peut avoir des associés non employés dans l'entreprise ; le législateur a toutefois établi un minimum au-delà duquel à la demande de tout intéressé le tribunal peut prononcer la dissolution de la société. Ce nombre ne peut être inférieur à deux ou à sept depuis plus d'un an. La société a un délai maximal d'un an pour régulariser (loi 19 juillet 1978, art. 5).

L'ancienneté minimale dans l'entreprise exigée du travailleur pour demander son admission en qualité d'associé est d'un an et la décision appartient à l'assemblée générale ordinaire (loi 19 juillet 1978, art. 7 al. 2).

Tous les associés ont le droit de participer aux assemblées (loi 19 juillet 1978, art. 12 et 14). Ces dernières ne peuvent être remplacées par des consultations écrites.

II - LES GROUPEMENTS ET SOCIÉTÉS À PARTICIPATION PUBLIQUE

Les sociétés et les groupements à participation publique se caractérisent par la participation de personnes publiques au capital des sociétés ou par le regroupement de différents établissements publics unis dans une activité de recherche ou de développement.

A - Les sociétés d'économie mixte

DÉFINITION : la société d'économie mixte est une société dont un ou plusieurs de ses associés sont des personnes publiques. Son capital est constitué d'apports d'origine privée et de capitaux publics. Ce type de sociétés est très fréquent en pratique.

TEXTES APPLICABLES : les sociétés d'économie mixte ne disposent pas actuellement d'un texte régissant leur constitution ou leur fonctionnement. Il existe une loi – du 7 juillet 1983 – mais elle ne s'applique qu'aux sociétés d'économie mixte locales. L'essentiel de leur régime juridique a été dégagé par la jurisprudence.

De manière générale, il s'agit de sociétés de droit privé obéissant aux règles du droit commun des sociétés et à celles prévues par la forme sociale adoptée.

CARACTÉRISTIQUES : les sociétés d'économie mixte sont gérées conformément aux règles de droit commun de la forme sociale adoptée. En cas de difficultés, la loi sur la sauvegarde des entreprises du 26 juillet 2005 est applicable à ce type de sociétés (codifiée dans le Code de commerce, articles L. 620-1 et suivant).

En ce qui concerne les titres, la participation publique est un élément fondamental dans ce type de sociétés. Dans ce sens, l'État tente toujours de rendre incessible une partie du capital (exemple : lois 16 juin 1948, 22 juillet 1949 pour Air France).

B - Les groupements d'intérêt public

Définition : le groupement d'intérêt public est « *un groupement doté de la personnalité morale et de l'autonomie financière constitué entre établissements publics ayant une activité de recherche et de développement technologiques, entre l'un ou plusieurs d'entre eux et une ou plusieurs personnes morales de droit public ou de droit privé, pour exercer ensemble, pendant une durée déterminée, des activités de recherche ou de développement technologiques ou gérer des équipements d'intérêt commun nécessaires à ces activités* » (L. n° 82-610 15 juillet 1982, art. 21).

Textes applicables : les groupements d'intérêt économique sont régis par la loi n° 82-610 du 15 juillet 1982 et le décret n° 83-204 du 15 mars 1983, qui a complété cette loi.

Des lois postérieures ont étendu la formule du GIP à d'autres domaines, tels celui de la jeunesse (décret 23 juillet 1987), l'insertion sociale (décret 14 janvier 1988), l'action sanitaire et sociale (décret 7 novembre 1988) ou la culture (décret 28 novembre 1991).

Caractéristiques : l'objet des groupements d'intérêt public est « *d'exercer en commun des activités dans l'un des domaines visés par la loi (recherche, culture, sport…) ou de gérer des services ou équipements communs en ce domaine, pendant une durée déterminée* »[1] les membres du groupement d'intérêt public sont nécessairement des personnes morales et seuls ceux régis par la loi du 15 juillet 1982 exigent la présence d'au moins un établissement public.

Le groupement est administré par un conseil d'administration qui nomme le directeur. Ce dernier assure, sous l'autorité du conseil et de son président, le fonctionnement. Il engage le groupement pour tout acte entrant dans l'objet de celui-ci (loi 15 juillet 1982, art. 21 al. 8).

Les GIP ne sont pas soumis au contrôle du commissaire aux comptes, mais de la Cour des comptes.

Les contrats conclus par les groupements sont soumis au droit commun des conventions privées ou des contrats administratifs, le cas échéant.

En ce qui concerne la dissolution, les statuts déterminent, le plus souvent, un terme entraînant la dissolution du groupement. Les dispositions de l'article 1844-7 du Code civil sont également applicables.

1. Lamy sociétés commerciales, 2007, n° 5163.

Fiche 54 La société européenne

DÉFINITION : la société européenne est une société dotée de la personnalité juridique (art. 1er Règl. consti. CE n° 2157/2001, 8 oct. 2001), dont le capital est divisé en actions et le siège social nécessairement situé dans l'Union européenne.

TEXTES APPLICABLES : aux termes de l'article L. 229-1 du Code de commerce, la société européenne est régie par les dispositions du règlement n° 2157/2001 du 8 octobre 2001, les dispositions du chapitre IX du titre II du livre II du Code de commerce ainsi que par celles applicables aux sociétés anonymes et non contraires à celles précitées.

Elle est également soumise aux articles R. 229-1 à R. 229-26 du Code du commerce si elle est immatriculée en France.

CARACTÉRISTIQUES : la société européenne revêt toujours la forme d'une société anonyme dans laquelle la responsabilité de l'actionnaire est limitée au montant du capital souscrit.

Deux formes de direction et d'administration sont possibles (comme la société anonyme française) et de nombreuses dispositions applicables aux sociétés anonymes des États membres où la SE a fixé son siège statutaire complètent la législation communautaire.

I - CONSTITUTION[1]

Pour la constitution d'une société européenne quatre modalités sont prévues : la fusion, la création d'une holding, la création d'une filiale ou la transformation d'une société existante (règl. 8 oct. 2001, art. 2).

Dans tous les cas, la constitution de cette société nécessite la conclusion d'un accord sur les modalités de l'implication des travailleurs dans la société (règl. 8 oct. 2001, art. 12-2). Dans ce sens, l'article 3 § 1 du règlement du 8 octobre 2001 oblige à « *engager des négociations avec les représentants du personnel concernant les modalités relatives à l'implication des travailleurs dans la société européenne* ». Ainsi les dirigeants des sociétés participant à la constitution de la SE doivent inviter un groupe social de négociation à se réunir afin de déterminer les modalités de l'implication des salariés au sein de la société (C. trav., art. L. 2352-9 al. 1 et L. 2352-2). L'accord doit nécessairrement être écrit (C. trav. art. L. 2352-2) et comporter les mentions prévues par les dispositions des articles

1. *V.* schéma.

L. 2352-16 et L. 2352-17 du Code du travail.

Le **capital** souscrit doit être au moins de 120 000 €. Toutefois, les États membres peuvent prévoir un montant plus important pour certaines activités (art. 4 règl. 8 oct. 2001). Le capital est divisé en actions (règle 8 oct. 2001, art. 1 § 2.

La société européenne peut être **unipersonnelle**. En effet, cette société peut constituer une société européenne dont elle est le seul actionnaire (C. com., art. L. 229-6). Elle est soumise aux dispositions applicables à ce type de sociétés et à celles relatives à l'entreprise unipersonnelle à responsabilité limitée. « *Dans cette hypothèse, l'actionnaire unique exerce les pouvoirs dévolus à l'assemblée générale* » (alinéa 2).

Le **siège social** est fixé nécessairement dans l'Union européenne et dans le même État membre que l'administration centrale de la société (règl. 8 oct. 2001, art. 7) Toutefois, il peut être transféré dans un autre État membre sans dissolution de la société (règl. 8 oct. 2001, art. 8 § 1 et C. com., L. 229-2). Ce transfert nécessite l'établissement d'un projet de transfert et il est décidé par l'assemblée générale extraordinaire « *dans les conditions prévues à l'article L. 225-96 et soumis à la ratification des assemblées spéciales d'actionnaires mentionnée aux articles L. 225-99 et L. 228-35-6* » (alinéa 1 et 2).

Sa **dénomination sociale** est obligatoirement précédée ou suivie du sigle « SE » (règl. 8 oct. 2001, art. 11). La société est immatriculée dans l'État membre où elle a son siège statutaire (règl. 8 oct. 2001, art. 12 § 1er) et fait l'objet des mesures de **publicité** prévues par la législation de cet État (règl. 8 oct. 2001, art. 15). Elle fait l'objet d'un avis publié au *Journal officiel des communautés européennes* (règl. 8 oct. 2001, art. 14 § 1er).

II - FONCTIONNEMENT DE LA SOCIÉTÉ [2]

L'article L. 229-7 du Code de commerce dispose que la direction et l'administration de la société européenne sont régies par les mêmes dispositions que celles prévues pour la société anonyme. Toutefois, le premier alinéa des articles L. 225-37 et L. 225-82 et le quatrième alinéa de l'article L. 225-64 ne sont pas applicables à cette société.

La société est dirigée soit par un conseil d'administration soit par un directoire et un conseil de surveillance, selon l'opinion retenue dans les statuts.

La durée des fonctions des membres des organes de la société européenne est fixée par les statuts. Elle ne peut pas être supérieure à six ans. Toutefois, sauf clause statutaire contraire, les membres de ces organes peuvent être reconduits dans leurs fonctions (règl. 8 oct. 2001, art. 46).

En outre, « *si la société européenne n'a plus son administration centrale en France, tout intéressé peut demander au tribunal la régularisation de la situation par le transfert du siège social ou le rétablissement de l'administration centrale au lieu du siège social en France, le cas échéant sous astreinte* » (C. com., art. L. 229-9 al. 1er).

2. *V.* schéma.

L'**assemblée générale** des actionnaires est fondamentalement régie par les dispositions relatives à la société anonyme (C. com., art. L. 229-8). Elle se réunit au moins une fois par an dans les six mois qui suivent la clôture de l'exercice comptable par l'approbation des comptes. Les organes de direction et surveillance peuvent décider d'autres réunions à tout moment (règl. 8 oct. 2001, art. 54).

Elle peut être convoquée par le conseil d'administration, le conseil de suveillance, le directoire et le commissaire aux comptes. Il en est de même par un ou plusieurs actionnaires détenant au moins 10 % du capital social – un pourcentage inférieur peut être prévu par les statuts (règl. 8 oct. 2001, art. 55 § 1).

Les décisions ne modifiant pas les statuts sont adoptées à la majorité simple et celles modifiant le contrat de société requierent la majorité des deux tiers. Cette majorité est calculée en fonction des « voix exprimées » et non des voix dont disposent les actionnaires présents ou représentés (comme dans les sociétés anonymes – règl. 8 oct. 2001, art. 57 et 59 § 1).

III - DISSOLUTION ET TRANSFORMATION[3]

La dissolution, la transformation, l'insolvabilité et la cessation de paiements de la société européenne sont soumises aux règles nationales applicables aux sociétés anonymes de l'État du siège social de la société européenne (règl. 8 oct. 2001, art. 63).

Cette règle s'applique également en matière de publicité de ces procédures.

Par ailleurs, l'article 66 du règlement n° 2157/2001 et l'article L. 229-10 du Code de commerce disposent que la société européenne peut se transformer en société anonyme soumise au droit national de l'État membre de son siège statutaire. La décision ne peut intervenir qu'après l'approbation des comptes des deux premiers exercices comptables de la société européenne. Cette transformation ne donne pas lieu à la dissolution de la SE et n'implique pas la création d'une nouvelle personne morale.

3. *V.* schéma.

Schéma

La société européenne

A — Constitution

- Accord
  - Négociations avec les représentants du personnel
  - Création d'un groupe de négociations représentant les travailleurs
- Capital social
  - 120 000 € de capital minimum
  - Ou capital supérieur si l'État membre le prévoit
- Un seul associé
  - C. com., art. L. 229-6
  - Une autre société européenne

B — Fonctionnement

- Administration et direction
  - C. com., art. L. 229-7
  - Mêmes dispositions que pour SA
  - Dirigée par un directoire et un conseil de surveillance ou un conseil d'administration
- Assemblée des actionnaires
  - C. com., art. L. 229-8
  - Mêmes dispositions que pour SA
  - Réunion au moins 1 fois par an
  - Décisions adoptées à la majorité simple ou à la majorité des deux tiers

C — Dissolution / transformation

- Dissolution, transformation, insolvabilité et cessation de paiements
  - Règles applicables aux SA des États membres
- Transformation possible en SA soumise au droit national de l'État membre de son siège statutaire

TITRE I

LES GROUPEMENTS D'INTÉRÊT ÉCONOMIQUE

TITRE I

LES GROUPEMENTS D'INTÉRÊT ÉCONOMIQUE

Le groupement d'intérêt économique a été créé par l'ordonnance n° 67-821 du 23 septembre 1967 modifiée et complétée par la loi n° 89-377 du 13 juin 1989. Ce dispositif légal a été codifié aux articles L. 251-1 à L. 251-23 du Code de commerce. Il bénéficie d'un régime juridique très simple.

Le groupement facilite ou développe l'activité économique de ses membres qui sont indéfiniment et solidairement responsables des dettes du groupement. (**Chapitre 1, fiche 55.**)

Le règlement n° 2137/85 du Conseil des communautés européennes du 25 juillet 1985 a institué le groupement européen d'intérêt économique, qui s'avère actuellement un instrument de coopération internationale entre entreprises établies dans l'Union européenne. Nous analyserons la constitution et le fonctionnement de ce groupement européen dans le **chapitre 2 (fiche 56)**.

Fiche 55

Le groupement d'intérêt économique

Constitution, fonctionnement, transformation et dissolution

Le GIE a été créé par une ordonnance du 23 septembre 1967, actuellement codifiée aux articles L. 251-1 à L. 251-23 du Code de commerce, pour permettre aux entreprises de mettre en commun leurs activités.

Aux termes de l'article L. 251-1 du Code de commerce, « *le but du groupement est de faciliter ou de développer l'activité économique de ses membres, d'améliorer ou d'accroître les résultats de cette activité. Il n'est pas de réaliser des bénéfices pour lui-même* ».

I - CONSTITUTION DU GIE[1]

Les membres du groupement d'intérêt économique disposent d'une grande liberté pour l'organisation de leurs rapports. Toutefois, il est important de considérer trois aspects : l'objet, les membres et le capital du groupement.

A - L'objet

L'objet du groupement doit avoir un **caractère économique**, exigence qui résulte de la définition même du groupement donnée par le législateur (« *faciliter ou développer l'activité économique de leurs membres* » – C. com., art. L. 251-1). Cet objet peut-être civil ou commercial. L'obligation d'immatriculation au RCS n'entraîne une présomption de commercialité (C. com., art. L. 251-4), étant donné que le caractère civil et commercial du groupement se détermine uniquement par rapport à l'activité exercée.

L'activité du GIE doit être rattachée à l'**activité principale** de ses membres et, en aucun cas, elle ne peut lui être étrangère[2]. Enfin, l'objet du groupement doit être juridiquement possible et ne doit pas être contraire aux règles du droit de la concurrence.

1. *V.* schéma.

2. CA Paris, 6 oct. 1987, *Bull. Joly*, 1988, p. 86, § 21.

B - Les membres

Aux termes de l'article L. 251-1 du Code de commerce, le GIE doit comprendre au moins deux membres. Aucun maximum n'a été fixé par le législateur.

Les membres du groupement peuvent être des personnes physiques ou morales, même de nationalité étrangère. En ce qui concerne les premières, peu importe qu'elles soient civiles ou commerciales dès qu'elles exercent une activité économique qui trouve son prolongement dans celle du groupement.

Les membres sont indéfiniment et solidairement responsables des dettes du GIE. Toutefois, cette responsabilité n'a pas pour conséquence de leur attribuer la qualité de commerçant.

C - Le capital social

Le groupement d'intérêt économique peut être constitué sans capital (C. com., art. L. 251-3). Les droits des membres sont représentés par des titres non négociables. Toute clause contraire est réputée non écrite (alinea 2).

Si le GIE est constitué avec un capital, celui-ci est intégré par les apports des membres. Ces apports peuvent être en numéraire, en nature ou en industrie ; ces derniers ne peuvent être compris dans le capital, mais ils ouvrent l'attribution de droits dans le GIE. Les statuts organisent librement le mode de libération des apports ainsi que la représentation des droits dans le capital du groupement.

D - Règles de forme

La constitution du GIE nécessite un contrat écrit (C. com., art. L. 251-8) qui permet son immatriculation au registre du commerce et des sociétés. Les statuts notariés sont nécessaires lorsque des biens sujets à publicité à la conservation des hypothèques sont apportés au groupement.

Le contenu de cet écrit est prévu par l'article L. 251-8 du Code de commerce et parmi les mentions obligatoires figurent la dénomination du groupement, la raison sociale, la durée, l'objet et, le cas échéant, le numéro d'immatriculation de chacun des membres. L'immatriculation est suivie, dans les huit jours, de l'insertion d'un avis au Bodacc à la diligence du greffier (C. com, art. R. 123-155 et R123-161).

Le GIE est immatriculé au RCS quel que soit son objet civil ou commercial. Il jouit de la personnalité morale à compter de son immatriculation (C. com., art. L. 251-4).

II - FONCTIONNEMENT[3]

Les dispositions du Code de commerce laissent une très grande latitude aux membres du groupement pour l'organisation de son fonctionnement (C. com., art. L. 251-8). Seuls certains organes sont obligatoires (**A**). L'assemblée est habilitée à prendre toute décision (**B**) et des organes de contrôle de la gestion et des comptes sont mis en place (**C**).

A - Administration du GIE

Le groupement est administré par une ou plusieurs personnes physiques ou morales (C. com., art. L. 251-11). Dans cette dernière hypothèse, un représentant permanent de la personne morale doit être désigné.

Les administrateurs peuvent être des personnes extérieures au groupement et même étrangères. Ils doivent être titulaires d'une carte de séjour ou d'une carte de résident sauf pour les cas où des dérogations à cette règle ont été prévues – ressortissants de l'Union européenne, par exemple[4].

Le cumul de différents mandats d'administrateur de groupement d'intérêt économique n'est pas interdit par les textes légaux.

Le contrat constitutif du GIE ou l'assemblée des membres détermine les conditions de nomination, la durée des fonctions ainsi que la rémunération des administrateurs.

Leurs pouvoirs sont clairement fixés par l'alinéa 2 de l'article L. 251-11 du Code de commerce : « *Dans les rapports avec les tiers, un administrateur engage le groupement par tout acte entrant dans l'objet de celui-ci. Toute limitation de pouvoirs est inopposable aux tiers.* » Dans les rapports internes, les statuts peuvent limiter les pouvoirs des administrateurs, mais ces limitations sont inopposables aux tiers.

B - Assemblée des membres du GIE

L'assemblée des membres « *est habilitée à prendre toute décision, y compris de dissolution anticipée ou de prorogation, dans les conditions déterminées par le contrat. Celui-ci peut prévoir que toutes les décisions ou certaines d'entre elles seront prises aux conditions de quorum et de majorité qu'il fixe* » (C. com., art. L. 251-10). De cette disposition il est possible de déduire que les membres fondateurs du groupement disposent d'une grande liberté pour fixer la compétence de cette assemblée.

3. *V*. schéma.
4. *V*, dans ce sens, *infra* fiche 4.

En outre, cet article précise trois règles fondamentales :

1) dans le silence du contrat de constitution, les décisions sont prises à l'unanimité (alinéa 1er) ;

2) chaque membre du groupement dispose d'une voix, sauf clause contractuelle (spécifique plus avantageuse) ;

3) l'assemblée est nécessairement réunie lorsque, au moins, un quart des membres du groupement le demandent (alinéa 3).

L'assemblée réunit tous les membres ; elle est convoquée par les administrateurs.

C - Contrôle de la gestion et des comptes

Aux termes de l'article L. 251-12 du Code de commerce, « *le contrôle de la gestion, qui doit être confié à des personnes physiques, et le contrôle des comptes sont exercés dans les conditions prévues par le contrat constitutif du groupement* ».

Les premières peuvent être choisies parmi les membres du groupement et elles sont nommées soit pour la durée prévue dans le contrat, soit, si la durée n'est pas déterminée, pour la durée du groupement.

Leurs attributions sont déterminées par le contrat constitutif du groupement.

Le contrôle des comptes est librement organisé par le contrat constitutif du groupement (C. com., art. L. 251-12 al. 1er). Cette liberté est écartée si le GIE émet des obligations ou s'il compte cent salariés à la clôture d'un exercice (alinéa 3). Dans ce cas, le contrôle est confié à un ou à plusieurs commissaires aux comptes.

III - DISSOLUTION ET LIQUIDATION

Des dispositions de l'article L. 251-18 alinéa 1er du Code de commerce, il est possible de déduire qu'un GIE ne peut être transformé en société commerciale ou en association sans perdre sa personnalité morale[5]. Toutefois, il peut être transformé en société en nom collectif *« sans donner lieu à dissolution ni à création d'une personne morale nouvelle »* (C. com., art. L. 251-18 al. 2).

Les cas de **dissolution** du GIE sont énumérés par l'article L. 251-19 du Code de commerce. C'est ainsi que l'arrivée du terme, la réalisation ou l'extinction de l'objet social, une décision judiciaire et le décès d'un membre ou la dissolution d'une personne morale entraînent la dissolution du groupement.

La dissolution entraîne également la **liquidation** du groupement d'intérêt économique. « *La personnalité subsiste pour les besoins de la liquidation* » (C. com., art. L. 251-21).

5. *V.* également, Memento Francis Lefebvre, *op. cit.* n°30980)

Schéma

Le groupement d'intérêt économique

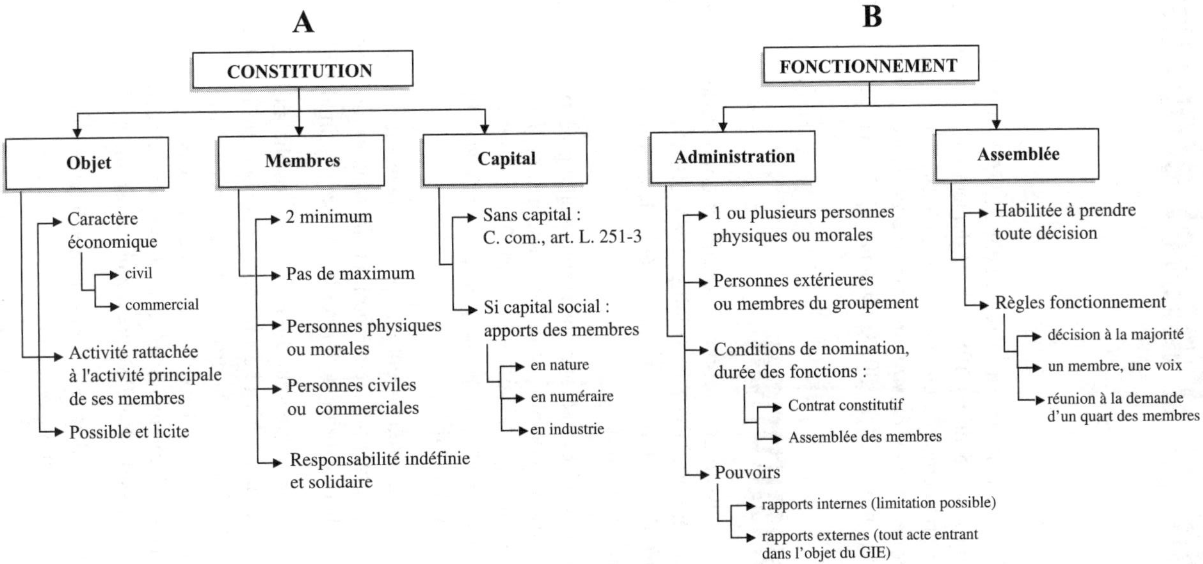

Fiche 56

Le groupement européen d'intérêt économique

Le GEIE a été institué par le règlement 2137/85 du Conseil des communautés européennes du 25 juillet 1985. Ce règlement est entré en vigueur le 1er juillet 1989. Ce groupement a été créé pour garantir « *le développement des activités économiques et une expansion continue et équilibrée dans l'ensemble de la CEE* » (rép. min. à QE n° 3023, *JO* Sénat, Q. 20 avr. 1989, p. 623).

I - CONSTITUTION

Le GEIE nécessite un **contrat** constitutif et doit être immatriculé dans l'État de son siège (règl. n° 2137/85, 20 juillet 1985, art. 1 et 6). En France, il est inscrit au registre du commerce et des sociétés. L'avis d'immatriculation fait l'objet d'une mention Bodacc.

Tout comme le GIE, le groupement européen a pour **but** de faciliter ou de développer l'activité économique de ses membres et il ne réalise pas de bénéfices pour lui-même (règl. 25 juill. 1985, art. 3). Il s'agit d'une structure de coopération et non d'intégration qui ne peut pas employer plus de 500 salariés, ni être membre d'un autre GEIE.

Les **membres** du groupement européen ne peuvent pas avoir tous leur siège ou exercer leur activité dans le même État. Ils sont au moins au nombre de deux et les États ont la possibilité de limiter le nombre maximal à 20 membres.

Les sociétés et les entités juridiques de droit public ainsi que les personnes physiques exerçant une activité économique peuvent être membres d'un GEIE (règl. 25 juillet 1985, art. 4). Un groupement européen d'intérêt économique doit être composé au moins de deux sociétés ou de deux personnes physiques mais, dans tous les cas, les deux membres doivent exercer leur activité dans deux États différents. L'admission de nouveaux membres est une décision prise à l'unanimité.

Les membres répondent indéfiniment et solidairement des dettes du groupement européen (règl. 25 juill. 1985, art. 24).

Le règlement n'exige pas un **capital** minimum pour la constitution du groupement. Toutefois, s'il existe, il est formé par les apports des membres. Le groupement européen d'intérêt économique ne peut offrir ses titres au public.

II - FONCTIONNEMENT

Le GEIE est géré par une ou plusieurs personnes physiques, le gérant (règl. 25 juill. 1985, art. 19). Aucune condition de nationalité n'est précisée par le règlement. La France a prévu que les groupements immatriculés au RCS puissent être gérés par des personnes morales (C. com., art. L. 252-6) .

Les **gérants** sont nommés soit dans le contrat de constitution du groupement, soit par une décision des membres. Leurs pouvoirs sont également déterminés dans le contrat de constitution ou par une décision des membres du groupement européen.

Les décision collectives sont prises soit dans l'assemblée générale, soit en concert des membres en votant par correspondance ou par tout autre moyen. L'article 17 § 3 du règlement permet au contrat de constitution de déterminer les conditions de quorum et de majorité pour la prise de décisions.

III - DISSOLUTION ET LIQUIDATION

L'article 31 § 2 du règlement du 25 juillet 1985 contraint les membres à dissoudre le GEIE dans deux cas :

> « – *lorsque est constatée l'arrivée du terme du contrat ou la survenance de tout autre événement prévu comme cause de dissolution par le contrat ;*
>
> – *lorsque est constatée la réalisation de l'objet du groupement ou l'impossibilité de le poursuivre* ».

La dissolution anticipée est également possible et laissée à la libre volonté des membres.

Le règlement prévoit la possibilité de saisir le tribunal afin de demander la dissolution du groupement en cas de manquement des membres à l'obligation imposée par l'article 31.

La dissolution du groupement européen d'intérêt économique entraîne sa liquidation.

TITRE II

LES GROUPEMENTS DE SOCIÉTÉS

Chapitre 1

Liens contractuels

Chapitre 2

Liens financiers

TITRE II

LES GROUPEMENTS DE SOCIÉTÉS

Le législateur ne définit pas la notion de groupe de sociétés. Dans un groupe, les sociétés sont unies par des « *liens divers en vertu desquels l'une d'entre elles, dite société mère, exerce un contrôle sur l'ensemble et fait prévaloir une unité de décision* »[1]. La jurisprudence soutient que le groupe n'a pas la personnalité juridique[2], même si chacune des sociétés qui le compose a, en revanche, la personnalité morale[3].

Les groupes de sociétés se constituent par la participation de sociétés déjà créées lors d'une augmentation de capital ou par l'acquisition de titres ou également par la création de nouvelles sociétés.

Dans certains cas, la création de ces groupes est fondée sur des liens contractuels, tels les accords de collaboration existants entre différentes sociétés. (**Chapitre 1, fiche 57.**)

Toutefois, la pratique met en évidence que les rapprochements entre sociétés les plus fréquents répondent à des liens financiers. (**Chapitre 2, fiches 58** et **59.**)

1. Memento Francis Lefebvre, *op. cit.*, n° 25500.
2. Cass. com., 2 avril 1996, *Bull. civ.* n° 113.
3. Cass. com., 9 déc. 1997, *Bull. civ.* n° 332.

Fiche 57

Groupements d'entreprises, accords de coopération et location-gérance de fonds de commerce

Une grande diversité de liens contractuels regroupe les sociétés commerciales entre elles. Ils visent à renforcer leur dépendance ou la collaboration.

Trois types d'accords retiennent notre attention : les groupements momentanées d'entreprises (**I**), les accords de coopération (**II**) et la location-gérance (**III**).

I - GROUPEMENTS D'ENTREPRISES

La **constitution** de ces groupements **répond** notamment à l'apparition de marchés importants auxquels une seule société ne peut pas répondre (domaine des travaux publics et du bâtiment, principalement). C'est ainsi que plusieurs sociétés se rassemblent dans un groupement momentané d'entreprises pour la conclusion d'un travail d'ensemble important, tout en conservant leur autonomie.

Deux éléments permettent de caractériser ce rapprochement des sociétés : son caractère temporaire (le temps de réaliser le travail objet du marché) et l'absence de société entre les parties, car elles sont simplement tenues par les liens contractuels, mais aucune société n'a été conclue entre elles. Ce contrat relève ainsi du droit commun des contrats.

Dans la pratique, la société qui assure la plus grande partie des travaux assure également la coordination des entreprises groupées. Elle a le rôle d'un mandataire commun et est appelée entreprise-pilote.

Chaque entreprise membre de ce groupement a l'**obligation** d'exécuter les prestations qu'elle s'est engagée initialement à réaliser. Une stipulation contraire dans le contrat permettrait de faire jouer le régime de la responsabilité solidaire de tous les membres du groupement pour inexécution ou mauvaise exécution des engagements contractés.

II - ACCORDS DE COOPÉRATION

Ce type d'accords a pour finalité de permettre aux parties de travailler ensemble dans le but d'atteindre un objectif commun qui s'avère être l'objet du contrat.

L'objet de la coopération ainsi que les droits et les obligations des parties constituent l'essentiel des clauses qu'intègrent le contenu de ce contrat ou accord de coopération. Le contrat peut être conclu à durée déterminée ou indéterminée. Dans ce dernier cas une faculté de résiliation unilatérale est normalement prévue.

Dans la pratique, une clause d'arbitrage est insérée dans les contrats de coopération.

III - LOCATION-GÉRANCE DE FONDS DE COMMERCE

Le contrat de location-gérance de fonds de commerce est utilisé en pratique comme un instrument de rapprochement de sociétés suite à la création d'une société dite de gérance. Elle est soumise aux règles classiques de la location-gérance de fonds de commerce prévues par le Code de commerce (art. L. 144-1 à L.144-13).

Aux termes de l'article L. 144-1 du Code de commerce, la location-gérance de fonds de commerce est un contrat « *par lequel le propriétaire ou l'exploitant d'un fonds de commerce ou d'un établissement artisanal en concède totalement ou partiellement la location à un gérant qui l'exploite à ses risques et périls* ».

La doctrine considère que ce contrat « *peut servir d'instrument de domination. C'est notamment le cas lorsque la location-gérance prélude à une prise de participation, voire à une fusion entre les deux sociétés* » (M. Cozian, A viander, F. Deboissy, Droit des sociétés, litec, 2009, n°1470). Parfois, la location-gérance permet d'éviter la fusion des sociétés intéressées et seulement « *sera créée une société de gérance qui prendra en location-gérance les fonds de ces entreprises sociétaires ou seulement une partie d'entre eux* » (Lamy Sociétés commerciales, op. cit., n° 1837).

Fiche 58

Filiales, participation et contrôle

La pratique met en évidence que très souvent les liens existant entre les sociétés sont de nature financière. La constitution de filiales, la prise de participation et le contrôle sont trois exemples de ces liens financiers (**I**). Ils obéissent à un régime juridique spécial (**II**).

I - FILIALES, PRISE DE PARTICIPATION ET CONTRÔLE

Aux termes de l'article L. 233-1 du Code de commerce, « *lorsqu'une société possède plus de la moitié du capital d'une autre société, la seconde est considérée [...]comme filiale de la première* ». En effet, la première est la société mère de la filiale.

Les filiales sont des personnes morales juridiquement distinctes quelle que soit la participation de la société mère dans leur capital[1]. De ce principe il résulte que la société mère ne répond pas des dettes contractées par la filiale, et vice versa[2].

La prise de participation : une société a une participation dans une autre si elle détient une fraction du capital comprise entre 10 et 50 % (C. com., art. L. 233-2). La prise de participation se réalise aussi bien lors de la constitution de la société – la société mère constitue une nouvelle société –, qu'en cas d'apport partiel d'actif ou en cas d'achat d'actions ou de participation. Cette prise de participation peut être concertée – achat d'actions ou augmentation du capital social – ou hostile – c'est le cas des offres publiques d'achat – OPA –.

Toutefois, il est interdit à une société par actions de posséder des actions d'une autre société si celle-ci détient une fraction de son capital supérieure à 10 % (C. com., art. L. 233-29). A défaut d'accord entre les sociétés pour régulariser cette situation, la société qui détient la fonction la moins importante du capital de l'autre, doit liquider son investissement (alinéa 2).

1. Cass. com., 18 oct. 1994, *Bull. civ.* n° 351.
2. Cass. com., 29 juin 1993, *Bull. civ.* n° 271.

Contrôle : une société est considérée comme contrôlant une autre dans différentes hypothèses (C. com., art. L. 233-3 I et II) :

– si elle détient, de manière directe ou indirecte, une fraction du capital lui conférant la majorité des droits de vote dans les assemblées, notamment à la suite de différents accords ou conventions conclus avec les autres associés ;

– si elle détient plus de 40 % des droits de vote et qu'aucun associé ne détient un pourcentage supérieur.

II - RÉGIME JURIDIQUE : NOTIFICATIONS ET INFORMATIONS

Une société qui prend une participation représentant 1/20, 1/10, 1/5, 1/3, 1/2 ou les 2/3 du capital social d'une autre société, ou assure le contrôle de cette société, doit en faire mention dans le rapport présenté aux associés lors de l'assemblée générale et, le cas échéant, dans celui adressé au commissaire aux comptes (C. com., art. L. 233-6 al. 1er).

Les sociétés qui contrôlent « *de manière exclusive ou conjointe une ou plusieurs autres entreprises ou [...] exercent une influence notable sur celles-ci* » doivent publier chaque année des comptes consolidés ainsi qu'un rapport sur la gestion du groupe (C. com., art. L. 233-16).

Enfin, si une société est contrôlée « *directement ou indirectement par une société par actions, elle notifie à cette dernière et à chacune des sociétés participant à ce contrôle le montant des participations qu'elle détient directement ou indirectement dans leur capital respectif ainsi que les variations de ce montant* » (C. com., art. L. 233-12).

Fiche 59

Fusion, scission, apport partiel d'actif

Aux termes de l'alinéa 1er de l'article L. 236-1 du Code de commerce, « *une ou plusieurs sociétés peuvent, par voie de fusion, transmettre leur patrimoine à une société existante ou à une nouvelle société qu'elles constituent* ».

La scission est également la transmission du patrimoine d'une société par l'éclatement de celle-ci « *à plusieurs sociétés existantes ou à plusieurs sociétés nouvelles* » (alinéa 2).

I - FUSION ET SCISSION

La principale conséquence de la fusion et la scission de sociétés est « *la transmission universelle de leur patrimoine aux sociétés bénéficiaires* » (C. com., art. L. 236-3). Cette règle implique non seulement la transmission des contrats en cours, mais encore des créances et des titres négociables, du fonds de commerce ou du bail commercial, le cas échéant.

Ces opérations entraînent la dissolution des sociétés qui disparaissent sans liquidation (C. com., art. L. 236-3).

II - APPORT PARTIEL D'ACTIF

Le Code de commerce ne définit pas la notion d'apport partiel d'actif. Seule une définition existe au niveau de la réglementation fiscale (décret n° 74-137 du 13 février 1974). Toutefois, la doctrine considère qu'il s'agit d'« *une opération qui consiste, pour une société, à faire apport à une autre société (nouvelle ou préexistante) d'une partie de ses éléments d'actif et à recevoir, en contrepartie, des actions ou des parts de la société bénéficiaire des apports* »[1].

À la différence des sociétés objet d'une fusion ou d'une scission, la société qui réalise l'apport ne disparaît pas ; elle continue à exister et se voit remettre les titres correspondant à l'apport réalisé dans l'autre société, soit des parts sociales, soit des actions.

1. Lamy Sociétés commerciales *op. cit.*, n° 1965.

INDEX

Les termes recensés dans cet index sont suivis du numéro de la fiche dans laquelle ils apparaissent.

Achevé d'imprimer en février 2011
sur les presses de la Nouvelle Imprimerie Laballery
58500 Clamecy

Dépôt légal : février 2011
N° d'impression : 102055
8816325/02

Imprimé en France

La Nouvelle Imprimerie Laballery est titulaire de la marque Imprim'Vert®